AF329856

Il a été tiré de cet ouvrage

*25 exemplaires sur papier pur fil des papeteries Lafuma
numérotés de 1 à 25.*

LES MAISONS QUE J'AI CONNUES

★ ★ ★ ★

DANS LES FLANDRES
GAND - DOUAI

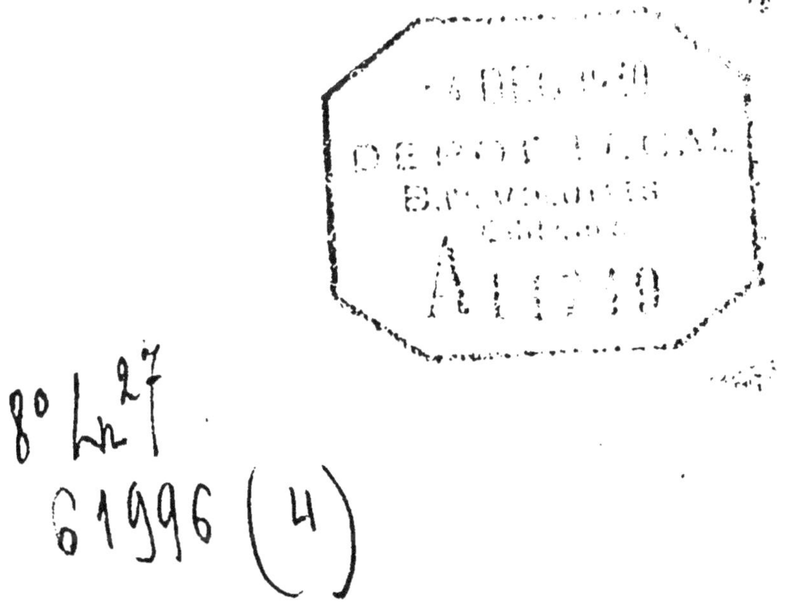

VIRGINIE DEMONT-BRETON

LES MAISONS QUE J'AI CONNUES

★ ★ ★ ★

DANS LES FLANDRES

GAND - DOUAI

PARIS

LIBRAIRIE PLON

LES PETITS-FILS DE PLON ET NOURRIT

IMPRIMEURS-ÉDITEURS — 8, RUE GARANCIÈRE, 6ᵉ

Tous droits réservés

A LA MÉMOIRE

de

FÉLIX DE VIGNE

MON GRAND-PÈRE

A LA BELGIQUE

O! douce et brave Belgique, patrie de mes aïeux maternels, ce livre que je dédie à l'un de tes fils les plus dévoués, mon grand-père Félix De Vigne, ce livre t'appartient puisqu'il voit le jour l'année même du premier centenaire de ton indépendance.

A l'époque où me font remonter mes souvenirs les plus anciens, tu n'étais encore pour moi qu'une tendresse souriante entourant mon heureuse enfance et je t'en disais : « Merci! »

Maintenant, à cette reconnaissance d'enfant s'en ajoute une nouvelle : Tes fils ont combattu à côté de ceux de ma bien-aimée France contre l'envahisseur, ils ont lutté, ils ont souffert, ils ont triomphé ensemble : Tu es plus que jamais, pour moi, une seconde patrie.

Virginie DEMONT-BRETON.

LES MAISONS
QUE J'AI CONNUES

DANS LES FLANDRES : GAND - DOUAI

I

LA MAISON
DE MON GRAND-PÈRE
FÉLIX DE VIGNE

Tout premiers souvenirs. — Le petit jardin. — Le poirier de Ciske. — Ma grand'mère. — Mes oncles Edmond, Jules et Georges. — La Vigne et la Montagne. — Ignace De Vigne et Liévin Bauwens. — Charles Perroud et son associé. — Mon grand-oncle Édouard De Vigne. — Son retour d'Italie. — Les fresques moyen âge du Leugemeete. — Le Mammelokker. — Les ruines de l'abbaye de Saint-Bavon. — L'inconsolable cousine Émilie. — Nicolas et Armand Heins. — Auguste et Emma Wagener. — Nos cousines Jane et Alice De Vigne. — Nos cousins Van der Meersch et De Poortere de Bruges.

I

Mon tout premier voyage fut un voyage à Gand où habitaient mes grands-parents maternels.

C'était en février 1860. J'avais environ six mois.

I

On m'a raconté qu'à notre |arrivée mon grand-père Félix De Vigne, qui était un bel homme brun, au type espagnol, dont la barbe noire effrayait les enfants, ne s'approcha tout d'abord qu'avec précaution, cachant sa barbe de ses deux mains, car il craignait de m'effaroucher aussi. Mais obéissant sans doute à une sympathie instinctive, je lui tendis immédiatement les bras.

Avec quels transports de joie il m'ouvrit les siens, à moi, l'enfant de sa fille bien-aimée et de son cher élève! Tout joyeux et tout fier, il me prit et me promena dans toute sa maison, une maison qui était doublement sienne, car il l'avait fait bâtir avec le produit de longues et patientes économies et en avait été lui-même l'architecte.

Il me fit voir à tous les coins chers à sa vie de travailleur, depuis l'atelier où il peignait, jusqu'à la table où il écrivait, dessinait et gravait ses ouvrages sur les costumes, les armoiries et les corporations du moyen âge.

Je ne saurais, naturellement, me rappeler cet instant, mais je m'imagine l'échange mystérieux d'idées confuses que nous dûmes avoir ensemble, cet entretien où la voix du sang remplaçait l'intimité d'une longue connaissance, tandis qu'il me parlait comme on parle aux petits enfants, en phrases entrecoupées qu'un baiser achève...

N'était-il pas doublement mon aïeul, par la nature et par l'art, étant le père de ma mère et le premier maître de mon père venu chez lui encore adolescent et à qui il avait appris à tenir un pinceau?

Moins de trois ans plus tard, le 5 décembre 1862,

il mourait presque subitement d'une péricardite à l'âge de cinquante-six ans.

Il avait pu voir les débuts de la brillante carrière de ses deux élèves préférés, Jules Breton et Liévin De Winne, et lui-même venait de remporter, dans les dernières années, de sérieux succès, mais de combien de joies la mort l'a privé !

Moi, qui n'avais que trois ans alors, je ne me rappelle que ses caresses, les marches militaires que nous faisions ensemble, en chantant, dans son tout petit jardin ; son atelier très clair, tout en haut, dans le toit, où, lui qui n'avait cependant pas gâté ses enfants, me permettait de toucher à tout.

Quand je revois, au Musée de Gand, sa *Foire au moyen âge* et à celui de Bruxelles son *Dimanche matin*, bien qu'il ne m'ait pas été donné de les voir sur le chevalet, je les trouve si bien empreints du sentiment profond et recueilli qui faisait le caractère particulier du talent de mon grand-père, que je crois respirer encore l'odeur spéciale d'essence et de siccatif qui régnait dans cet atelier, uni au parfum poudreux des vieux livres qu'il feuilletait parfois avec moi pour m'en montrer les belles images.

Jusque vers 1850, les peintres de figures peignaient leurs personnages dans l'atelier, puis ajoutaient comme fond à leurs portraits ou à leurs sujets de genre, des paysages qui, forcément, étaient d'un rapport faux. Félix De Vigne fut l'un des tout premiers à sortir de cette coutume : il fit poser ses modèles dans son petit jardin lorsqu'il peignait une scène se passant en plein air et enseigna cette manière de travailler à ses élèves. Mon père, à son tour, se livra à l'étude approfondie des grandes harmonies de la nature, notamment dans les effets de soir, soleil couchant ou crépuscule. Je me rappelle que dans ma jeunesse la grande préoccupation des peintres de figure était le *plein air*.

*
* *

Cette maison de la rue Charles-Quint, que je revoyais plusieurs fois chaque année, garde pour moi ce je ne sais quoi de vénérable et de touchant qu'on pourrait appeler l'âme de l'âtre et des murailles que nous avons toujours connus.

Ils nous parlent des êtres aimés que la destinée ne nous a permis que d'entrevoir à peine au début de notre vie et nos tout premiers souvenirs y semblent peints en fresques à demi effacées.

C'est dans la salle à manger, je m'en souviens vaguement, que, clopinant entre des chaises, j'essayai mes premiers pas à la grande joie de mon petit oncle Georges qui jouait avec moi en rentrant de l'école. C'est, assise dans un panier d'osier, sur l'appui de fenêtre du petit bureau donnant sur la rue, que je commençai à prendre plaisir à regarder passer les voitures, tomber la pluie (qui dans mon langage primitif s'appelait : « Derlou ! Derlou ! ») ou à voir défiler la garde civique dont les chevaux marchaient fièrement sur quatre rangs, clairon en tête. Mon excellente grand'mère De Vigne interrompait parfois son tricotage pour me rire à travers ses lunettes (car ses yeux riaient autant que sa bouche) toute réjouie de mes premières joies.

Et que de choses pourraient raconter encore pour moi les quelques mètres carrés de terrain qui formaient le petit jardin sur lequel la salle à manger ouvrait une large porte-fenêtre !

Cet étroit jardin de ville, si restreint comparé aux jardins de Courrières, n'était cependant pas sans charme pour moi. Il était convenu qu'il était petit et ce caractère spécial devenait à mes yeux une qualité. D'ailleurs, lorsque je jouais que, ma poupée et moi, nous traversions de vastes pays, mon imagination avait bien vite fait d'en reculer les murailles : celle du fond, toute tapissée d'un magnifique lierre planté par mon grand-père lui-même, me représentait la lisière d'une immense forêt et celle de droite, blanchie à la chaux et sur laquelle grimpait et serpentait une belle vigne, devenait une grande montagne couverte de vignobles. Ce jardinet était du reste relativement aéré car ces murailles ne le séparaient pas de hautes maisons mais bien d'une vaste cour, celle de la filature de coton de M. de Hemptine-Lousberg et, dès le matin, le soleil l'éclairait.

Un bourdonnement continuel en traversait l'air vibrant, bourdonnement d'une ruche immense, la grande fabrique où d'humaines abeilles, par centaines, s'activaient tout le jour autour des métiers.

C'était la chanson du travail incessant et monotone qui passait par-dessus ce jardin où s'abattaient souvent des essaims de flocons cotonneux. Car, dans ce carré de ciel que l'on pouvait voir en levant les yeux, il se passait des choses étranges : sur deux longs câbles obliques, qui reliaient le toit de l'usine à celui des magasins, passaient et repassaient, toute la journée, des monstres bizarres dont l'un surtout, qui semblait darder dans l'espace deux grands yeux ronds, me faisait presque peur. Comme des araignées qui marchent sur le fil qu'elles ont tendu, ces monstres se croisaient, les uns à vide, remontant, cheminant lentement, les autres courant vite, entraînés par le poids des ballots de coton suspendus à leurs pieds et qui semaient par les airs ces légers atomes blancs, semblables à des flocons de neige.

Ce coin de terre urbaine prêtait donc quand même aux rêveries poétiques, car il avait sa petite part des grands mystères.

Les cloches de Pâques du reste, celles de Saint-Bavon, en revenant de Rome, y laissaient choir, tout comme ailleurs, des œufs de sucre rose ou de chocolat dans les plantes des plates-bandes, plantes annuelles ou fidèlement vivaces dont j'ignorais les noms techniques, me contentant de ceux que je leur donnais en jouant. L'une de ces plantes pourtant, celle qui, après avoir rampé par terre comme un gracieux reptile, s'enroulait autour d'une balustrade de bois pour y épanouir ses clochettes de toutes couleurs en forme de cornets de baptême, avait un nom que j'avais retenu le trouvant délicieusement harmonieux. Je me rappelais vaguement que, jadis, mon grand-père De Vigne me l'avait montrée un matin toute étincelante de rosée, en me disant :

— Regarde ! c'est le *convolvulus*.

Il adorait cette fleur et avait prononcé ce mot avec un respect presque religieux qui l'avait gravé à tout jamais dans ma mémoire.

Mais la plante que je préférais à toutes multipliait de petits cœurs roses, suspendus à la file sur une même tige et allant du plus grand au plus petit. Je la regardais avec une sorte de tendresse spéciale parce que ma mère m'avait dit que, lorsque fiancée, elle écrivait à mon père, alors élève de Drölling à Paris, elle mettait parfois l'un de ces petits cœurs roses dans sa lettre. Je sentais vaguement que cette mignonne fleur avait joué un rôle ému et discret dans ma destinée.

Le soin de la vigne, de ces quelques plantes et du maigre gazon ressemé tous les ans, était confié à un jardinier nommé Ciske, petit homme gros et court, silhouette de pot à tabac des Flandres dont la bedaine rebondissait sous le tablier bleu à bavette, soutenu par une ceinture de cuir sous laquelle était passé un faisceau de brindilles d'osier jaune. C'était un Flamand pur sang, flegmatique, songeant avec lenteur et parlant peu.

Un jour, il déclara qu'il y avait place au milieu de la pelouse pour un arbre fruitier et, peu de temps après, il apporta un poirier taillé en chandelle qu'il planta, arrosa et fuma avec soin.

Mais quand arriva la saison où s'ouvrent les bourgeons, le poirier ne poussa que quelques grêles feuilles jaunes qui se fanèrent bientôt.

Ciske n'était pas homme à se laisser décourager. Comme tous les jardiniers il était entêté et, de plus, il était Gantois et par cela, de race volontaire.

Il expliqua dans sa langue maternelle, la seule qu'il ait jamais parlée, qu'un poirier de plein vent réussirait là où la chandelle avait dépéri, parce qu'il fallait là un arbre qui puisse aller chercher le plein soleil et *faire sa tête* au-dessus des murailles. Aussi, quand revint l'automne, époque des plantations, on vit revenir le calme Ciske, porteur d'un nouveau sujet dont les branches indépendantes se

dressaient librement, pleines d'audacieuses promesses.

Cette fois, avril ne passa pas en vain au-dessus
du petit jardinet de la rue Charles-Quint. Depuis
quelques semaines, mes jeunes oncles, alors étudiants, venaient tous les jours constater les progrès des bourgeons de leur arbre.

Un matin de Pâques, tandis que tous les clochers de la ville s'interpellaient et se répondaient
par-dessus les toits et que la grosse cloche de Saint-
Bavon, retour de Rome, mêlait sa voix grave au
clair babil du carillon du beffroi, un matin où de
blanches communiantes se dirigeaient vers les
églises, le poirier apparut vêtu de blanc comme
elles, ayant, au premier rayon du soleil, épanoui
toutes ses étoiles.

Ce fut une joie blanche par toute la maison.
Mes oncles allèrent chercher dans la cuisine des
casseroles de cuivre dont les sons répétés ac om-
pagnèrent, comme de joyeuses cymbales, une au-
bade de gloire qu'ils chantèrent en chœur autour
du beau poirier fleuri.

Combien de printemps ont passé depuis ce matin
lumineux !

La fabrique bourdonne toujours. Une nouvelle
génération de travailleurs s'active autour des métiers perfectionnés et les monstres porteurs de
ballots de coton ne passent plus dans le ciel. La
science a trouvé sans doute d'autres moyens de
transport. Ciske est mort depuis bien des années.

La maison, veuve de tous ses habitants, a été
vendue au riche industriel voisin. Je ne sais pas si
le poirier fleurit encore tous les printemps et si
ses fruits mûrissent tous les automnes. Il avait dès

longtemps *fait sa tête* au-dessus des murailles et·
ce que son souvenir rappelle de printemps de province, de peines et de joies à ceux qui l'ont vu
planter, le comprenez-vous, Parisiens de Paris qui
voyez distraitement fleurir des arbres qui ne sont
pas *vôtres?*

II

Ma grand'mère De Vigne, de même que sa mère,
grand-maman Bouckaert, aimait à causer avec
moi et savait se mettre à la portée de mon esprit
naissant. Je l'appelais « bonne-maman ». Elle
m'apprenait à coudre et à tricoter et me racontait des choses de son enfance, ses jeux avec ses
petites amies autour de l'énorme canon que l'on
voit encore sur le quai, près du marché du vendredi,
canon historique, nommé « Deulegritte », voisin de
la maison qu'habitaient ses parents. Elle s'était
quelquefois cachée, en jouant, dans l'intérieur tout
noir de cette arme jadis si terrible !

Par elle, j'avais aussi des détails sur sa première
jeunesse, ses années de pension à Ypres, cette charmante petite ville ancienne dont elle gardait un
délicieux souvenir. Elle y avait fait d'excellentes
études et avait une telle facilité de rédaction que
lorsqu'il s'agissait d'une narration à faire, elle
composait non seulement la sienne, mais celles
de ses deux voisines de pupitre, en sorte qu'elle
traitait trois fois le même sujet en termes différents. Elle était très aimée et recherchée à cause
de son caractère gai et disait n'avoir rencontré
dans sa vie que des gens aimables.

Ces causeries me donnaient une opinion très favorable de l'humanité en général, car son jugement était bienveillant et indulgent pour tout le monde, en sorte qu'il me reste la sensation d'avoir connu une époque bénie où les mauvais sentiments n'existaient pas encore. C'est pourquoi M. Klopstock (dont je parlerai plus loin), qui faisait exception à la règle générale, me semblait si monstrueusement anormal. Que ne peut-on garder toute sa vie cette douce illusion !

Elle me parlait aussi de ses longues fiançailles, au temps où le jeune Félix De Vigne, afin de gagner l'argent nécessaire à leur entrée en ménage, était allé à Londres pour y faire des portraits dans les riches familles où son père Ignace avait laissé de bons souvenirs comme peintre décorateur. Elle me montrait un petit portrait qu'il avait fait d'elle quand elle avait dix-huit ans et qu'il avait emporté avec lui en Angleterre.

Leur union, si heureuse au début, avait été attristée par de grands malheurs. Ils avaient perdu deux enfants, Éléonore, petite fille délicieusement jolie et intelligente, née le 6 septembre 1837, morte le 2 juillet 1843, et Félix, petit garçon qui montrait déjà des dispositions pour le dessin, né le 2 juillet 1841, enlevé par une fièvre cérébrale le 5 janvier 1845. Le souvenir de ces deux petits êtres était resté si poignant dans le cœur de ma grand'mère, qu'il lui était impossible d'en reparler. Quand par hasard quelqu'un y faisait la moindre allusion, elle sortait brusquement pour cacher ses larmes. Elle était de ceux qui constamment luttent contre les attendrissements afin de garder toute leur énergie. Il lui en avait fallu, de cette noble

énergie faite de dévouement, lorsqu'elle était restée
veuve sans fortune en 1862, au temps où ses trois
fils Edmond, Jules et Georges étaient encore de
jeunes étudiants !

Plus tard, ils firent leur chemin grâce à la bonne
direction qu'ils avaient reçue. Edmond devint architecte à Bruxelles. C'était l'homme spirituel et
charmeur par excellence, un brave cœur et une
vive intelligence. Il avait un défaut... ou une qualité... l'entêtement qui s'était manifesté dès son
jeune âge :

Lorsque, à douze ans, il se préparait à faire sa
première communion, ma grand'mère reçut un
jour la visite du curé de Saint-Bavon qui lui dit :

— Madame De Vigne, je suis désolé de devoir
vous dire que votre fils Edmond ne pourra être
compris parmi les communiants des Pâques pro-
chaines, car il discute les mystères de notre sainte
religion et ne veut pas dire, par exemple, qu'il y
a trois Personnes en Dieu, il résiste et dit que ce
n'est pas possible !

Ma grand'mère ne désirait pas voir imposer à
son fils une année supplémentaire de catéchisme
et voici, tout en maîtrisant une folle envie de rire,
ce qu'elle trouva au fond de son cœur maternel
pour éviter ce retard et cet ennui.

— Ah ! monsieur le curé, je vous en prie,
n'ajournez pas cet enfant ! car... je dois vous le
dire... l'année prochaine, ce serait la même chose...
il est malheureusement un peu borné...

— Je m'en suis aperçu, répondit l'abbé, et,
levant les yeux au plafond, il ajouta : Bienheureux
les pauvres d'esprit ! le royaume des cieux est à
eux !

Et le petit Edmond fit quand même sa première communion.

Cet entêtement, il le garda toute sa vie : lors de la discussion d'un plan, lorsqu'un propriétaire voulait lui faire faire une modification contraire à sa conviction, il préférait jeter l'équerre et le compas et abandonner la commande en brûlant ses plans, plutôt que de céder et cela lui amena parfois de graves ennuis.

— Quand un client ne me comprend pas, je le laisse... en plan..., disait-il.

Il se fit bâtir à Bruxelles, 9, rue de l'Enseignement, une maison dont la façade était ornée de sept corbeaux, figurines représentant les sept péchés capitaux. Quand on lui demandait pourquoi, il répondait que c'était :

— Pour mettre tous les péchés à la porte et afin que les capitaux n'y manquassent jamais.

Toutes ses économies étaient consacrées aux achats de meubles, de bibelots anciens pour orner ce logis. Il s'y était fait un intérieur intéressant et se plaisait à dormir dans un magnifique lit à colonnes authentique, du temps de Henri II, qu'avait découvert notre cousin Tulpinck, marchand d'antiquités, fin connaisseur très estimé à Bruxelles.

Au-dessus de la cheminée de son bureau, qui avait une forme triangulaire très originale, mon oncle Edmond avait placé, encastré dans la boiserie de chêne sculpté, son portrait de beau garçon à la barbe d'ébène, au type espagnol, peint par Liévin De Winne, en grandeur naturelle.

Edmond De Vigne est l'auteur du théâtre flamand de Gand et, à Bruxelles, de la plupart des belles façades du quartier Zollikofer, ainsi que de la réalisation remarquable du château de Val-Duchesse à Auderghem.

Il collabora pendant de longues années aux travaux gigantesques de l'imposant Palais de Justice de Bruxelles. Il mourut dans cette ville en juillet 1918, donc quatre mois avant la fin de la guerre, à l'âge de soixante-seize ans.

Mon oncle Jules-Octave (que ses amis appelaient Julius) avait deux ans de moins que son frère Edmond. Il était le filleul de mon père.

Il fit de très brillantes études et remporta le grand prix unique sur toutes les Universités de Belgique réunies et la ville de Gand fêta dignement son *Primus*.

En embrassant sa mère, au moment de ce triomphe, il lui dit :

— Et maintenant, je vais commencer à travailler.

Il devint avocat, puis échevin de la ville de Gand et représentant au Parlement, ce qu'en France nous nommons député. Il y joua un rôle important comme défenseur des idées libérales auxquelles il consacra toute son existence d'homme généreux et dévoué.

Georges, le plus jeune, fut le très distingué directeur de la grande Compagnie Continentale du Gaz de Lille. Sa haute compétence était grandement estimée à l'étranger comme en France. Il mourut malheureusement à quarante-cinq ans. C'est par lui que le nom de De Vigne s'est perpétué : ses fils Félix et Alphonse ont tous deux une nombreuse famille.

Mon excellente grand'mère, après les dures épreuves traversées, sut se réjouir des bonheurs qui lui arrivaient par ses enfants. Elle sut répandre autour d'elle ses joies et enfermer en elle ses regrets et ses douleurs pour n'en pas faire souffrir les autres.

Son visage était réjouissant à voir et avait gardé le caractère de son époque. Elle portait toujours, comme en 1830, des boucles de cheveux, devenus d'un blanc soyeux, retombant des deux côtés des joues, ce qui lui donnait un air de vieille douairière. Je ne me rappelle pas qu'elle m'ait grondée une seule fois et je ne lui vis même jamais de regard sévère. Faut-il en conclure que je ne le méritais pas? non, sans doute, mais les bonnes aïeules ont des trésors d'indulgence.

Plus tard, en 1886, elle fut par moi bisaïeule et ce lui fut une nouvelle fierté, une nouvelle joie, une nouvelle occasion de répandre son trop-plein de tendresse et son bon rire, ce rire flamand, si communicatif !

Comme il s'épanouissait, ce rire, lors des bonnes soirées qui, dans mon enfance, réunissaient chez elle les parents et les amis et dont le thé ou le punch, arrosant le simple pain d'épices et les *peperbolekes*, faisaient tous les frais !

Quelles joyeuses et curieuses histoires s'y racontaient ! Le conteur généralement les commençait en français, puis, au moment où l'intérêt devenait le plus palpitant, emporté par le feu du récit, c'était dans la rude langue de Van Artevelde, dans le flamand de Gand, le plus énergique et le plus gai dialecte du pays, qu'il continuait au milieu des rires contagieux même pour ceux qui n'avaient pas tout compris.

A côté de ces histoires comiques, véridiques ou

simplement ingénieusement inventées, il s'en trouvait qui avaient pour nous un intérêt historique, car elles se rapportaient à notre famille et c'était avec recueillement que je les écoutais : par exemple celles dont le héros était mon bisaïeul Ignace De Vigne, mort depuis longtemps déjà. Par une coïncidence tellement répétée qu'elle est devenue presque une tradition, les fiançailles ont toujours été longues dans notre famille. Celles d'Ignace De Vigne, peintre décorateur gantois, avec Mlle Marie, fille d'Herman Van Troostenberghe, négociant de Bruges, et de Anne Lemaître, son épouse, (parente, je ne sais à quel degré du fameux Parmentier de la pomme de terre), duraient depuis plusieurs années, lorsque survint, entre les deux familles, une brouille qui rompit les projets d'union. Comme il arrive généralement en pareil cas, les jeunes gens prirent moins facilement que leurs parents leur parti de cette rupture et ils se désolèrent chacun de son côté.

Rien n'est plus délicat que les premières avances que le jeune homme se trouve obligé de faire en semblable circonstance et une maladresse peut faire évanouir la dernière lueur d'espoir, mais l'amour sincère est le plus puissant inspirateur et si, à cette époque plus qu'à toute autre peut-être, alors qu'on sortait à peine des bouleversements révolutionnaires, il fit chuchoter des vers tendres aux poètes et des romances particulièrement sentimentales aux musiciens, l'amour suscita à Ignace De Vigne un trait d'esprit qui lui rendit le bonheur perdu :

La traduction textuelle du nom flamand de Van Troostenberghe est : *Montagne de consolation.*

Ignace De Vigne, de son habile crayon de décorateur, dessina une montagne au pied de laquelle une vigne attristée tendait ses rameaux d'un geste suppliant. Ce dessin n'avait pas besoin de légende pour que Marie, sans avoir étudié la science des rébus, comprît aussitôt quelle consolation la Vigne désolée demandait à la Montagne... Marie laissa entendre à Ignace que la Montagne de Consolation avait elle-même besoin d'être consolée, les parents se laissèrent attendrir, la Vigne reverdit et grâce à ses pampres généreux, la Montagne perdit son aspect triste et stérile : en effet cette union, contractée le 16 avril 1804 (20 germinal an XII), fut heureuse et très féconde. Des nombreux enfants qui en naquirent, j'en ai connu six :

Félix, peintre de genre et d'histoire et archéologue, mon grand-père ;

Édouard, peintre paysagiste, prix de Rome de Belgique ;

Pierre, statuaire, prix de Rome de Belgique ;

Alexandre, musicien violoniste, et deux filles : Mélanie et Colette.

A la fin du dix-huitième siècle, Ignace De Vigne fut appelé en Angleterre pour y exécuter les décors des principaux théâtres de Londres, travail considérable qui l'obligea à y faire un assez long séjour. A cette époque, son compatriote et ami, le célèbre industriel Liévin Bauwens avait également passé le détroit, mais celui-ci dans le but secret d'étudier les systèmes employés dans les îles Britanniques pour la filature du coton. Il s'exposait en cela à de très grands dangers, car les Anglais, très jaloux du monopole de leur industrie, avaient établi, à ce propos, des lois d'une extrême sévérité. La sortie des machines étant prohibée sous les peines les plus graves, Liévin Bauwens, qui avait toutes les audaces, eut l'ingénieuse idée de se faire négociant en denrées coloniales, ce qui lui permettait de cacher des ustensiles et des parties de mécanique dans des caisses de sucre et des balles de café. Il parvint, grâce à ce stratagème, à reconstituer les machines dans leur ensemble et à doter son pays du précieux secret qui devait contribuer si puissamment à sa prospérité.

Mais, dans une de ses dernières entreprises, il faillit être pris et une quantité de pièces furent trouvées et saisies.

C'est ici que, dans cette aventure, mon bisaïeul entre en scène :

Ignace De Vigne travaillait à une peinture murale dans la galerie d'un monument public de Londres, lorsque quelques importants personnages de l'Angleterre passèrent sous son échafaudage. Ils parlaient ensemble de Liévin Bauwens, disant que son subterfuge était découvert, qu'il était recherché par la police et ne tarderait pas à être livré à la justice anglaise, car on était sur ses traces. Ces paroles, en apparence perdues, montèrent jusqu'aux oreilles de l'artiste en blouse blanche qui peignait sa fresque : il s'empressa de quitter ses pinceaux pour courir avertir son ami du danger qui le menaçait. Il lui offrit asile chez lui, et, facilitant sa fuite, lui permit de regagner en temps utile Gand, sa ville natale.

Liévin Bauwens fut condamné à mort par contumace, son agent d'Angleterre garda son argent et, pendant que sa patrie reconnaissante lui faisait fête, les Anglais, impuissants et furieux, le brûlaient en effigie sur une des places de Londres.

Quelque cinquante ou soixante ans plus tard, il arriva, comme si la destinée eût voulu sceller à jamais dans l'histoire l'amitié mutuelle de ces deux hommes, il arriva que ce fut Pierre De Vigne, fiis d'Ignace, qui fut chargé de perpétuer les traits de Liévin Bauwens en une statue de bronze actuellement érigée sur une des places de Gand, en face de l'antique château de Gérard le Diable.

J'ai dit que parmi ces histoires, il en était de comiques, en voici une entre cent :

Ignace De Vigne qui, fervent artiste, avait l'amour du beau en toutes choses, possédait une belle chienne de race pure, tellement belle et douce qu'il l'avait nommée Dulcinée. Les charmes de cette bête aristocratique et son parfum sans doute étaient si puissants et si enivrants qu'ils opéraient des ravages dans les cœurs (comme on eût dit à cette époque sentimentale), dans les cœurs, dis-je, de tous les chiens du voisinage. Comme la porte cochère de la cour de mon bisaïeul s'ouvrait toute grande à toute heure du jour sur la rue, tous ses prétendants y entraient à tout venant. C'était un va-et-vient de vulgaires cabots de toute forme et de tout poil, — roux, noir ou blanc, ras ou frisés. — Ignace, qui veillait sur la vertu de Dulcinée, ne voulant l'unir qu'à un époux de choix et de même noblesse, craignant une mésalliance, était fort ennuyé d'être obligé de la tenir enfermée, prisonnière, tandis que tous ces intrus, le nez frôlant la terre, cherchaient la trace de la dame de leurs pensées, en balançant timidement leur queue traînante ou en trompette. Excédé par leur indiscrétion ardente et tenace, Ignace décida de leur faire une petite plaisanterie : au lieu de les chasser comme d'habitude, il les laissa entrer librement dans la cour et lorsqu'il en vit une douzaine réunis, il referma sa porte. Alors, les prenant un à un dans ses bras robustes, il leur badigeonna le dessous de la queue avec de la térébenthine rectifiée et quand ils eurent tous reçu cette onction, il rouvrit la porte à deux battants.

On vit alors un curieux cortège : tous ces pauvres soupirants à la file, en monôme, se traînant sur leur derrière et ne se servant pour avancer que de leurs pattes de devant, les grands, les gros, les petits, les roux, les noirs, les blancs, tous ayant le même geste, la même figure penchée, mélancolique et déçue...

Cela parut si comique aux témoins oculaires de cette scène que, cinquante ans plus tard, ils en riaient encore, ce qui me permet de conter cette véridique histoire aux Gantois du vingtième siècle.

Parfois, à ces causeries franco-belges se mêlait l'accent gascon de notre brave Charles Perroud dont le père, qui composait de la musique en amateur, avait été l'intime ami de bon-papa Félix De Vigne. Les relations des deux familles remontaient à plus de cinquante ans. La maison Perroud « *faisait dans les vins de Bordeaux* » (comme on disait à Gand), termes qui amusaient beaucoup Charles. Il traitait d'importantes affaires avec la Belgique, petit pays de grandes caves, et, pendant ses longs séjours, parfois de plusieurs mois, à Gand, il s'installait chez ma grand'mère comme un enfant de la maison. Il l'était, du reste, car lorsque, encore gamin, pour apprendre la langue des Flandres, il y faisait ses études, c'était déjà le toit des De Vigne qui l'abritait.

Dans mon souvenir, je le vois entourant de caresses et de douceurs sa jeune femme, Marie, sa « Mimie » qui était très jolie et mourut toute jeune. Il aimait beaucoup les enfants et n'en avait pas encore. Il en eut plus tard, mais d'un second mariage.

Quand il sortait seul dans la ville, il allait chez les confiseurs remplir ses poches de friandises. Rentré à la maison, il marchait à pas de loup et, parvenu silencieusement derrière le dos de sa « Mimie » occupée à broder, il lui mettait en même temps un bonbon dans la bouche et un baiser sur la nuque. Et Mimie poussait un cri de surprise joyeuse. Moi, en train de jouer dans un coin, je suivais des yeux ce petit manège amoureux qui me charmait. Alors, s'asseyant dans le grand fauteuil, il m'interpellait avec son accent gascon :

— Viens avé moi !

Et je courais à lui.

Ce « viens avé moi » était plein de promesses : il me faisait fouiller ses poches qui contenaient, marrons glacés, chocolats, pralines et, la bouche pleine tous deux, nous causions de choses sérieuses, de mes devoirs de grammaire, de l'histoire de France. Il aimait Henri IV avec qui il avait d'ailleurs quelques rapports, d'abord parce que Henri de Navarre avait bu du vin avant de boire du lait et puis parce qu'il eût voulu, lui aussi, que toutes les familles du monde entier eussent la joie de mettre le dimanche la poule au pot. Pour compléter le souhait du grand Roy, il rêvait un autre bienfait : il espérait arriver à répandre sur toutes les tables un autre aliment qu'il appréciait hautement : *l'huître*. Il fondait à cette époque un nouveau banc d'huîtres à Arcachon et ce banc, non encore exploité, faisait déjà merveille dans son imagination.

Je ne le vis qu'une fois en colère. C'était après son associé belge qui venait de commettre une de ces bévues comme seuls les associés savent en faire :

— Cet idiot ! criait-il tout en marchant à grands pas dans la salle à manger, cet âne à qui manque le bât ! Il mériterait que je le rossasse ! Ah ! si je n'étais pas là, moi, pour tout surveiller, pour tout faire, que deviendrait la maison Perroud, elle roulerait à l'abîme ! Quelle gourde ! Je voudrais qu'il attrapât une bonne coqueluche qui le tînt six mois dans son lit ! pendant qu'il serait arrêté, la maison marcherait ! Et quel accent mou et flasque il vous a quand il parle : gnigni, gnagna... !

A ce moment, on sonne à la porte.

La bonne va ouvrir, introduit au salon et vient dire :

— Menheer Perroud ! c'est votre associé.

Charles Perroud se précipite. Je tremblais, craignant une scène terrible et voici ce que j'entendis :

La voix de Perroud s'exclamant :

— Ah ! cet excellent ami ! comment ça va, mon bon ! justement je pensais à toi, tu sais à propos de cette affaire... nous allons causer, mais avant, il faut que tu goûtes notre vin de 1859, tu sais, le fameux... de l'année de la Comète... je crois que c'est ce que nous avons fait de mieux depuis longtemps... je voudrais que tu le jugeasses avé moi.

Charles Perroud n'était pas faux, mais ses idées étaient si rapides, si prime-sautières qu'elles se retournaient par bonds comme une carpe hors de l'eau : la vue soudaine de la figure de l'associé souriant les avait bouleversées, car Charles n'avait pas de rancune, pas même pour une minute. Après la tempête, tout à coup, comme sur la côte bordelaise, le soleil étincelait.

Et puis, il se disait : ce bon verre de notre vin le plus réussi fera couler le reproche et tout se terminera en bonne cordialité pour le plus grand bien de la maison Perroud.

Évidemment, il était *gascon*, quel est le Gascon qui ne l'est pas? et quel charme aurait-il? La ville de Bordeaux était la plus belle de France. Le vin Perroud était le meilleur de toute la Gironde. Sa Mimie était la plus jolie femme qu'on pût voir. Son tailleur, son bottier, son chapelier étaient les fournisseurs par excellence, mais aussi il avait les rhumatismes les plus douloureux qui eussent jamais fait gémir la pauvre humanité.

Et puis, ce qu'il y avait de gentil en lui, c'est qu'il suffisait d'être son ami pour se trouver tout à coup revêtu de toutes les qualités, de tous les talents, de toutes les vertus imaginables.

Il avait un petit beau-frère de mon âge, le frère de sa Mimie, Adrien Duret, qui vint, lorsqu'il eut douze ans, faire ses études à Gand et comme, à son tour, il logeait chez ma grand'mère, il fut pour moi un compagnon de jeux. Bonne-maman, si peu sévère, nous permettait de jouer à la boule dans le corridor et nous nous amusions à lancer cette boule de caoutchouc par la cage d'escalier jusqu'au deuxième étage, pour le plaisir de la voir redescendre en rebonds énormes, sur les marches de chêne ciré, ce qui affolait le gros chat Pouske Minoutje.

Adrien Duret était un bon petit garçon, un peu vantard en sa qualité de Bordelais, mais très affectueux et qui s'attacha tellement à cette accueillante ville de Gand, qui l'avait éduqué comme ses propres enfants, qu'il y demeura toute sa vie.

III

Je ne me souviens que vaguement de mon grand-oncle Édouard De Vigne, le paysagiste, prix de Rome de la Belgique.

Il était d'une nature calme et flegmatique et parlait peu, en sorte que, s'il prit quelquefois part à ces réunions de famille et d'amis, il n'y joua qu'un rôle secondaire qui ne m'a pas laissé de souvenir marquant. J'en entendis parler plus que je ne le connus.

Il avait passé plusieurs années en Italie où il avait peint de nombreuses études de paysage d'après lesquelles, rentré par la suite à Gand, où il était né, il exécuta tous ses tableaux. Ses œuvres ont, comme caractère particulier, une habileté d'exécution sage et mesurée et une qualité très appréciée alors et qui s'appelait : la savante dégradation des tons dans les différents plans, qualité devenue, selon l'appréciation moderne, presque un défaut à cause de la froideur méthodique qui faisait rentrer toutes les peintures de cette époque dans la même vision et dans la même interprétation conventionnelle.

Cependant, il y avait dans ses toiles une certaine noblesse de style dénotant un tempérament d'artiste qui eût pu, sous d'autres influences ou, mieux encore, sans aucune influence, se développer plus librement, plus heureusement et il existe notamment de lui de très belles eaux-fortes.

Si Édouard De Vigne était, comme on disait alors, rompu à toutes les difficultés de son art (parole que plus personne n'oserait prononcer aujourd'hui tant il est reconnu que l'art est sans limite), s'il possédait à fond cette science de la composition et de l'exécution tant goûtée de son temps, il passait pour être, comme homme, d'une grande naïveté et j'ai depuis toujours entendu raconter de lui un trait qui semble témoigner de cette candeur ingénue... à moins qu'il n'ait, au contraire, une profondeur malicieuse incomprise de ceux qui s'en moquaient.

C'était lors d'une exposition de peinture en Belgique. Le roi Léopold Ier y faisait sa visite officielle, distribuant avec son royal sourire ses compliments aux artistes exposants qui lui étaient présentés. Quand il fut devant le paysage d'Édouard De Vigne, comme il en faisait à l'auteur un éloge flatteur, celui-ci s'inclina et dit :

— Sire, il est à vendre.

Ce mot sembla naïf et devint légendaire, mais qui sait s'il ne faudrait pas plutôt y voir, comme dans les prétendues bévues du bon La Fontaine, l'expression très simple et très franche d'une haute portée philosophique soulignant le peu de valeur pratique des compliments sortis de la bouche des rois?

Une autre fois, dans une circonstance semblable, il saisit le roi par la manche pour le faire reculer un peu en disant :

— Sire, vous ne savez pas voir de là, la toile reluit.

Un jour encore, un amateur ayant refusé de se rendre acquéreur pour la somme de 4 000 francs d'un de ses tableaux, il s'exclama triomphalement :

— Ah ! il n'en veut pas pour 4 000 francs? Eh bien ! à partir d'aujourd'hui, ce sera 5 000 !

J'ai dit que presque tous les motifs de ses paysages étaient tirés de l'Italie où il avait séjourné plusieurs années au début de sa carrière. Il s'y était installé avec sa femme et son jeune fils et, depuis, une fille lui était née à Rome. Mais la fièvre de la campagne romaine emporta la mère et l'enfant, deux ou trois ans plus tard.

Édouard De Vigne se décida alors à revenir en Belgique et fit à pied, accompagné de son fils Jules-Charles, alors âgé de six ans, le voyage de Rome à Gand.

Je ne saurai dire combien l'idée de ce voyage si long, exécuté ainsi à petites journées, avait de charme et de poésie dans mon esprit lorsque, tout enfant, j'en entendais parler. Je me figurais mon oncle Édouard marchant le long d'interminables routes, y prenant parfois un croquis tandis que l'enfant s'amusait aux fleurs des crêtes et s'arrêtait pour courir ensuite plus fort.

Je les voyais se reposant à l'ombre d'un arbre quand ils étaient fatigués, se partageant, quand ils avaient faim, le frugal déjeuner apporté dans une sacoche, cueillant à l'occasion une orange au-dessus d'un mur, sans cesse occupés de ce qu'un avenir très proche leur réservait et, chaque soir, en quête d'un gîte pour la nuit.

De toutes ces préoccupations qui avaient dû parfois tourmenter le père, je n'entrevoyais que le côté amusant et charmant qu'avait dû envisager l'enfant et qui convenait au caractère insouciant et confiant de son âge. J'aurais voulu, moi aussi, faire un tel voyage et connaître toutes ces joies faites d'imprévu. Je songeais à ce que l'on me contait de la destinée du Juif errant dont mon père fredonnait parfois l'interminable complainte et j'avoue qu'en moi-même je ne plaignais nullement ce chemineau légendaire qui traversait toujours de nouveaux pays et trouvait toujours cinq sous au fond de son sac.

Le seul souvenir personnel qui me soit resté de l'oncle Édouard De Vigne fut une visite que je lui fis avec mes parents lorsque j'avais cinq ans, au couvent des Chartreux de Gand où il s'était retiré pour y chercher un calme encore plus grand que celui que pouvait lui offrir sa tranquille existence de peintre de sites italiens au bord des canaux dormants de sa vieille ville flamande.

La salle où nous fûmes introduits était un vaste parloir aux murs blanchis à la chaux, sans aucun ornement et dont le dallage de carreaux rouges, fraîchement lavé, était saupoudré de sable.

L'oncle Édouard entra par la porte du fond, me prit dans ses deux mains, me souleva de terre jus-qu'à la hauteur de sa barbe noire, me baisa sur les deux joues et me déposa sur le sol.

J'eus la sensation que cette maison n'était pas gaie et que mon grand-oncle était un monsieur bien sérieux, car les paroles qu'il échangea avec mes parents étaient rares et pleines d'une lente gravité.

Cependant cette austérité plaisait aux vieux rêves embrumés de ce peintre qui ne peignait plus et c'est un caractère particulier à certaines natures, même parmi celles qui furent les plus actives dans leur jeunesse, que d'êtres prises, sous l'envahissement de la vieillesse, d'une sorte de désir de calme et de réclusion. Peut-être trouvent-elles une certaine volupté à cet engourdissement croissant.

Comme ses deux sœurs Mélanie et Colette, retirées au couvent du Divin Amour, comme son frère Pierre qui se pelotonna dans un mutisme presque absolu, près du poêle de son atelier, au milieu de ses statues, entre le buste colossal de Van Artevelde et le buste mignon de son petit-fils, Édouard se laissait envahir par une lourde torpeur de lassitude dont la plus juste définition serait : le sommeil avant la nuit.

IV

Lors de nos promenades en ville, quelquefois, mes parents entraient avec moi dans un vaste bâtiment sur les murs duquel des peintures datant du moyen âge montraient une suite de personnages en marche, portant les étendards de leurs confréries.

Ces vestiges du plus haut intérêt historique

avaient été découverts par mon grand-père Félix
De Vigne au début de 1846. Que ne l'ai-je connu
assez longtemps pour entendre raconter, par lui-
même, la joie d'artiste et de savant qu'il avait
éprouvée, en remettant au jour les sept fresques
remontant à la fin du douzième ou au commencement du treizième siècle et qui représentent les
Gildes de Gand.

Voici comment ma mère me faisait le récit de
ce fait mémorable :

Elle avait neuf ans et demi et jouait dans le
corridor de la maison du 8 de la rue de la Lieve
que sa famille habitait à cette époque, lorsqu'elle
vit entrer un peintre en bâtiment en blouse blanche
qui, tout affairé, demandait à parler tout de suite
à M. Félix De Vigne. Il venait lui dire que, exécutant des travaux au *Leugemeete* (nom qui signifie
la menteuse parce qu'on y voyait jadis une horloge
qui ne marquait jamais l'heure juste), ancienne
chapelle consacrée aux saints Jean et Paul, devenue
le magasin de bière de M. Vanderhaeghen, bras-
seur, et située près de la Porte de Bruges, il croyait
voir, sous de nombreuses couches de badigeons,
des vestiges de peintures murales. Mon grand-père,
impatient d'en juger par lui-même, suivit immédiatement cet ouvrier et dit à sa fillette :

— Élodie, viens avec moi.

Tout vibrant d'émotion, il commença à gratter
doucement la muraille et découvrit un casque,
puis une tête ayant une mentonnière en cotte
de mailles, puis une arbalète, des piques, et ce
fut tout un groupe d'arbalétriers vêtus de rouge
et dont l'un portait le drapeau de la Confrérie de Saint-Georges, parfaitement conservé :

croix de gueules sur champ d'hermine. Ma mère, enfant, s'intéressant déjà aux arts, vit apparaître ces revenants peu à peu, tandis que les fragments de badigeons, les uns blancs, les autres gris ou bleutés, tombaient à terre, ressemblant à des écailles de poissons. Mon grand-père, enthousiasmé, y retourna les jours suivants et découvrit six autres fresques : la Confrérie de Saint-Sébastien, la Corporation des Bouchers, celle des Poissonniers, celle des Boulangers, celle des Brasseurs et celle des Tondeurs de drap. Elles étaient recouvertes de vingt-deux couches de badigeons qui formaient une croûte épaisse.

Il lui était donc donné, à lui qui depuis de longues années se passionnait pour l'étude des temps disparus, de feuilleter le grand livre de l'histoire, de le toucher du doigt ! Il y voyait les empreintes successives de cinq siècles !

C'est ainsi que, sur la dernière de ces fresques, il fit une très intéressante constatation : il vit que des modifications y avaient été apportées au moment où le bâtiment, qui vraisemblablement avait dû servir d'abord à des réunions de corporations, fut converti en chapelle et hospice pour les vieilles femmes :

La Marche des Tondeurs de draps avait été changée en une marche de Jésus au supplice.

Mon grand-père dit dans son ouvrage sur ce sujet intitulé : *Recherches historiques sur les costumes civils et militaires des Gildes et des corporations de métier*, dédié à la ville de Gand et datant de 1847 : « On avait fait du clairon du milieu le Christ et des deux autres des soldats qui le conduisaient au Calvaire ; à ses pieds était placée une sainte femme ; cette dernière masquait les jambes du porte-drapeau. »

Heureusement ces retouches avaient été faites à la colle et ont disparu à la simple humectation des murs.

Ces vestiges sont les plus anciens documents qui existent en ce genre. Ils ont révélé ce qu'étaient les costumes et les armes de cette époque et ont donné des précisions absolues sur la forme du *Gœdendag* (Bonjour), massue terminée par une pointe de fer, arme redoutable dont se servaient les soldats dans leurs luttes fréquentes.

Félix De Vigne fit des copies exactes de ces fresques et les reproduisit dans ses livres d'archéologie qui firent grand bruit dans le monde scientifique et que l'on consulte encore aujourd'hui dans les bibliothèques de certaines villes où ils sont gardés précieusement.

En souvenir de cette découverte dont la première partie était la Confrérie de Saint-Georges, patron des arbalétriers, il donna le nom de Georges à son sixième enfant qui lui naquit peu de temps après.

V

D'autres fois, mes parents me montraient la façade de la maison — n° 8 de la rue de la Lieve — où mon père était entré, en 1843, pour devenir l'élève de Félix De Vigne. Il avait seize ans, ma mère en avait sept.

Rue des Peignes, près du marché du vendredi, ils me désignaient une autre maison que mes grands-parents avaient habitée précédemment et dont le toit ouvrait des fenêtres en forme de hublots ovales. C'était là qu'était né mon oncle Edmond, le 4 août 1842.

A l'angle d'un quai, ils s'arrêtaient un instant devant une maison peinte en jaune, 7, rue du Soleil ; celle-là avait vu naître, le 24 janvier 1821, le grand peintre, le cher ami, Liévin De Winne. L'attendrissement sur le passé que je sentais dans l'accent de leurs voix me pénétrait doucement.

Puis, après l'histoire de la famille, c'était l'histoire de France, cette grande histoire si compliquée, si pleine de couronnes glorifiées puis brusquement renversées, que je commençais à apprendre : on me montrait ainsi, rue des Champs, la façade de style Louis XV, d'ordonnance somptueuse, d'une maison peinte en couleur beurre frais qui empiétait sur le trottoir et on me disait : « C'est l'hôtel du comte d'Hane-Steenhuyse. C'est ici que logea le roi Louis XVIII, pendant les Cent-Jours, alors qu'à Paris l'on chantait : Rendez-nous notre père de Gand ! et que les Gantois facétieux criaient sous les fenêtres du monarque anxieux : « *Louis die Swiet!* » mots flamands qui se prononcent exactement comme *dix-huit* et qui signifient : *Louis qui transpire.*

Et puis c'étaient, quai aux Herbes, les très vieilles maisons datant de divers siècles, respectées comme des aïeules, dont l'une, la maison des bateliers francs, une merveille universellement connue, montre un bateau sculpté au-dessus de sa porte.

Les bas-reliefs m'intéressaient et j'en demandais l'explication. Le plus impressionnant à mes yeux était celui du Mammelokker, datant de 1741,

situé non loin de l'austère et imposant Hôtel de
Ville, tout noir, qui date du quatorzième et du
quinzième siècle.

Surmontant une large porte, ce bas-relief, formant un fronton de grande dimension, représentait une femme allaitant un vieillard vénérable
à longue barbe, dont une jambe était enchaînée.
J'aimais ce groupe aux grandes lignes simples, et
la légende qui s'y rapportait et que me contaient
mes parents était si attachante !

Ce vieillard, le Romain Cimon, emprisonné, était
condamné à mourir de faim comme Ugolin, mais
autant l'histoire d'Ugolin me causait d'horreur,
autant celle-ci me semblait tendre et touchante.

Donc les cruels geôliers ne donnaient aucune
nourriture au triste captif et défendaient qu'on
lui en apportât, mais on avait permis à sa fille
de venir le voir tous les jours. Or, cette jeune
femme, récemment accouchée, réservait son lait
pour sauver la vie de son père. Je voyais à ce ren-
versement de la loi naturelle causé par l'amour
filial, quelque chose d'auguste et d'attendrissant.
On avait crié : « Au miracle ! » le vieillard jeûnait
et ne mourait pas ! On l'avait libéré, croyant à
une intervention divine.

Quel contraste avec Ugolin ! l'un dévorant ses
enfants, l'autre nourri par sa fille !

L'usage que l'on avait fait par la suite du Mammelokker était beaucoup moins dramatique. On
n'y enfermait plus les condamnés à mort. Ce vieux
local servait de prison passagère pour les petits
délits. Quand les étudiants s'étaient émancipés,
avaient fait trop de bruit ou avaient commis
quelque mauvaise plaisanterie, on les y cloîtrait

pour quelques heures, afin que l'isolement les dis-
posât à des remords salutaires.

Quelquefois aussi, mes parents me conduisaient
aux ruines de l'abbaye de Saint-Bavon. Mon père
me racontait qu'il y avait fait, jadis, des études
pour l'un de ses premiers tableaux, une *Halte
de bohémiens*. Ce qu'il y avait de charmant dans
ce lieu si ancien, c'est qu'on s'y trouvait seuls,
les touristes étaient si rares en ce temps-là, que
je ne me rappelle pas en avoir rencontré un seul.
De plus, le gardien nous quittait sans faire le
boniment coutumier, car mon père lui disait :
« Je suis un vieil habitué. »

On était là comme chez soi, au milieu des hautes
murailles, dans l'intime enclos herbu du préau, en
compagnie des vieilles pierres tombales et j'y courais, dans le gazon en fleurs et en graines, après les
papillons et les sauterelles.

Mon père, qui aimait à fureter partout, s'en-
gagea dans un petit escalier où je le suivis et qui
nous conduisit dans une pièce de la tour où, certainement, personne n'était entré depuis bien
longtemps, car les fenêtres étaient à demi aveu-
glées par d'épaisses toiles d'araignées où la poussière s'était accumulée, assombrissant la lumière
du jour. La faible lueur qui y passait péniblement
avait quelque chose de lugubre. C'est bien ainsi
que je me figurais la tour de la faim du vieux Romain Cimon et celle d'Ugolin. Et voici qu'une découverte qu'y fit mon père compléta cette impression sinistre

A l'une des fenêtres était cramponné le cadavre
d'un chat absolument desséché, le poil hérissé, la
peau collée sur les os, dans une pose extraordinaire

de contorsion, le corps cambré, la tête renversée, la gueule ouverte laissant voir les dents pointues, les pattes roidies, toutes griffes dehors, comme celles des effigies du Lion de Flandre. La pauvre bête, évidemment, avait été enfermée là, s'était précipitée vers la lumière et était morte de faim, il y avait longtemps, et s'était momifiée dans l'attitude de la torture physique et du désespoir. J'ai vu depuis que cette petite salle, mystérieuse et délaissée, était celle qui se trouve à l'étage de la tour à pans coupés, le *lavacrum* datant du douzième siècle.

D'autres maisons qui alors étaient le présent sont devenues un lointain passé pour moi :

Telle était celle située près du marché aux grains où nous rendions souvent visite à notre excellente cousine Émilie De Vigne, vieille fille frêle comme un roseau, pâle comme un cierge et qui s'entourait de tous les souvenirs venant de sa famille, de tous les êtres aimés et perdus. Il y avait là des meubles anciens de grand prix, entre autres, une haute horloge qui marquait non seulement les heures, mais les mois, les années, et les phases de la lune. Elle était ornée d'un soleil doré rayonnant.

Quelques vieux tableaux achevaient de donner à cet intérieur un cachet artistique. Je me rappelle surtout une grande toile de l'école flamande représentant des marchands de poisson. Une femme de grandeur naturelle, au premier plan, avait de grandes qualités de peinture solide et robuste que mon père appréciait beaucoup.

Émilie, très affectueuse et très triste, vivait là,

toute seule avec sa bonne, sans un chien, sans un chat, sans un oiseau, sans rien de ce qui peut apporter un peu de vie et de mouvement dans un logis. Sa seule occupation était d'écrire d'interminables lettres à sa sœur Sophie, Mme Jules Durel, qui habitait Saint-Saulves, près de Valenciennes.

Les événements de sa vie avaient accentué sa tendance à la mélancolie qui s'était manifestée depuis son enfance.

L'un de ses cousins, Auguste Vansanten, disait d'elle :

— Lorsque étant petits nous jouions avec d'autres camarades, tous joyeux, elle inventait toujours, pour elle, des rôles lamentables : elle se mettait dans un coin et pleurait, elle jouait à la mère qui a perdu tous ses enfants. Déjà alors, elle nageait dans les larmes comme un poisson dans l'eau. »

Elle avait un instant entrevu le bonheur, elle avait été fiancée. Elle avait essayé sa robe blanche de mariée et ne l'avait pas mise : huit jours avant la date fixée pour son mariage, le jeune docteur qu'elle devait épouser, était mort. Elle avait pris un deuil éternel, ne voulant pas écouter d'autre parole d'amour. Pour comble de malheur, la cataracte, peu à peu, vint obscurcir ses yeux qui avaient tant pleuré et lorsque, après plusieurs années, une opération lui rendit la vue, elle ne fut pas plus gaie que pendant sa longue nuit.

Elle vieillissait ainsi toujours aussi fidèle, toujours aussi désolée.

Le cadran d'or de sa belle horloge entassait, les unes sur les autres, les heures, les journées, les

phases de la lune, les années, sans qu'aucune de
ces minutes fugitives lui apportât une joie.

Et cela dura longtemps, toute sa vie.

Il y a un mot qui, dans toutes les langues, est
aussi vieux que le monde lui-même et qui cependant reste, à travers les millénaires accumulés, toujours jeune et frais. Il est l'axe sur lequel tourne
notre planète et il le restera tant qu'elle aura la
fidélité de tourner autour du soleil.

Ce mot, c'est : « Je t'aime. »

Sans doute la douce Émilie De Vigne se remémorait avec quel accent ce mot sacré lui avait été
adressé à elle-même et ce souvenir, que rien n'avait
matérialisé, avait suffi à remplir toute sa vie résignée de roseau qui plie et ne rompt pas.

Une autre maison devant laquelle on ne passait
jamais sans entrer était celle du n° 7 de la rue de
Brabant. Là habitait un cher ami de jeunesse de
mon père, Nicolas Heins, graveur lithographe et
dessinateur de grand talent, né à Bouillon le 24 février 1824. Il était aussi imprimeur et, au milieu
des estampes qui remplissaient le magasin, on causait du vieux temps, du théâtre de Gand, des
grands acteurs d'alors dont le plus célèbre était
Albert Domange, puis, après avoir sondé le passé,
on sondait l'avenir : Heins nous montrait des dessins à la plume de son fils, le petit Armand, qui
dénotaient déjà alors, chez cet enfant, gentil garçonnet au regard intense, de grandes dispositions
artistiques. Les espérances que fondait l'excellent
père sur ces premiers essais n'étaient pas exagérées,

car ce petit Armand est devenu le dessinateur et archéologue bien connu, un de ces érudits dévoués à l'histoire de leur pays et de leur ville, qui y écoulent toute leur calme et laborieuse vie et dont la renommée, pourtant, dépasse les murailles de cette ville, les frontières de ce pays.

Un souvenir bien infime me revient à propos du père d'Armand Heins.

Un matin, comme nous entrions chez lui, mon père qui, étant probablement de race bretonne, race chevelue, garda toujours ses cheveux, remarqua que, depuis l'année précédente, la calvitie de son bon camarade s'était accentuée. Alors, en l'embrassant, il lui dit :

— Eh ! mon vieux Heins, tu as encore grandi !

— J'ai grandi? Comment cela?

— Mais oui ! voilà maintenant que tu dépasses tes cheveux !

Et ce fut le bon rire comme celui d'autrefois.

Pourquoi cette insignifiante plaisanterie m'est-elle restée dans la mémoire et se rattache-t-elle à la vision que j'ai gardée de l'excellente figure riante et chauve du papa Heins? Parce que, moi-même, j'avais ri. Nous ne retenons que ce qui nous a amusés ou émus. Les professeurs en toutes les branches devraient se rappeler cela et donner à leurs leçons un tour plaisant, s'ils veulent que leurs jeunes élèves s'en souviennent.

Les meilleurs amis de mes parents, outre ceux déjà cités, étaient à cette époque Ferdinand Van der Haeghen, bibliothécaire en chef de la bibliothèque de l'Université, un passionné de son vieux Gand et un collectionneur émérite de ses souvenirs graphiques dans tous les genres : quand nous allions le voir, il nous ouvrait avec respect et amour de merveilleux missels du moyen âge, remplis de miniatures ; on y rencontrait le docteur Burggrave, nonagénaire frais et rose, auteur de *la Médecine dosimétrique* et d'importantes études sur la *longévité*, aimable et doux savant qui disait :

— Regardez ma bonne mine et vous aurez foi en mon système !

Il poussa sa conviction jusqu'à atteindre l'âge de quatre-vingt-seize ans.

Et puis, c'étaient encore le docteur Snellaert, célèbre et modeste, l'excellent musicien virtuose Max Heyndrickx, le peintre Théodore Canneel, directeur de l'académie des Beaux-Arts, dont les noms reviendront au cours de mon récit ; Casimir Ledeganck, fils du poète flamand qui a maintenant sa statue à Eecloo ; Jean Lammens, Louis de Manseleire, beau-frère de Nicolas Heins ; les frères César et Xavier de Cock, ces grands artistes si bien imprégnés de l'atmosphère de leur chère Flandre natale et que l'on aimait comme hommes, autant qu'on les admirait comme peintres de paysage et d'animaux ; Auguste Wagener, professeur très estimé de l'Université de Gand, dont la maison amie (située rue du Jardin zoologique) était illuminée par la chevelure blonde et rayonnante et le regard pur et bleu de sa jeune femme Emma, artiste dans l'âme et compositeur de musique très appréciée dans son entourage d'élite. Je me rappelle cette apparition auréolée qui me prenait sur ses genoux, m'embrassait et m'appelait : « Mon petit oiseau. » Ce doux nom me faisait plaisir car je savais que, de toute la création, l'oiseau était son être préféré.

Elle fut comme un oiseau qui se poserait un instant sur la terre, pour y chanter son amour et qui retournerait à l'azur, pour n'en plus redescendre. Elle mourut à la suite d'une opération. Je crois qu'elle n'avait pas trente ans.

Malheureusement, je n'ai retrouvé dans les cartons d'autrefois aucune de ses mélodies, mais l'une d'elles que mes parents chantaient souvent et que ma mère jouait au piano, m'est restée dans la mémoire. Je l'ai fredonnée à mon amie Juliette Leluc qui en a transcrit les notes et j'y ai adapté une strophe en hommage à la mémoire de Mme Emma Wagener. Elle puisait souvent ses inspirations musicales dans les poésies de Marceline Desbordes-Valmore. Son salon réunissait le soir, en toute intimité, les meilleurs musiciens de la ville, son maître Heindrickx, les cinq De Vigne, nos oncles et cousins de l'orchestre du théâtre et d'autres. Les auditions qui s'y donnaient étaient de tout premier ordre et mes parents en reparlaient toujours avec émotion, comme on reparle des choses idéales, brutalement brisées.

Cet amour de la musique s'est perpétué dans notre famille.

Beaucoup plus tard, vers 1880, ma charmante cousine Jane de Vigne se faisait une belle réputation de chanteuse surtout en France et en Angleterre où elle chanta au Covent-Garden de Londres avec grand succès.

Elle partit ensuite en tournée pour l'Amérique du Nord où elle chanta, pendant quatre années consécutives, dans les principales villes des États-Unis, notamment au Métropolitain de New-York au côté de Tamagno, de Melba, de Jean et Édouard de Reszké, etc., joua en Écosse, en Irlande, à Berlin et dans plusieurs villes d'Allemagne, fit deux saisons à Pétersbourg avec Tamagno, une saison à Alexandrie et au Caire où elle chanta l'*Aïda* avec les costumes de la création.

A peu près de mon âge, elle avait fait à Bruxelles sa première communion le jour même (17 mars 1872) où je faisais la mienne à Gand en l'église Saint-Bavon.

Son père, Achille De Vigne, voulut commémorer ce jour de blancheur et de sonneries, en faisant frapper deux médailles, l'une pour sa chère Jane, l'autre pour moi. Cette médaille avait été gravée par son beau-père le graveur bien connu en Belgique, Laurent Hart.

Elle figure dans ma collection de souvenirs de famille.

Achille De Vigne était un pianiste de grand talent. Contemporain et ami de Brassin, il fit avec lui plusieurs tournées, surtout en Russie où ils obtinrent de brillants succès.

Laurent Hart et Achille De Vigne moururent dans la force de l'âge et en plein talent. Après leur décès, Mme Hart continua la maison de frappe de médailles de son mari. Lorsqu'à son tour elle disparut en 1890, la situation était telle qu'on fut contraint à liquider et à procéder à une vente publique.

Les deux vaillantes jeunes filles ne se découragèrent pas. Jane avait sa voie toute tracée et continua sa carrière théâtrale. Alice, de son côté, put racheter les affaires. Elle réussit à les relever et depuis lors, sous sa direction, elles n'ont cessé de progresser.

Jane De Vigne, depuis qu'elle s'est décidée à

quitter le théâtre, est venue habiter avec sa sœur,
à Bruxelles, Galerie du Roi.

VI

Un de mes grands plaisirs était nos voyages à
Bruges où nous allions, mes parents, ma grand'-
mère De Vigne, mes oncles et moi, passer de temps
en temps une bonne journée.

Ceux qui visitent Bruges en touristes et ceux qui
lisent les livres consacrés à *Bruges la morte*, à
Bruges la grise, ne peuvent se faire aucune idée du
genre de caractère que cette délicieuse ville moyen-
âge avait pour moi et, je crois aussi, pour ceux qui
m'y menaient.

Pour moi, c'était *Bruges la vivante*, *Bruges la
rouge*, *Bruges la riante*, avec ses charmants pignons
de brique à gradin, couleur de corail, la grâce
exquise de ses clochers, son carillon babillard et le
blanc de neige de ses cygnes glissant parmi les
nénuphars, sur les eaux calmes du lac d'Amour et
des fossés qui l'entourent depuis le quatorzième
siècle, ces beaux cygnes auxquels je jetais du pain.
Et puis, je connaissais si intimement son clocher
des Halles ! Il y avait dans ma chambre, à Gand,
une petite reproduction en carton de ce monument, précieusement conservée sous globe, délicat
chef-d'œuvre de patience, exécuté certainement
par un fervent amoureux de sa ville et dont j'admirais les fins détails, tous les matins, en m'éveillant.

A Gand, on considérait le genre d'esprit de cette
ville comme le plus gai, le plus exubérant de toute

la vieille Flandre. Quand on rencontrait quelqu'un qui manifestait une joie exultante, on lui disait :

— Est-ce que tu reviens de Bruges?

Et quand au contraire on voyait un mélancolique, on lui conseillait d'aller s'égayer avec ces braves fous de Brugeois et savourer leur bonne cuisine.

Il existe même encore un dicton populaire que voici :

« Si les Brugeois sont tous un peu fous, c'est parce qu'ils ont bu de l'eau du lac d'Amour » (en flamand : *Minnewater*).

Donc nous étions joyeux à l'avance quand nous prenions, le matin de bonne heure, dans la « station » dont les fumées se coloraient des premiers rayons, le train pour Bruges, car nous savions que nous y verrions de réjouissantes figures, celles de nos charmants cousins les Van der Meersch et les De Poortere qui nous avaient invités par un mot cordial.

Ces cousins avaient la même origine que les De Vigne (descendant également des Van Troostenberghe), et aussi les mêmes goûts artistiques, peinture, musique, archéologie, littérature. Lorsqu'un artiste ou un auteur célèbre venait visiter la ville ou y faire une conférence, c'est chez eux qu'il était reçu et cette tradition s'est perpétuée jusqu'à nos jours, chez leurs descendants, notamment chez les Ganshof Van der Meersch, à Bruges et à Bruxelles.

Désiré-François Van der Meersch donna pour parrain à son fils notre grand poète Auguste Barbier et le petit Auguste, que l'auteur des *Iambes* avait tenu sur les fonts baptismaux, devint l'un

des avocats les plus hautement estimés de sa ville
où il joua un rôle très important et fut nommé
bâtonnier de l'ordre des avocats. Il fut l'ami intime
du Père Hyacinthe Loyson.

Son cousin Charles De Poortere qui, à l'époque
où je me reporte, était un tout jeune homme, tête
échevelée de tribun, devint également une illustra-
tion du barreau brugeois.

Ces excellents amis venaient en groupe nous
attendre à la gare et, fiers de leur ville, nous y
pilotaient. Nous visitions les églises et c'était avec
une émotion respectueuse que nous pénétrions
dans l'hôpital Saint-Jean, à cause des peintures de
Memling et de la touchante légende qui s'y rat-
tache. Mon père, qui l'admirait profondément, se
recueillait devant la châsse Sainte-Ursule et, parlant bas, m'en faisait remarquer les beautés mystiques. Il disait : « C'est de la peinture de croyant. »

Ensuite De Poortere nous faisait les honneurs de
sa collection particulière. Il avait beaucoup de
tableaux des vieux maîtres flamands et, parmi les
modernes, deux toiles de mon père ; une assez
grande : *l'Orage*, paysans groupés par la peur
dans un intérieur de ferme où une femme répand
de l'eau bénite, et un petit tableau : *Jeune mère
tenant son nouveau-né sur ses genoux*.

Après s'être rempli les yeux et l'esprit de tant
de choses diverses réunies dans ce Bruges qui,
comme la châsse Sainte-Ursule, est un véritable
et merveilleux reliquaire, on se mettait à table
vers une heure, sachant bien qu'on ne la quitterait
qu'à huit heures pour reprendre le train de Gand.

Sur la nappe blanche, lustrée et couverte de vais-
selle ancienne, chaque convive avait au moins six

ou sept verres de formes et de tailles différentes en harmonie avec les vins qu'on y versait. Les dîners étaient copieux, variés, interminables. Quinze plats au moins s'y succédaient : poissons de l'Escaut, viandes succulentes des pâturages flamands, volailles grasses, filets d'Anvers, anguilles fumées de Hollande, légumes de toutes sortes, fromages multiples indispensables pour bien goûter la saveur des vins. On y contait de bonnes histoires et le rire fusait accompagnant les détonations des bouchons de champagne sautant au plafond. A chacun de ces bouchons un petit joujou de cuivre doré était attaché, petite échelle, petite brouette, petit rateau, petit fusil, petit arrosoir et le bon cousin De Poortere les distribuait aux enfants. J'en avais ma bonne part, car il m'aimait beaucoup.

Chez Van der Meersch, même abondance de mets et même joie bruyante. Moins de tableaux mais une foule de bibelots curieux faisaient revivre la vieille Flandre, cuivres, faïences, porcelaines, vieux bois sculptés trouvés dans les marchés où l'on allait fureter avec un flair de bon limier, heureux quand on y faisait une trouvaille.

On mettait une grande coquetterie à l'arrangement de la table, des fleurs s'y épanouissaient dans des vases anciens et à chaque service, avant de prendre sa part du plat que vous présentait le domestique, chacun admirait son assiette.

Au dessert, c'étaient d'énormes *pièces montées* où les pâtissier brugeois (dont le talent est d'ailleurs légendaire) avaient mis tous leurs soins. Ces gâteaux de massepain, de nougat ou de pâte d'amande représentaient généralement des châteaux plus ou moins féodaux et je me rappelle que l'un d'eux était un château d'eau dont la fontaine était merveilleusement imitée par des coulées de sucre filé transparent.

Le vieux cousin Van der Meersch disait :

— Regardez tous, on va attaquer la place forte ! Applaudissez au coup de bélier, un, deux, trois !

Et d'un coup sec de son grand couteau, il faisait s'effondrer tours et donjons et tout le monde criait : « Bravo ! »

Désiré-François Van der Meersch, jurisconsulte à Bruges, descendait d'une famille de jurisconsultes et cette noble tradition remontait à plusieurs siècles.

Je n'ai jamais connu de philosophe plus accompli. J'ai souvent remarqué, depuis, que les hommes de loi ont généralement une forte dose de philosophie. L'avocat qui passe sa vie à pénétrer les secrets des drames intimes, qui voit se dérouler sous ses yeux les crimes atroces, les dévouements sublimes, qui cherche partout les circonstances atténuantes, les raisons de pitié pour les égarés, en arrive à un sentiment d'indulgence et l'indulgence est le premier échelon de la philosophie basée sur l'éclectisme en planant au-dessus des passions et des partis pris.

Cette disposition d'esprit répandait sur le visage de Désiré-François une expression de sérénité bienveillante et calme.

Sa femme, toujours souffrante et soumise à un régime sévère, était gaie cependant. Elle descendait pour assister à la joie de ses invités et c'était un effort pour elle, car elle passait sa vie dans sa chambre auprès de sa fenêtre et sans cesse occupée à broder pour les églises pauvres et à tricoter pour les petits enfants des familles indigentes. Résignée, douce, excellente, elle vécut ainsi très longtemps.

Ce fut son mari qui mourut le premier, lui qui, cependant, jouissait d'une santé magnifique.

Nous assistâmes tous à ses funérailles où toute la ville était représentée, car on l'aimait beaucoup. Après le service funèbre, on revint à la maison mortuaire et quand, tout émus, on entra dans la salle à manger, on fut surpris d'y voir la longue table ornée comme aux jours les plus heureux, avec ses fleurs, ses corbeilles débordantes de fruits, ses gâteaux, pièces montées, ses régiments de verres alignés, sa porcelaine de luxe.

Et Auguste nous expliqua :

— Nous avons obéi à mon père. Il m'avait donné des instructions formelles : quand il sentit que sa fin était proche, il m'appela et me dit : « Je suis vieux, je m'en vais, c'est normal. Je ne veux pas que l'on me pleure. J'ai été heureux, j'ai la conscience tranquille et j'ai été aimé. Je veux laisser de moi un joyeux souvenir. Écoute, Auguste, tu feras honneur aux bons amis qui, fidèles, viendront à mon enterrement. Tu leur serviras un repas comme ceux que je leur offrais moi-même, mais là, un beau dîner avec des fleurs, beaucoup de bonnes choses. Tu prendras dans ma cave tel et tel de mes vins fins que je débouchais dans les grandes occasions, tu sais, il reste encore quelques bouteilles qui sont aussi vieilles que moi et vous boirez à ma santé, parbleu ! comme quand j'étais au milieu de vous... Je veux que l'on rie en pensant à moi... »

En prononçant ces derniers mots, Auguste les perdit dans un sanglot.

C'était grandiose, cette déclaration si simple de ce sage digne de la Grèce antique !

Le prêtre qui avait officié assistait à ce repas. Il avait, à côté de son assiette, un gros livre de prières. Il en lut une avant le potage. Il y eut quelques minutes de recueillement, puis la conversation s'anima. On était engagé par le défunt lui-même à évoquer son souvenir sans tristesse. Chacun avait à conter une histoire, un fait divers où éclataient la bonté, la générosité, la bienveillance, l'esprit de l'excellent homme. On citait ses bons mots... et... on riait. Mais entre le premier et le second service, le prêtre se leva et lut encore une prière. Chacun se recueillit de nouveau un instant puis, peu à peu, la conversation reprit. Au dessert, devant le château fort de massepain, on repensa au joyeux coup de bélier et l'on eut à la fois un sourire et une larme. Au moment du vin poudreux et octogénaire, au moment de cette touchante communion où il semblait que l'on trinquât avec l'Éternité, le prêtre se leva une troisième fois pour lire une troisième prière.

J'étais fillette à cette époque et j'ai gardé de ce mélange de solennité et d'intimité, d'attendrissement et de sérénité planant au-dessus des mondes et des temps, un souvenir lumineux qu'aucun crêpe noir ne vint jamais assombrir.

C'est ce que désirait ce doux philosophe qui voulait n'avoir donné, à ceux qu'il aimait, que de la joie.

II

LA MAISON DE MA BISAÏEULE

In de groote kat. — Bourrelets et berceaux. — Le général Durutte. — Mon bisaïeul Philippe Avé. — 1814. — La fête de sainte Thérèse. — Une ombre noire. — Mon grand-oncle Hippolyte.

I

Lorsque je me rappelle ma bisaïeule, grand'-maman Bouckaert, je vois une petite vieille maigre et vive, presque octogénaire et demeurée active, avec des yeux intenses et une physionomie ouverte et mobile. L'excellente femme semblait se dépêcher de profiter des joies que la destinée voulait bien encore lui accorder dans son grand âge et c'est sans doute pour cela qu'elle était toujours pressée et toujours gaie. Parmi ces joies, ma naissance avait été une des plus importantes. A ce propos elle citait souvent une phrase de Mme de Sévigné qui célébrait le légitime orgueil qu'éprouve une arrière-grand'mère. Il lui fut donné de me regarder commencer la vie jusqu'à l'âge de cinq ans. Je fus pour elle cette fierté : la quatrième génération et cette tendresse : l'enfant de l'enfant de son enfant. Elle fut pour moi la bonté, trois fois maternelle, qui sourit dans l'auréole d'un bonnet de dentelle.

Quand je veux fixer cette vision, voici dans quel cadre et dans quelle attitude elle m'apparaît : sa maison est une chapellerie dans une rue qui aboutit au *gros canon*. Elle a pour enseigne : *In de groote kat*, cette enseigne est un chat peint à l'huile et suspendu à un crochet en fer. Je vois un long magasin tout plein de chapeaux et ayant, de chaque côté, un haut comptoir. Je vois grand'-maman Bouckaert assise auprès de la fenêtre dans un fauteuil juché sur un *passet*, qui le rehausse d'une marche. Elle est très occupée à une besogne qui m'amuse beaucoup. Je la regarde travailler de ses doigts agiles qui ne tremblent pas.

J'ai bien quatre ans et je me crois grande, parce que je vois, assis sur le seuil des portes d'en face, ou courant sur le bord des trottoirs, des enfants qui mangent déjà seuls de longues tartines et sont cependant beaucoup plus petits que moi. Du reste je me rends utile. Je fouille dans l'énorme panier de grand'maman pour lui chercher l'une ou l'autre de ses bobines de galon de chenille dont elle a besoin tout de suite. Il lui en faut une rouge ; non, maintenant c'est une bleue, puis après ce sera une rose. Alors, appuyée sur ses genoux, je la vois former de jolis ornements avec le galon de chenille sur un petit bourrelet d'enfant fait de paille tressée. Elle les fixe avec son aiguille et un fil de soie : elle fait une étoile, ou bien une grecque ou bien une fleur. Sa fantaisie se complaît à varier les arabesques, à en inventer de nouvelles.

Moi, je suis émerveillée. Je suis grande. Je sais bien faire sur du papier des dessins avec les crayons de couleurs que saint Nicolas m'a apportés, mais je ne saurais pas encore en coudre. Je me pique aux aiguilles et puis les dés sont toujours trop grands, mais j'apprendrai. Je replonge dans le panier :

— Pourquoi, dis? qu'il y a seulement des bobines de chenille bleues ou rouges ou roses? Pourquoi pas des vertes, des violettes et des jaunes?

Grand'maman a réponse à tout :

— Parce que ces couleurs-là ne sont pas des couleurs d'enfants.

J'ai compris. Il y a donc des couleurs d'enfants et des couleurs de grandes personnes. C'est drôle. Alors, quand le bon Dieu a fait le bleu, le rouge et le rose, il a dit : «Ceci sont des couleurs d'enfants», et quand il a fait le violet, il a dit : « Ceci est la couleur des grand'mères et des veuves et c'est pour cela que les rubans du bonnet de grand'-maman sont violets. »

Je savais déjà qu'il y a des joujoux [d'enfants et des joujoux de grandes personnes qui sont les montres, les pipes, les parapluies, les lunettes, les fusils, les palettes, les porte-monnaie et les livres sans images; mais je n'avais jamais pensé que les catégories pouvaient s'étendre jusqu'aux couleurs.

Entre les petits et les grands il y a un monde. Entre les très petits et les très vieux, la différence est moins sensible. Ma bisaïeule et moi nous nous amusions des mêmes choses et ce que nous trouvions à dire sur des sujets de ce genre, était interminable. On dirait que la vie est un cercle et qu'en croyant arriver au bout de sa carrière, on se rapproche du commencement. L'enfant dit à l'aïeule : « — Qu'est-ce que tu faisais quand tu étais petite? »

— L'aïeule dit à l'enfant : « Que feras-tu quand tu seras grande? » C'est l'enfant qui évoque le passé, c'est la vieille qui cherche à sonder l'avenir. De part et d'autre, l'imagination entrevoit une figure mystérieuse qui la faît rêver. Cette bisaïeule a été semblable à cette enfant et l'enfant s'en étonne. Cette enfant sera, si le destin lui accorde autant de jours, pareille à cette bisaïeule. Leur curiosité est la même, elle est à la fois instinctive et réfléchie. Elle remonte et devance les temps. La fillette veut savoir ce qu'elle n'a pas vu, la vieille veut savoir ce qu'elle ne verra pas et toutes ces choses graves qui s'appellent : avant la naissance, après la mort, se confondent dans un babil joyeux. C'est comme un essaim de papillons jouant au-dessus d'un abîme.

II

Parfois nous nous taisions, un doigt sur la bouche. Le timbre de la porte sonnait, des clients entraient : des messieurs choisissaient des chapeaux. Des campagnards en blouse essayaient des piles de casquettes de soie ou de drap soutaché, et hésitaient longtemps. De bonnes fermières venues au marché avec de gros bébés dans les bras, des *manneken* comme elles les appelaient, les asseyaient sur le comptoir et on les coiffait de bourrelets. On s'exclamait en gantois, on riait, on les trouvait beaux. Ces petites scènes me divertissaient.

Le caractère particulier du bébé est d'être rose et joufflu, mais sous ce rapport, le *manneken* flamand est le plus bébé des bébés ; il ressemble à une pomme couperosée cueillie dans un verger des Flandres.

Cette coiffure ronde arrondissait encore ces figures réjouies de pleine lune et ces mioches, graves et contents, semblaient, sous leurs turbans d'osier, fiers comme de petits rois mages.

Tout passe, tout change de mode, même les choses utiles. Le bourrelet est maintenant presque abandonné. Il avait sa raison d'être, cependant. Il évitait bien des bosses au crâne, des nez meurtris, des yeux au beurre noir. Et puis comme il s'harmonisait bien avec la berce d'osier et le *alloir* semblable à une poussinière dans lequel on mettait le petit poussin humain, impatient de courir ! Aujourd'hui le berceau employé dans les milieux aisés ne se tresse plus, il se forge. Il ne sort plus des mains du vannier qui chante au soleil en travaillant sur le pas de sa porte, il est le produit de la grande industrie qui fume par ses hautes cheminées et fait un vacarme d'enfer. Ses éléments, le cuivre et le fer, sortent du fond de la terre et sont fondus au feu, tandis qu'en ce temps-là, ils provenaient de la tendre et flexible oseraie courbée sous la brise au long des ruisselets sillonnant les vertes campagnes flamandes.

Le jour de ma naissance, à Courrières, j'avais été déposée, pour mon premier sommeil, dans un de ces berceaux en forme de sabot dont le modèle remonte à l'époque de Téniers et de Piéter de Hoogh et c'était ma bisaïeule, ma marraine, qui l'avait fait tresser, en fin osier, tout exprès pour moi, par un maître vannier de Gand. Ce berceau servit plus tard à mes enfants, puis, resté à Douai dans la maison familiale des Demont, il fut réduit

en cendres avec tout le reste, par l'ennemi,
en 1918.

III

Les souvenirs d'enfance semblent se classer
dans notre mémoire comme autant de points
précis au milieu de la brume vague des choses qui,
ne l'ayant pas frappée particulièrement, sont demeurées insaisissables pour notre pensée. Un
brouillard pour nos yeux, un murmure indécis pour
notre oreille, puis, rayonnant comme un feu de
bouée sur des flots onduleux et voilés, parmi ces
mille choses de la vie qui nous ont échappé parce
que nous ne les avons pas comprises, un détail se
détache, distinct, vivant, brillant, intense, un détail
dont nous savons encore la couleur, le toucher, le
parfum. Pourquoi celui-là plutôt qu'un autre,
pourquoi ces bourrelets plutôt que tous les autres
objets que j'ai vus et touchés? Pourquoi cette attitude des vieilles mains de ma bisaïeule ornant ces
naïves coiffures, plutôt que celles des autres instants de sa vie? Pourquoi cette parole quelconque :
« Ce ne sont pas des couleurs d'enfants, » plutôt
que tous les récits de son existence passée, de ses
voyages lointains, qu'elle ne manqua pas de me
faire et dont je ne sais plus rien? Pourquoi des
choses importantes oubliées et des riens retenus?
Comment se fait-il que l'expression de son sourire
et de ses yeux me soit si présent et que l'instant
où j'appris que je ne la verrais plus jamais ne se
soit pas imprimé dans ma mémoire? Sans doute
je n'ai pas compris, car il faut une longue éducation

pour comprendre les choses tristes, tandis que je comprenais le plaisir qu'elle avait au travail dont je suivais toutes les phases. Donc, je dois l'avouer à la honte de ma petite intelligence embryonnaire d'alors, tout ce que je sais de sa vie m'a été raconté depuis par sa fille aînée, ma grand'mère De Vigne.

Ma bisaïeule était née à Ypres en 1790, d'un marchand de toile nommé Levasseur. Elle s'appelait Thérèse et était, par conséquent, l'homonyme de la femme de Jean-Jacques Rousseau, bien qu'il n'y eût aucun lien entre les origines. Sa mère était morte très jeune et son père, très absorbé par son commerce, ne s'était guère occupé d'elle, en sorte que, la voyant ainsi abandonnée, une excellente famille d'Ypres s'y était intéressée. Cette famille était celle du vaillant général Durutte, ce brave pour lequel l'empereur Napoléon avait une si exceptionnelle estime et qui dans ses vieux jours, à force d'avoir sacrifié à la patrie, n'avait plus qu'un œil, une oreille et un bras. La jeune Thérèse Levasseur était devenue l'amie intime de la femme du général et l'avait accompagnée dans tous les voyages où elle suivait son mari, notamment dans les campagnes de Russie et d'Italie.

A son retour à Ypres, Thérèse fit la connaissance d'un jeune violoniste d'Hondschoote, Philippe Avé, premier prix du Conservatoire de Paris (dont je parle plus loin, chapitre XIV) et elle l'épousa. Bientôt après, Philippe ayant été nommé premier violon au grand théâtre de Gand, vint avec sa femme, habiter cette ville. Mais les rêves d'avenir du musicien applaudi et fêté ne devaient pas se réaliser : il mourut à vingt-neuf ans, en février 1814, au bout d'un an de mariage, laissant sa femme enceinte.

Elle accoucha avant terme, au milieu des larmes du désespoir, d'une fillette débile qu'elle sauva par un miracle d'amour dévoué. On était alors à une époque troublée et terrible, on se battait partout. L'Empire français s'effondrait dans les désastres successifs. La Flandre était pleine de soldats de toutes les nations, pauvres malheureux arrachés à leurs foyers, las de lutter les uns contre les autres. La misère était partout.

La triste veuve, récemment accouchée, malade, habitait avec sa belle-sœur Jeanne Avé (que dans la famille j'entendis toujours appeler : tante Wanne) et toutes deux passaient des jours anxieux penchées sur l'enfant nouveau-né, épiant son souffle si frêle, retenant entre leurs bras, à force de soins et de tendresse, cette vie menacée. Elles eurent à loger deux soldats écossais et ces guerriers qui avaient supporté tant de dures épreuves, qui avaient vu s'amonceler tant de cadavres et couler tant de sang, mais qui, sans doute, avaient quelque part, sous un toit lointain, une famille inquiète, ces cœurs aguerris mais non pas endurcis dans le malheur, s'attendrirent sur cette douleur intime. Ils étaient bons, ces tueurs d'hommes. Ils voulaient que la jeune mère épuisée partageât avec eux le bouillon qu'on leur distribuait, ils lui disaient :

— Dormez pendant quelques heures, reposez-vous tranquillement, nous veillerons sur votre enfant.

Ces hommes qu'on avait obligés à se battre

s'asseyaient, silencieux, auprès d'un berceau. Ces hommes terribles dont la mission était de donner la mort, restaient là, attentifs au sauvetage d'une pauvre petite vie et deux femmes les bénissaient, eux que tant d'autres avaient maudits !

Quelques années plus tard, Thérèse Avé se remaria avec un chapelier nommé Bouckaert, excellent homme qui se montra si tendre et si bon pour la petite Virginie Avé (ma grand'mère), que longtemps elle l'appela en toute sincérité « mon père ». Ce fut en allant à l'école qu'elle s'aperçut qu'on ne lui faisait pas signer ses devoirs du même nom qu'à ses petits frères et sœurs ; elle s'en étonna et en demanda à son père la raison. Le brave homme fut si touché de cette ignorance, que prenant dans ses bras l'enfant qu'il aimait comme sa propre fille, il la serra bien fort et pleura de tout son cœur. Après lui avoir expliqué ce mystère, il lui dit avec une angoisse pleine de tendresse :

— Tu ne vas pas m'aimer moins maintenant, n'est-ce pas?

Dans une vie longue, il y a toujours plus de douleurs que de joies. Grand'maman Bouckaert avait passé par bien des épreuves. Elle avait mis au monde beaucoup d'enfants et avait connu toutes sortes d'inquiétudes et de tourmei 's. Elle était restée veuve une seconde fois. Cependant son caractère ne s'était pas aigri et elle était pleine d'activité et d'entrain.

Ses descendants, mariés, s'étaient dispersés mais se réunissaient souvent chez elle. Parmi ses nombreux petits-enfants, Élodie Leyman (fille de ma tante Émérence) et Désiré Bouckaert (fils de mon oncle Charles), furent pour moi de gentils amis d'enfance et notre amitié n'a fait que grandir avec les années.

Cette grande famille avait la religion fidèle de certaines dates du calendrier, dates joyeuses, qu'on célébrait en commun. Le jour de la fête de ma bisaïeule, le 15 octobre, ses enfants et petits-enfants ornaient de feuillage et de fleurs le fauteuil dans lequel elle présidait le repas familial. Une banderole enlacée au-dessus de sa tête portait : « Vive Thérèse ! » écrit en lettres d'or.

O ! les bonnes vieilles traditions à la fois intimes et sacrées, pourquoi ont-elles perdu, presque partout de nos jours, cette mise en scène si pleine de simple cordialité? Pourquoi est-on devenu plus cérémonieux, plus banal et moins gai? Pourquoi se préoccupe-t-on de ce qui est convenu, bien porté, bien reçu et bien vu dans le monde, selon les conventions du jour, au lieu de ne songer qu'à ce qui réjouit le cœur des jeunes et des vieux? Pourquoi a-t-on cette pensée absurde que des indifférents sceptiques et froids pourraient rire de tous ces petits riens qui font encore verser aux bons vieillards des larmes de vrai bonheur? Pourquoi ne chante-t-on plus au dessert et pourquoi la touchante coutume d'orner de fleurs et de souhaits le fauteuil de l'ancêtre s'en est-elle allée avec les bourrelets et les berceaux d'osier?

Comme elle inspire parfois un amer regret, cette phrase que vous disent les gens bien renseignés au sujet de la mode et des bonnes manières : « Cela ne se fait plus ! »

Ai-je assisté à l'une de ces fêtes de la sainte-

Thérèse? Je ne sais. Il me semble ne les connaître que par ouï-dire.

Tout ce que je sais, c'est que la première, par un simple mot dit au hasard, ma bisaïeule classa dans mon esprit les éléments du prisme de la vie qu'éblouie encore de tant de lumière, je contemplais sans en rien distinguer. Ce mot quelconque, mettant dans une catégorie précise « les couleurs d'enfants », donna pour ainsi dire à chacune des teintes un sens spécial, comme une signification morale.

Il m'apparut, pour la première fois, qu'il y avait des couleurs jeunes et des couleurs vieilles, des couleurs gaies, tendres, modestes, effrontées, dures, fraîches ou tristes. Par une sorte de logique inconsciente sans doute, il ne me resta dans la mémoire que les choses ayant entre elles une harmonie de tons et aussi de pensées. C'est peut-être pour cela que l'âme évanouie de mon arrière-grand'mère se trouve pour moi symbolisée dans le passé par l'attitude qui exprimait le mieux son caractère particulier, celui d'une bonne mère Gigogne vieillie dans la tendresse maternelle.

Car n'était-ce pas bien le travail qui convenait par excellence à cette bisaïeule, ce travail qui avait pour but d'enjoliver, pour le plaisir des yeux des jeunes mères, ces bourrelets destinés à préserver les générations futures (qu'elle ne devait qu'entrevoir) de tous les chocs et les heurts de cette vie que l'on commence en chancelant? N'était-ce pas charmant de voir ces yeux, encore utiles, s'imprégner d'harmonies enfantines et soutacher en couleurs de bluets, de roses et de coquelicots, ces petits turbans ajourés tressés par quelque paysan avec la blonde paille des moissons? N'était-ce pas touchant de voir ces mains encore adroites, travailler à la sécurité des existences fragiles et ce front encore droit que la tombe ne semblait pas devoir attirer encore vers la terre, ne se pencher que vers les fronts branlants des tout petits pour qui le sol, les pierres des murailles et les angles des meubles sont si durs !

IV

A Courrières, le jour de la *Bénédiction des blés* (cette cérémonie champêtre qui avait inspiré à mon père la composition de son tableau du Musée du Luxembourg, aujourd'hui au Musée du Louvre), nous défilions, Julie, Louis, le petit Breton et moi, à la procession autour du village pavoisé et fleuri. Nous faisions partie du groupe des petits porteurs de corbeilles, couronnés d'églantines, semeurs de roses et de pivoines effeuillées, devant les reposoirs ennuagés d'encens.

Il y eut une année, lorsque j'avais cinq ans, où je vis ma mère découdre les galons roses qui ornaient si gaiement ma robe blanche et les remplacer par de minces galons noirs.

J'avais perdu ma bisaïeule. Quelque chose de noir passa dans mon esprit. Je songeai aux galons de chenille rouge, bleue et rose que grand'maman Bouckaert cousait sur des bourrelets. Ma mère faisait les mêmes gestes de brodeuse.

Est-ce que j'avais déjà passé l'âge des couleurs d'enfants?

**

***

Après la mort de ma bisaïeule, ce fut son fils aîné, Hippolyte Bouckaert, qui reprit le commerce de chapellerie. Sous l'enseigne *In de groot kat* s'élevait tout une génération nouvelle : le gros chat en zinc régnait pacifiquement sur cette belle marmaille.

Mon oncle Hippolyte était un vrai Flamand épanoui et bon vivant, qui avait la spécialité des vérités à la M. de La Palisse. Plus prolifique encore que ce personnage légendaire, il eut jusqu'à douze enfants, tous bien portants. Il disait :

— Ce n'est que la moitié de vingt-quatre.

Quand nous allions le voir, il exhibait, tout fier, sa magnifique progéniture. Les aînés aidaient déjà au commerce, ils déficelaient les paquets de casquettes et rangeaient les chapeaux enveloppés de papier de soie qui venaient tous de la célèbre usine de notre excellent ami Haas de Paris, dont le succès à l'Exposition universelle de 1867 avait été considérable.

Ma tante arrivait affairée, avec son dernier-né dans les bras et une bouteille de vin fin et nous étions subitement entourés de tous les *manneken* qui savaient déjà se tenir sur leurs petites jambes vacillantes. Quand nous pensions avoir tout vu et tout embrassé avec admiration, il en sortait encore deux ou trois de dessous le comptoir. Mon père disait :

— Mais, mon cher Hippolyte, vous ne devez jamais être sans inquiétude, car douze enfants ne sauraient être tous constamment en bonne santé !

Il répondait :

— Allons donc ! les maladies sont la spécialité des enfants uniques et désœuvrés. Ici on n'a pas le droit ni le temps d'être malade, savez-vous ! Les médecins de la ville n'entrent chez moi que quand ils ont besoin d'un chapeau neuf.

Et il riait d'un bon rire à la Jordaens et concluait :

— Soyons heureux, c'est là le vrai bonheur !

III

LA MAISON
DE MON GRAND-ONCLE
ALEXANDRE DE VIGNE

La petite cuisine. — La pompe. — Hélène et Mathilde. — Ma tante Joséphine. — Projets d'avenir. — L'heure du théâtre.

Pendant nos séjours à Gand, je passais souvent de bonnes après-midi chez mon grand-oncle Alexandre De Vigne. Sa maison était si proche de celle de ma grand'mère que je m'y rendais seule, toute fière de ce commencement d'indépendance, sous le regard, il faut bien l'avouer cependant, de ma mère restée sur le seuil de la porte que je venais de quitter, jusqu'à ce qu'on m'eût ouvert celle à laquelle je sonnais.

Quel excellent homme c'était que mon oncle Alexandre, comme il m'accueillait à bras ouverts !

Quand il avait fini d'étudier son violon quelles drôles de mines il faisait pour m'amuser, imitant les *marticos* (singes) du Jardin zoologique, sans souci de sa dignité de grand-oncle et de musicien de grand talent, tandis qu'il se rasait, le menton tout blanc de savon en mousse, devant une petite glace pendue au mur, dans la cuisine au fond de la cour !

C'est dans cette modeste pièce qu'on se tenait de préférence. Il y avait bien un salon, un grave salon, dont tous les meubles étaient recouverts de housses immaculées, un salon donnant sur la rue, qui avait l'air de se respecter lui-même, qui demeurait frais et sombre en été et d'où l'on entendait, à travers les persiennes closes, le roulement des voitures éveillant par instant une corde sonore dans la boîte de palissandre du piano ; un salon où tout était rangé et indérangeable, où deux petites figurines en terre cuite, genre Van Ostade, qui se faisaient mutuellement des grimaces sur la cheminée, le bonhomme offrant une carotte à la bonne femme, semblaient seuls n'être pas pénétrés de la solennité du lieu.

Combien je préférais la cuisine carrelée de rouge, avec ses canaris en cage, son gai rayon de soleil traversant un gai rideau et sa potée de réséda sur l'appui de la fenêtre !

Cette cuisine était contiguë à une mignonne et proprette relaverie aux carreaux blancs, avec dessins bleus, qui faisait mon bonheur, non seulement à cause de ces vieux carreaux flamands, où l'on voyait des coqs, des chevaux, des navires, des moulins, des pêcheurs à la ligne, mais encore et surtout à cause de sa pompe à laquelle j'avais la permission de pomper moi-même. Ce n'était pas une de ces pompes dures, récalcitrantes qu'il faut solliciter à plusieurs reprises pour en obtenir quelques gouttes s'épanchant comme à regret. Celle-ci au contraire, comme une personne généreuse qui répand son bien à la moindre prière, donnait à plein goulot son eau cristalline à la pression que ma main imprimait à son bras. Cette générosité même était telle qu'en tout temps, lorsqu'on ne s'occupait pas d'elle, elle épandait son eau goutte à goutte, inutilement, comme une source naturelle.

J'y pompais pour les petits tripotages de lessive ou de cuisine dans des baquets et des casseroles minuscules qui donnent l'eau à la bouche de plaisir, mais aussi qui mouillent le joli tablier fraîchement déplié, au point qu'on n'est vraiment plus *à montrer* s'il vient une visite : exquises licences, plus facilement tolérées chez les grands-oncles que chez les parents.

Je ne puis me rappeler le son de la voix de mon oncle Alexandre sans entendre en même temps une adorable petite musique qui, dans cette pièce, accompagnait tous les actes de la journée, aussi continuelle que le tic tac de l'horloge. Cette musique était produite par les harmonieuses gouttes d'eau qui, perpétuellement, tombaient du goulot de la pompe sur la plaque métallique de l'évier et parcouraient toute la gamme des sons, depuis les plus graves jusqu'aux plus aigus, formant ainsi une délicate et naïve mélodie. En l'écoutant, je respirais dans cet intérieur intime quelque chose de spécial, particulièrement simple et reposant. Il y avait là deux jeunes filles, Hélène et Mathilde, plus âgées que moi de quelques années et qui étaient des anges de douceur et de raison. Mathilde, la plus jeune, habillait mes poupées et leur faisait jouer la comédie, mais Hélène était une grande demoiselle qui lisait toujours des livres sérieux.

Par instant cependant, elle s'interrompait pour nous raconter de belles histoires et c'est par elle que j'entendis parler, pour la première fois, du cheval de Troie, ce gigantesque joujou des anciens. Elle savait aussi de vieux contes moyen âge, des drames de châteaux à tourelles et à oubliettes, de ceux qu'on écoute avec une émotion croissante, le cœur serré, et dans les moments pathétiques, il me semblait que la pompe pleurait avec moi sur les malheurs de la belle châtelaine qui filait sa triste quenouillée, dans l'angle de sa fenêtre gothique, et soupirait après l'époux ou l'amoureux parti pour se battre bien loin.

Quant à ma grand'tante Joséphine, je baisais volontiers ses pommettes rouges comme des pommes d'api et je goûtai fort ses précieuses qualités de ménagère, surtout celles qui consistaient à remplir de friandises les pièces de mon petit ménage de faïence et à faire fondre de la colle forte pour la réparation des joujoux cassés.

Pendant que la colle s'amolissait peu à peu sur le poêle qui ronronnait comme un chat endormi, mon oncle Alexandre me prenait sur ses genoux et nous causions. J'examinais de près tous les détails de son excellente figure très fine sous son bonnet grec et qui rayonnait d'un perpétuel sourire dont ses aimables rides avaient pris le pli. Il avait une manière à lui de regarder de côté avec un petit air malin et son imagination était féconde en petites blagues innocentes qu'il inventait pour me faire rire en feignant de les gober lui-même. Nous faisions de beaux projets ensemble ! Nous monterions une baraque à la foire, il jouerait du violon, Hélène battrait la grosse caisse, Mathilde frapperait les cymbales, ma tante Joséphine serait au comptoir et moi je danserais avec une robe en gaze rose à paillettes d'or et des castagnettes. Je caressais son menton rasé, pendant qu'il disait toutes ces folles choses et le cliquetis de la pompe s'associant à notre gaieté ressemblait à de joyeux grelots. Mais tout à coup mon oncle regardait l'horloge et se levait d'un bond :

— Saperlotte ! il est temps que j'aille au théâtre ! Combien j'aimerais mieux rester ici !

Et moi qui adorais le théâtre où je n'allais que rarement, je ne pouvais comprendre comment il considérait comme une corvée son obligation d'aller faire, tous les soirs, sa partie de violon à l'orchestre, lui qui rêvait avec moi d'une baraque foraine où nous ferions la parade !

Et tandis que je le regardais partir précipitamment dans l'étroit couloir avec la longue boîte noire qui contenait son instrument, comme un silence se faisait après le « bonsoir ! » qu'il m'envoyait avec un geste de la main, je n'entendais plus que la petite musique de la pompe qui continuait à égrener sa mélodie perlée, calme et régulière. Elle semblait scander harmonieusement toutes les secondes de la vie simple, réglée comme un papier de musique, faite de la seule préoccupation du devoir à accomplir ponctuellement, de cet excellent père de famille, de ce musicien de l'orchestre, de ce professeur estimé, qui pour moi était avant tout mon bon et cher oncle Alexandre.

IV

LA MAISON
DE MON GRAND-ONCLE
PIERRE DE VIGNE

La rue des Douze-Chambres. — Jacques Van Artevelde. — L'Italie. — Gérard et Herman Van der Linden. — Malvina et Emma. — « Connais-tu le pays? » — L'enfance de Paul De Vigne. — Son premier séjour à Rome. — Donatello. — Philippet. — Le chiffon de Wiertz. — Deuxième séjour à Rome. — L'araignée de la mort. — La vieille tour de la campagne romaine. — Un nom sur une pierre. — La mort dans le rêve. — Gustave et Albéric Coppieters. — Fatalité.

I

Parmi les souvenirs de mon enfance qui me sont le plus restés dans l'esprit, je revois une maison à la façade austère, située dans une rue éloignée et déserte, dans le quartier de la Coupure à Gand, la rue des Douze-Chambres.

Ce nom me paraissait avoir un caractère mystérieux. Il me faisait songer aux interminables enfilades de salles dont il est parlé dans les descriptions de châteaux où glissent, comme des ombres, les fantastiques personnages des contes de fées.

On y arrivait après avoir marché longtemps, après avoir passé plusieurs ponts, et, laissant derrière soi les rumeurs de la ville, on traversait des rues muettes où l'herbe poussait entre les pavés.

La grande porte où l'on sonnait s'ouvrait sur un vestibule assez large et surtout très long, dallé de marbre noir, frais comme une cave et sobrement éclairé, plein d'étranges échos qui répétaient le bruit des pas.

Il était peuplé de statues alignées, face à face, le long des deux murailles, belles dames du moyen âge sous leurs grands hennins, chevaliers de la même époque, personnification des villes de Belgique coiffées de petits châteaux forts, campées fièrement sur leurs socles gothiques et dont je vois encore, dans le demi-jour, la pâleur jaunâtre de plâtre vieilli. Je croyais entrer dans la maison du Silence et de l'Art.

Tout au bout de cette galerie, s'ouvrait une porte verrière donnant sur un atelier de sculpture éblouissant d'un unique faisceau de lumière dure tombant d'aplomb du haut d'un plafond vitré.

Là, une vieille dame qui était ma grand'tante Malvine et deux jeunes filles, mes cousines Malvina et Emma, nous recevaient, mes parents et moi. On s'embrassait, on se serrait les mains et mes yeux se portaient tout d'abord sur une tête sculptée, énorme, colossale, étude de grandeur d'exécution pour le Van Artevelde du marché du vendredi. Il avait pour moi un prestige tout particulier, ce grand Jacques Van Artevelde et je connaissais bien la statue dans son ensemble, car je passais souvent sur sa place carrée entourée de pignons anciens et égayée d'une double rangée d'arbres. D'après ce que m'avaient raconté mes jeunes oncles, les frères de ma mère, c'est sur cette même place que les ardents Flamands de jadis accouraient pour l'écouter parler, lui, le grand chef des braves révoltés contre la tyrannie.

Depuis, le bronze ayant éternisé le geste de serment de son bras droit étendu sur son peuple et la fière attitude de sa tête levée, sa grande figure rappelle ce que fut la bravoure et le ferme entêtement des Flandres, aux bons bourgeois paisibles, arrière-petit-fils des héroïques bourgeois de Gand. Ce n'était plus son cri de guerre, c'était le marché du vendredi qui les réunissait autour de lui, car ils venaient, chaque semaine, faire leurs petites emplettes sous les toiles tendues des échoppes improvisées.

Personne, à l'époque dont je parle, ne pouvait prévoir que le geste de ce bras de bronze aurait, une cinquantaine d'années plus tard, à soutenir de nouveau le courage et l'énergie des Gantois épris de liberté et de justice et opprimés par un tyran plus terrible encore que celui du quatorzième siècle.

J'avais vu souvent le héros dominant toutes les boutiques du marché, mais, dans son ensemble et sur son haut piédestal, il ne me semblait pas aussi énorme que le prouvait l'énormité de sa tête moulée, buste imposant avec des épaules couvertes de cottes de mailles dont chaque anneau était grand comme mes bracelets de fillette et qui se dressait au milieu de la pièce.

A côté de lui, tout petit, assis dans un fauteuil, ramassé sur lui-même, les pieds posés sur la galerie du poêle et les mains aux genoux, se tenait l'auteur de cette figure, le vieux statuaire Pierre De Vigne, mon grand-oncle. Il nous tendait la main pour nous dire bonjour et cela semblait pour lui un véritable effort, car, aussitôt après, il reprenait son attitude absorbée dans on ne sait quel rêve, aussi immobile, aussi muet que les moulages de ses œuvres qui l'entouraient, presque moins animé que ces représentants palpables d'un vaillant et joyeux passé plein d'activité créatrice.

C'était fantastique de le voir ainsi comme endormi près des ébauchoirs délaissés et poudreux, vêtu comme jadis de la blouse de toile grise des travailleurs, des manieurs de terre. J'avais comme un vague sentiment qu'il avait passé à toutes ces figures de héros formés de ses mains et groupés autour de lui, la flamme et la vie qu'il n'avait plus et je songeais avec un certain effroi au personnage d'un conte que ma grande cousine Hélène avait trouvé dans un vieux livre : c'était un prince que la baguette magique d'une fée méchante avait changé en marbre, au milieu de son palais.

L'oncle Pierre était arrivé à cet état somnolent tout doucement, sans maladie, sans crise. Peu à peu il s'était désintéressé de tout ce que l'existence a d'actif et il fallait qu'un sujet le touchât directement au cœur pour qu'il fît l'effort de mêler un mot à la conversation. Quand il avait besoin d'un objet, silencieusement, il le montrait du doigt.

Et je savais, car on le racontait souvent, qu'il avait été le garçon le plus énergique, le plus gai, le plus agréable que l'on pût voir.

Il était allé en Italie comme prix de Rome de Belgique et y avait passé quelques-unes des plus belles années de sa jeunesse et de ses succès et ce Flamand au type espagnol gardait au fond de sa prunelle presque éteinte, une lueur du soleil de « là-bas » et « d'alors » comme au fond de son cœur au lent battement, un souvenir plein d'attendrissement grave, car le mot *Italie* semblait seul le réveiller un instant de son triste sommeil moral. Mais, comme l'olivier qui lorsqu'il se sent mourir repousse de la racine, l'artiste se voyait revivre en son fils Paul qui allait partir, deuxième prix de Rome, pour la grande patrie des arts. Ce vaillant Paul, c'était déjà alors la douce fierté de sa famille ; sa mère, ses sœurs, les yeux brillants, nous contaient ses succès. Son ébauchoir, déjà vibrant et charmeur, commençait à faire prévoir les œuvres dont il devait plus tard illustrer la Belgique : *le Génie des arts*, à Bruxelles ; *Breidel et de Coninck*, à Bruges ; *De Haerne*, à Courtrai ; *la Flore*, symbolisant les cultures parfumées de Van Houtte à Ledeberg (Gand) ; *l'Immortalité*, à la mémoire du grand peintre Liévin de Wirne, son intime ami (musée de Gand), et combien d'autres qu'il serait trop long de citer et que l'on pressentait en germe dans l'esprit enthousiaste du jeune statuaire !

Puis l'on causait du récent mariage de la fille aînée, Louise, avec Gérard Van der Linden, un camarade de Paul, charmant garçon, sculpteur plein d'avenir lui aussi et qui devait devenir plus tard le directeur très estimé de l'Académie des Beaux-Arts de Louvain, mais, à cette époque, tout était encore en espérances. L'une des plus douces de ces espérances avait déjà pris forme sous les doigts paternellement attendris de Gérard Van der Linden : il venait de modeler (et avec quel amour !) la tête de son premier-né, le petit Herman. Elle était là, cette délicieuse effigie de bébé de trois mois coiffée du naïf *tsjœpmutse* (bonnet de coton à houppette) des vrais petits Flamands traditionnels. Ce buste mignon était posé sur un piédestal d'atelier entre une jacinthe blanche de chez Van Houtte et la tasse de lait où l'aïeul, de temps à autre, demandait, d'un geste, à tremper ses lèvres.

Ce petit Herman Van der Linden est aujourd'hui l'un des savants historiographes les plus distingués de la Belgique. Ses ouvrages sont hautement estimés, non seulement dans les Flandres mais dans les autres pays, partout où des fronts studieux se penchent sur les curieuses traditions du passé. Très éprouvé par la grande guerre qui a détruit sa maison familiale de Louvain avec tout ce qu'elle contenait, il a eu le courage de refaire les manuscrits inédits qu'il avait perdus.

Mais revenons à l'atelier de son grand-père.

Pendant que les grands s'animaient à l'entrain de la conversation, que mon père disait ses impressions au sujet du mouvement artistique à Paris, je prenais un plaisir curieux à fureter dans l'atelier dont les murs étaient couverts de bas-reliefs et de médaillons. Tout en haut, près de la corniche, s'alignait une série de masques lugubres dont la vue me faisait frémir, moulages pris sur les visages contractés de personnes mortes et qui avaient servi à l'exécution de bustes posthumes.

Mais, d'autres objets plus réjouissants s'étalaient aussi sur ces murailles : de fraîches études peintes de roses et de fleurs des champs, car, autour du vieux statuaire, la Jeunesse et la Gaieté s'épanouissaient sous la forme de ses deux char-

mantes filles, brunes et vives comme des Méridio-
nales, musiciennes et peintres de talent.

Malvina et Emma avaient de jolies voix et, par
les temps sombres de nos froids printemps du
Nord, on oubliait la tristesse du ciel bas des
Flandres, en les écoutant et en regardant leurs visages au teint olivâtre qu'illuminaient leurs yeux
ardents et noirs.

Je me rappelle que Malvina — qui devait mourir
avant la trentaine — et qui mettait toute son âme
d'artiste dans les fleurs qu'elle peignait et dans
son chant, se mit un jour au piano et nous dit de
sa voix à la fois vibrante et douce :

« Connais-tu le pays où fleurit l'oranger? »

Cet air, je l'entendais pour la première fois, car
Mignon venait récemment de paraître sur la
scène. Il y était question d'un beau pays et d'un
palais peuplé de statues...

Mon oncle Pierre, qui jusqu'alors était resté
courbé, la tête baissée, la releva. Cette belle tête
aux cheveux longs, à la barbe souple, parut s'animer
et il parla. Il dit :

— Toute l'Italie est là dedans.

Et tandis que son esprit s'envolait loin des
pluies d'un morne avril d'Occident vers cette
Italie de sa jeunesse, l'Italie au ciel pur, l'Italie
aux flots bleus, où les palais tout blancs s'élèvent
sous les hautes futaies, vers ce pays de lumière

« Où la brise est plus douce et l'oiseau plus léger, »

où lorsqu'on est lassé d «la longue route parcourue,

« On se repose heureux à l'ombre d'un grand arbre, »

il regardait, sans paraître le voir, un point quelconque de cet atelier sans fenêtre et, sans doute, il pensait :

« C'est là que je voudrais vivre ! »

Je remarquai qu'une larme roula tout à coup sur sa joue pour se perdre dans sa barbe encore presque noire. Personne ne s'en aperçut et comme on applaudissait Malvina, elle se retourna en souriant.

La fée méchante qui s'appelle *Fatalité* ne voulait pas que ce vieillard revît ce pays de ses beaux rêves de jeunesse et d'art,

« Ce pays des fruits d'or et des roses vermeilles, »

il le savait et c'est pour cela qu'il pleurait.

Comme le prince dont un vieux livre m'avait révélé l'histoire, il sentait que le froid du marbre le gagnait.

Cette fée méchante, doublement cruelle, ne voulait pas que cette jeune fille connût en ce monde l'idéal d'amour et d'hymen, l'idéal tout blanc que toute vierge rêve, « le doux pays où fleurit l'oranger. » Malvina ne pressentait pas cette triste destinée, la mort en pleine jeunesse, parce que c'est une chose injuste et c'est pour cela qu'elle souriait et qu'en refermant le cahier, elle disait gaiement de sa douce voix, comme une vraie Mignon, toute émue d'enthousiasme :

— Que c'est beau : aimer, aimer et mourir !

II

PAUL DE VIGNE

Mon père aimait à rappeler à Paul De Vigne qu'il l'avait connu tout petit enfant, alors qu'âgé de seize ans, il était venu à Gand pour devenir l'élève de Félix De Vigne. Il lui disait :

— J'allais souvent chez ton papa pour dessiner des plâtres qu'il me prêtait. Je crois te voir encore à l'âge de deux ans, beau gros garçon coiffé d'un bourrelet et turbulent comme pas un. J'avais eu l'imprudence de t'offrir un tambour que tu essayas tout de suite de défoncer croyant qu'il était fait pour cela, mais les joujoux de cette époque étaient solides, il résista. Alors, tu découvris sa véritable destinée et tu tambourinas toute la journée, nous assourdissant pendant notre travail. Tout en ayant envie de nous boucher les oreilles, ce qui n'est pas commode pendant qu'on dessine ou que l'on sculpte, nous étions obligés de reconnaître que tu avais déjà le sentiment du rythme et de la mesure, qualité essentielle dans tous les arts, car le galbe que nous cherchons en peinture et en sculpture est un rythme des lignes sans lequel il n'y a pas de belle composition. »

Paul, en grandissant, avait d'abord été, tout naturellement, l'élève de son père, puis il était entré aux Académies de Gand et d'Anvers, mais c'est sous l'enseignement de Louis de Taye, directeur très paternel de l'Académie de Louvain, et avec les conseils de Gérard Van der Linden (qui devait, en 1867, devenir son beau-frère), qu'il développa réellement les qualités et le sentiment qui étaient en lui. Paul, dont l'art était à la fois élégant et puissant, avait aussi le don de la musique et improvisait, en manière de délassement, au piano, des compositions qui sont perdues, car il ne savait pas les écrire.

Né à Gand, le 26 avril 1843, il avait donc vingt-six ans lorsqu'en 1869 il monta en loge en vue du concours pour le prix de Rome. Il sortit victorieux de la première épreuve, mais, à l'épreuve définitive, ne remporta que le second prix. Le premier prix fut décerné à J.-G. Marchant, son ami.

Ils partirent tout joyeux pour la Ville aux sept collines et Paul en éprouva un enthousiasme tel qu'il écrivit à l'un de ses camarades :

« Avant mon arrivée en Italie, je n'avais pas la moindre idée de cet art si noble et si beau. »

Son admiration alla surtout à Della Robbia, au Verrochio et à Donatello qui précédèrent Michel-Ange. A propos de Donatello, il écrivait :

« Le plus grand de tous, celui qui illumine réellement son siècle et toute la génération suivante, celui qui, dans ses productions, a effleuré parfois les plus belles œuvres grecques et qui, dans sa *frise des Enfants* qu'on admire au musée des Uffizzi a trouvé, comme Phidias, le véritable secret de modeler le bas-relief, Donatello nous dit qu'il faut le traiter par grandes masses vivement arrêtées et d'une grande variété de lignes. Rien n'est plus intéressant que de suivre cet artiste depuis ses premières œuvres à travers les différentes phases de son talent, jusqu'à son plus haut degré de développement. On le voit d'abord sacrifier à la tradition, mais, déjà alors cependant, il imite la nature. Peu à peu, le Maître se débarrasse de la tutelle de l'école précédente, prend des allures plus libres et finit par arriver, dans ses dernières œuvres, à une grandeur d'exécution et à une beauté plastique qu'on ne retrouve que chez les Grecs. Et toujours il conserve cette force d'expression qui fait que ses conceptions sont vivantes, animées et qu'elles resteront éternellement belles. »

Cette citation est le fragment d'une lettre publiée par Edmond-Louis de Taye fils, dans *les Artistes belges contemporains* (page 213).

En même temps que Paul, il y avait quelques autres jeunes artistes belges qui n'avaient pas eu de prix, mais qui étaient venus à Rome pour y travailler. L'un d'eux, qui se nommait Léon Philippet, avait, malgré les éblouissements de l'école italienne qui enchantait Paul, gardé intacte une admiration profonde pour Antoine Wiertz, ce peintre qui a laissé à Bruxelles un musée que visitent tous les touristes, ce peintre, fils de gendarme qui naquit pauvre, vécut pauvre et comme Aristide mourut pauvre, bien qu'ayant eu de tels succès que, de son vivant, on l'appela : *le Rubens moderne*. Wiertz avait eu le prix de Rome en 1832 et, ayant séjourné d'abord à Paris, n'était arrivé à Rome qu'en 1834 alors qu'Horace Vernet était directeur de l'École.

Aux yeux de Philippet, Wiertz était le génie par excellence et il avait loué un atelier dans lequel son idole avait habité et peint, espérant y trouver quelque objet lui ayant appartenu, pour en faire une relique.

Il grattait avec soin les murs de cet atelier pour

tâcher de découvrir les traits que Wiertz avait dû y crayonner dans la fièvre d'une recherche de composition et qu'un propriétaire tout aussi soigneux, mais dans un autre sens, avait recouvert d'un badigeon bien propre.

Tous les jours, ses camarades lui demandaient :

— As-tu trouvé?

Et toujours, il secouait la tête d'un air découragé :

— Non, rien ! toujours rien !

Un soir que Paul était, avec quelques amis, dans l'atelier de l'un d'eux qui était peintre, ils s'attendrirent tous en chœur affectueusement au sujet de la désillusion de Philippet, ce brave garçon sincèrement et naïvement enthousiaste, et ils décidèrent de lui donner la joie que le destin cruel lui refusait. On ramassa un chiffon de peintre qui traînait à terre et qui était suffisamment maculé pour avoir l'air d'avoir fourni une longue carrière et Paul, prenant un pinceau qu'il trempa dans du rouge vermillon mélangé d'essence de térébenthine, écrivit ces mots :

Un jour on parlera de moi.

WIERTZ.

Le lendemain, un ami intime de Philippet, l'un de ceux que le concierge laissait monter en toute confiance, prit sans façon la clef de l'atelier à son clou et pénétra dans le sanctuaire pendant l'absence de l'apôtre de Wiertz.

Il chercha des yeux où il pourrait bien dissimuler le pauvre chiffon destiné à un si noble rôle et avisa un trou rond, creusé dans le mur et qui servait à recevoir un tuyau de poêle en hiver. Pendant la belle saison, il était vide.

Pour y accéder, il suffisait de poser l'escabeau sur le bahut, simple petite gymnastique, et le jeune homme y fourra le chiffon.

Quelques jours après, Paul et ses amis étaient réunis le soir chez Philippet. La question habituelle fut posée :

— Eh bien, Philippet? tu n'as encore rien trouvé?

Elle fut suivie de la réponse accoutumée, faite avec le soupir bien connu :

— Non, rien, toujours rien !

— As-tu bien cherché partout?

Et toutes les têtes se tournaient de tous côtés :

— As-tu fouillé là... et là?

Un instant quelqu'un fixa son regard sur le trou du mur ce qui attira l'attention de Philippet sur ce point.

— Ah ! dit-il, Potferdeke ! là je n'ai pas encore cherché !

On mit l'escabeau sur le bahut et Philippet y grimpa. Il plongea sa main dans le trou et dit :

— Il y a quelque chose...

Il retira le chiffon et redescendit. Comme le jour tombait, il se précipita près de la fenêtre pour le déplier et faillit tomber à la renverse d'émotion en voyant l'inscription.

Pour voir plus clair il se sauva dans la rue puis revint haletant, montrant triomphalement le chiffon déplié à ses amis tellement étonnés que, tous à la fois, voulaient le voir de près pour en être certains.

Philippet, cœur battant, disait :

— Vous êtes tous témoins ! vous avez assisté à la découverte, mais n'en parlez pas en Belgique, savez-vous? On le voudrait pour le musée Wiertz de Bruxelles et je veux le garder pour moi, j'en ai bien le droit, saperlotte !

Il le mit sur châssis, le fit encadrer et lui donna, sur son mur, la place d'honneur.

On ne le détrompa jamais, c'eût été trop cruel.

S'il existe encore quelque part un descendant du bon Philippet, peut-être garde-t-il religieusement ce précieux document dans sa collection artistique.

Au fond, le chiffon disait vrai : *Un jour on parlera de moi...* puisque je vous en parle. Et Léon Philippet, sans ce chiffon, qui parlerait encore de lui?

C'était un Liégeois né, comme Paul, en 1843. A Paris il avait été élève de Bouguereau, puis avait très longtemps séjourné à Rome. Le musée de Bruxelles conserve de lui un tableau intitulé *l'Assassiné* et celui de Liége l'esquisse de cette toile, plus un tableau de genre : *la Fête de la grand'mère*, et un portrait d'un statuaire que j'ai connu chez Liévin De Winne, un charmant garçon nommé Léon Mignon qui remporta un beau succès et une médaille de deuxième classe à l'Exposition universelle de Paris en 1878 avec un joli marbre : garçonnet nu, couché sur le ventre et s'apprêtant à jeter un caillou sur un lézard.

Après deux ans environ passés à Rome, Paul revint à Paris, mais bientôt, vers 1873, il fut repris d'un désir impérieux de revoir l'Italie. Avant son départ, il vint passer quelques jours chez nous, à Courrières, et nous confia une foule de projets qu'il voulait exécuter là-bas. Mais son séjour ne fut pas ce qu'il espérait. Il faillit ne pas revoir sa Flandre et la France qu'il aimait comme une seconde patrie.

Une fièvre pernicieuse régnait à Rome et l'un de ses meilleurs amis, le statuaire J.-G. Marchant, premier grand prix, en fut atteint tout à coup comme d'un coup de foudre. Paul le soigna avec un dévouement tout fraternel. Tout le jour et toute la nuit, Paul restait assis à côté du lit du pauvre martyr, le regardant souffrir, lui tenant la main comme pour le retenir et l'empêcher d'être entraîné par la mort.

Chaque soir, au moment où le soleil disparaissait derrière les collines, Paul entendait un bruit de coups de marteau frappés, à temps égaux, avec une régularité sinistre. Et cela durait toute la nuit jusqu'à la triste aurore. Comme le concierge de l'atelier de Marchant venait vers 5 heures du matin apporter du bois à brûler, Paul lui dit :

— Abruzzi, quels sont ces coups de marteau?

— Ça, signor, c'est l'araignée de la mort.

Paul fut pris d'un tremblement d'horreur.

— Abruzzi! vous allez m'aider à bouger tous les meubles, je veux la trouver, je veux la tuer, cette horrible bête !

— Signor, c'est inutile, vous ne la trouverez jamais !

On bougea les meubles, on versa de l'eau bouillante dans tous les coins, dans toutes les fissures du plancher et de la muraille.

A l'heure où le soleil disparaissait derrière les collines, le coup de marteau lugubre, régulier, immuable, affolant, recommença et il en fut ainsi pendant les neuf jours que dura la maladie et le neuvième jour, ce coup de marteau, ce fut un glas de mort.

Paul s'alita à son tour, il avait contracté le mal affreux qui avait enlevé son ami.

Il fut en grand danger, mais devenu subitement superstitieux, il ne se désespéra pas, car il n'avait pas chez lui d'araignée de la mort. Il m'a raconté que s'il avait entendu à ce moment le fatal coup de marteau inexorable, il se fût cru perdu.

Ce qui le sauva, ce fut un anthrax qui lui vint dans le dos et qui fut ce que nos médecins appellent un abcès de fixation.

Convalescent, il fit d'abord un séjour à l'île d'Ischia, puis il traîna sa faiblesse et son chagrin d'ami dans la campagne romaine.

Il adorait la nature agreste et était plus épaté (comme nous disons dans notre jargon pictural) par les tableaux de paysages que par les tableaux de figures.

Il s'assit sur les talus où s'étaient assis le Poussin et Claude Lorrain, il contempla ce qu'ils avaient contemplé. Une tour en ruine s'élevait près de lui. Il la reconnut comme ayant servi de modèle à son oncle Édouard De Vigne, et la maladie grave qu'il venait de faire ayant intensifié sa sensibilité, car le sentiment gagne souvent en puissance ce que le corps souffrant perd en matière et en force physique, il s'attendrit en songeant à sa famille.

Il se dit que son père, jadis, avait regardé ces mêmes merveilles, et voulant étendre plus encore sa vue, il grimpa en s'aidant autant de ses mains que de ses pieds, sur la vieille tour démolie. Il atteignit ainsi la terrasse et s'accouda sur le parapet de pierre. Et l'idée de son père ne le quittait pas. Tout à coup, comme ses yeux s'étaient arrêtés distraitement sur l'endroit où il s'appuyait, il vit une inscription là, sous son coude, et c'étai', taillé au canif dans la pierre lisse et dure, un nom : *P. De Vigne.*

Son père était venu là, trente ans avant lui !

De retour à Paris, il y passa encore quelques années et y retrouva des amis prix de Rome, notamment Antonin Mercié qu'il aimait et admirait beaucoup. Il y élabora une partie des œuvres citées plus haut, entre autres *la Flore* en l'honneur de Van Houtte, le grand horticulteur gantois, pour l'exécution de laquelle, à cause de sa dimension, il dut louer un cirque et qui fut érigée, en 1878, à Ledeberg, faubourg de Gand.

Puis la Belgique le rappela à elle pour d'autres commandes. Il s'installa à Bruxelles et y épousa la veuve de son ami le peintre Coppieters, femme charmante et très artiste.

Paul était décoré de France et de Belgique, membre correspondant de l'Institut de France, membre de l'Académie royale d'Anvers, etc...

Malheureusement, au moment où cent projets bouillonnaient dans sa tête, une terrible et longue maladie l'arrêta brusquement, en pleine activité de production. Sa femme le soigna avec l'énergie et le dévouement d'une affection profonde et, malgré les efforts de la science, il mourut à Schaerbeck le 13 février 1901.

Dans les dernières années de sa vie, son esprit s'était troublé, mais rien au monde ne pouvait porter atteinte à son amour de l'art ni à la tendresse de son cœur : il vivait en rêve à la grande époque de la Renaissance italienne. Le pape Jules II lui commandait un monument plus haut que Saint-Pierre

de Rome et le couronnement de ce monument était
en or massif.

Et qui plaçait-il sur. ce trône, près des étoiles?
Sa femme, sa bien-aimée Aline.

D'autres fois, il s'entretenait. avec Donatello
comme si l'âme du Maître fût venue retrouver la
sienne déjà un peu détachée de la terre... et qui
sait s'il n'en était pas effectivement ainsi? Qui
oserait affirmer que le véritable amour et la passion de l'art ne sont pas plus forts que la mort
matérielle?

Je n'ai pas connu personnellement le peintre
Gustave Coppieters que je viens de citer, mais j'en
entendis souvent parler par Liévin De Winne qui
l'estimait comme artiste et comme homme. Il
n'exposa à Paris qu'une fois à l'Exposition universelle de 1878. Il variait ses sujets. Tantôt
c'étaient des paysages, des marines, des tableaux
de genre, des portraits. Il toucha aussi au fantastique avec la *Danse macabre* et *le Bourgeois et la
mort*. On publia de lui (après sa mort), un livre,
Posthuma, devenu très rare et contenant une
série de lettres sur l'art, adressées à ses amis.

Il a laissé deux fils. L'aîné, Daniel, qui a bien
voulu me fournir ces quelques renseignements le
concernant, est avocat à la Cour d'appel à Bruxelles.
Le second, Albéric, promettait de devenir un
peintre original, si le destin n'eût arrêté son élan
juvénile.

Paul avait voué une grande affection aux deux
fils de sa femme. Il avait fait un charmant buste
d'Albéric quand il était enfant et le musée de

Gand qui, comme je l'ai dit, possède de lui plusieurs œuvres importantes, en garde un exemplaire.

Albéric poursuivait avec ardeur des recherches au point de vue des relations des tons entre eux et combattait certaines tendances qui se manifestaient dans la jeunesse de son époque, mais il ne lui fut pas donné de réaliser complètement ses aspirations, car la mort le terrassa à l'âge de vingt-quatre ans. Il avait produit une cinquantaine d'œuvres dans des genres différents dont on fit une exposition au Cercle artistique de Bruxelles, en décembre 1924. Deux de ces peintures sont au musée de Bruxelles et une au musée d'Anvers.

Pour quels êtres humains l'araignée de la mort n'a-t-elle jamais martelé des heures lugubres !

Lorsqu'elle ne s'attaque qu'aux vieux, il faut se résigner, c'est la loi. Mais quand, sournoisement, elle prépare son crime près de l'intime chantier où un jeune artiste tâtonne encore, cherchant à fixer son rêve, tout ce que nous avons en nous de tendresse et de puissance se révolte !

Depuis que le monde existe, les philosophes, les savants les grands poètes ont voulu sonder l'affreux mystère et tous, remuant ciel et terre pour trouver l'horrible bête de la Fatalité, l'araignée de la mort, pour l'écraser sous leur talon, n'ont pu que répéter la parole de ce simple homme du peuple, Abruzzi, le concierge de Marchant :

— Signor, c'est inutile, vous ne la trouverez jamais.

V

LA MAISON DES GATERIES ET LA MAISON DE LA PEUR

Salon bourgeois. — M. et Mme Mazeele. — Hortense. — L'étagère. — Magots chinois. — M. Klopstock.

I

Mme Mazeele était une de ces excellentes femmes qui, privées des joies de la maternité, éprouvent une douce consolation à répandre sur les enfants des autres la tendresse qu'elles eussent été si heureuses de concentrer sur les leurs. Toute petite, je sentais déjà tout ce qu'il y avait de désintéressement dans le plaisir qu'elle prenait à me combler de gâteries et j'en étais d'autant plus touchée. Cependant je ne raisonnais pas ces choses et le « merci ! » que je balbutiais était bien instinctif. Les enfants ont ainsi le sentiment confus de certaines délicatesses qu'ils ne comprennent que plus tard.

Au physique, ce que je me rappelle d'elle c'est que c'était une bonne Gantoise, ayant fortement l'accent de sa ville, qu'elle était dans tout l'épanouissement plantureux de l'âge mûr, ayant gardé une fraîcheur de jeunesse, rose comme un bonbon, toujours vêtue d'étoffes claires et toujours gaie. Elle se dédoublait pour ainsi dire dans la personne de sa sœur Hortense qui, ne s'étant pas mariée, habitait sous le même toit. Celle-ci était plus masculine dans ses mouvements, mais avait la même amabilité cordiale et exubérante.

Lorsque nous arrivions, c'était une explosion de joie. Pendant que Mlle Hortense, après nous avoir fait traverser la cour de la distillerie en s'excusant de l'encombrement des tonneaux, nous introduisait dans le salon, la bonne Mme Mazeele criait dans l'escalier, appelant son mari qui se nommait Amand :

— Venez une fois ! Ça sont de bons amis, savez-vous !

Ces deux femmes étaient de vrais moulins à paroles, ce qui faisait que M. Mazeele, brave homme très calme, industriel un peu absorbé par le souci des affaires, ne disait presque rien. Il savait écouter, qualité rare, et comme, à propos de tout ce qu'elles avançaient, sa femme et sa belle-sœur le prenaient à témoin : « N'est-ce pas, Amand? » il approuvait toujours.

On m'asseyait dans un grand fauteuil, entre des coussins de soie et l'on m'ouvrait de mystérieuses boîtes, au fond desquelles, en me cachant le contenu, on me laissait plonger mes menottes que je ressortais pleines de bonbons, car Mme Mazeele, qui n'avait pas d'enfants, avait une vocation spéciale, celle d'être toujours marraine. Et c'étaient des éclats de rire, des exclamations sur ce que j'avais grandi, sur ce que je ressemblais à tel ou tel membre de la famille et cent aimables et inévitables propos que mes parents écoutaient avec complaisance. Ce qu'il y avait de choses amusantes à regarder dans ce salon, c'était prodigieux ! Tout ce qu'une ingénieuse dame de maison peut imaginer pour agrémenter un intérieur, tout ce que ses doigts habiles peuvent fabriquer en papier, en carton, en laine, en étoffe y était réuni et répandu partout : porte-allumettes, pelotes, perchoirs pour les mouches pendus au plafond et tournant et détournant sans cesse au bout d'un fil de soie ; fleurs de papier piquées sur de la mousse et remplissant en été l'ouverture de la cheminée ; cache-pots découpés, ornant l'appui de fenêtre et, sur le plancher, petits tapis brodés, de la grandeur d'un pied, qu'on appelait des traînettes... et jusqu'aux verres de lampes qui étaient coiffés de petits bonnets grecs rouges garnis d'une longue houppette noire et destinés à les protéger de la poussière.

Au-dessus du piano était suspendu un tableau représentant un paysage : à droite, une colline sur laquelle s'élevait un moulin à vent, un pont d'une arche, jeté sur une rivière ; à gauche un village groupait ses toits rouges autour d'un clocher dont le cadran marquait l'heure et, tout au fond, la mer bleue s'étalait sous un ciel jaune.

Il suffisait de tourner une clef pour qu'une musique tremblotante animât, comme une clochette magique, tout cette nature de carton : en effet, aussitôt les ailes du moulin tournaient, un cabriolet franchissait le pont, les canards plongeaient dans la rivière, les lavandières, agenouillées au premier plan, agitaient leurs battoirs et tout au loin, dans la mer, majestueusement, passait un transatlantique.

Ce genre de tableaux mécaniques se fabriquait, je crois, à Leipzig, et ce nom de ville de Saxe avait pour moi un charme spécial, car il y avait, non loin de l'église Saint-Jacques, un magasin de joujoux, débordant de mille merveilles, tenu par un M. Dumont, où l'on accédait en gravissant un immense escalier de bois et qui se nommait : *A la Foire de Leipzig.*

Mais chez les Mazele, ce qu'il y avait de plus suggestif encore que le tableau, c'était l'étagère : une étagère encombrée que l'on dégarnissait, à chacune de nos visites, de quelques mignons bibelots pour me les donner. Maintenant que les pays étrangers nous ont inondés des produits de leur art et de leur industrie, on peut en voir d'analogues, mais en ce temps-là cette étagère était, à mes yeux surtout, une merveille unique ! Les planchettes soutenaient tout un peuple de petits magots chinois qui, dès qu'on les prenait en main, s'animaient comme par enchantement : les uns vous disaient gentiment bonjour d'un signe de tête, les autres, moins bien élevés, vous tiraient la langue et, quand on les avait remis à leur place habituelle, ils conservaient longtemps l'impulsion qui leur avait été donnée et continuaient, pendant qu'on ne s'occupait plus d'eux, leurs gestes de bienvenue ou d'irrévérence. Ces petits personnages arrivaient de très, très loin, me disait-on, des bateaux les avaient débarqués dans le port d'Anvers, des bateaux qui venaient d'un pays étonnant où il y avait une tour en porcelaine, un pays de clochettes et de toits retroussés, un pays plein de richesse, de fantaisie et de gaieté.

Et pendant qu'on me contait ces choses, il me semblait qu'un reflet de ce pays joyeux et clair illuminât ce petit salon bourgeois, pendant que le babil et le rire de nos deux amies retentissaient comme un grelot et que le pacifique M. Mazeele, qui n'avait jamais contredit personne, approuvait silencieusement de la tête.

II

Mais si la maison des Mazeele avait pour moi tant de charme, si je dansais de joie à l'idée d'y accompagner mes parents, il était à Gand une autre maison qui me causait une terreur secrète, une terreur d'autant plus grande qu'elle était entourée du plus profond mystère.

Parfois, quand je voyais mes parents se préparer à sortir et que je demandais à faire partie de l'expédition, mon père me répondait gravement : « Non ! pas aujourd'hui ! » et si j'insistais il reprenait encore plus gravement : « Nous allons chez M. Klopstock, un monsieur qui n'aime pas les petits enfants. » Je n'en demandais pas plus long, car, pour moi qui étais de toutes parts entourée de caresses, de baisers, de gâteries, cette simple particularité *de ne pas aimer les petits enfants* me semblait une chose terrible. De là à les manger tout crus, il me paraissait qu'il n'y eût qu'un pas et l'épouvantable Croquemitaine lui-même devenait presque bonasse en comparaison, car j'avais des doutes sur sa réelle existence, tandis que M. Klopstock était un être vivant, puisqu'on allait lui rendre visite.

La seule résonance ou plutôt dissonance de son nom germanique, dont la traduction française est : « bâton qui frappe », me glaçait et je m'étonnais, sans oser questionner, de ce que mes parents eussent, dans leurs relations, un semblable personnage.

Je ne demandais pas non plus dans quelle rue était située sa maison, car j'avais peur même d'en entrevoir la façade, mais dans mon esprit, je me faisais une idée à moi de ce qu'elle devait être. Je me figurais qu'elle n'avait pas de fenêtres sur le devant, qu'elle n'ouvrait qu'une porte donnant sur un couloir tout noir, étroit et long, aboutissant à une pièce carrée autour de laquelle régnaient des bancs capitonnés de drap vert, comme étaient alors ceux des wagons de chemin de fer. Pourquoi cette particularité, cette disposition de meubles immobilisés était-elle plus effrayante qu'autre chose? Je n'en sais rien. Quant au monsieur de la maison, l'affreux, l'horrible, le terrifiant M. Klopstock, je ne voulais pas me le figurer, je me contentais de le maudire comme mon seul ennemi.

Plus tard, quand mes parents m'assurèrent en riant que M. Klopstock était un être purement imaginaire, tout comme Croquemitaine et Barbe-Bleue, qu'ils ne l'avaient inventé que pour couper court à mes supplications d'enfant qui veut sortir et pour m'éviter tout regret lorsqu'il ne leur était pas possible de m'emmener avec eux, j'eus peine à les croire, tant il est vrai qu'une vieille erreur invétérée est plus forte qu'une vérité nouvelle. Et maintenant encore, j'ai l'impression que ce terrible personnage a existé au temps où, à la moindre alarme, j'appelais à mon secours la protection des grandes personnes qui veillaient sur moi : M. Klopstock me semble la personnification de tout ce qui déconcerte l'ignorance, menace et affole la faiblesse des êtres encore en tutelle.

VI

LA MAISON
DE MAX HEYNDRICKX

Éblouissement. — La fête de Jacques Van Artevelde. — Le
tableau mystérieux. — Chez les gens de la haute. — Les
Pier-Yan-Claes. — Le joli cadeau. — Le pot au lait.

I

Ce soir-là, contrairement à la coutume qui était
de me mettre dans mon petit lit après le souper,
papa et maman me prirent par les mains, entre
eux deux, et l'on sortit dans la rue... oui, dans la
rue !

Je ne sais pas par où l'on passa, car je ne reconnaissais rien dans cette ville de Gand que je n'avais
jamais vue la nuit. Je ne demandai pas où on allait
ainsi. Quand on est entre papa et maman et qu'on
n'a encore que quatre ans, on se laisse conduire
en toute confiance et le mystère de cette promenade nocturne me plaisait.

On frôlait des groupes de gens pressés qui se dirigeaient tous vers le même point que nous.

On marcha longtemps... puis, tout à coup, on

se trouva sur une place et je fus littéralement
éblouie par l'apparition d'un triangle grec, comme
un immense diadème de pierres précieuses aux
feux multicolores, qui rayonnait suspendu en plein
ciel. Mon père me dit :

— C'est le Palais de Justice.

Je n'en crus rien. Comment ce grand bâtiment
de pierre grise qui s'élève au bord de la rivière, et
que je connais bien, aurait-il pu se transformer
en un triangle scintillant de toutes couleurs, prenant la forme que l'on donne, dans les images des
anciennes Bibles illustrées, à l'entourage de l'œil
unique de Dieu le Père, Créateur surveillant ses
créatures?

Je crus presque que j'allais voir apparaître cet
œil divin au beau milieu, mais il n'apparut pas.

On traversa un pont.

Je me retournai pour voir encore la merveille.
Elle se reflétait dans le courant rapide de la rivière
noire qui entraînait, dans son élan son reflet semblable à des flammes sans cesse renaissantes.

On arriva sur un quai.

On sonna à une porte. On entra. Il faisait tout
noir. On monta un escalier en tâtonnant. On pénétra dans une pièce sombre où il y avait du monde.
Tout à coup, une voix :

— Ah ! c'est toi, Breton ! Et ta famille ! Allons !
allons ! ça est bien ! Vous n'êtes pas en retard, au
moins ! Venez une fois ici, c'est la meilleure fenêtre.
Mettez Ninike debout sur une chaise devant vous.

Ninike, c'était moi. La voix qui parlait ainsi
dans le noir, je la reconnaissais, c'était celle de
Max Heyndrickx, ce brave Max, bon camarade de
papa depuis leur adolescence consacrée aux arts,

car lui aussi était artiste, c'était un pianiste d'un
très grand talent, l'un des plus puissants charmeurs
des concerts de Gand et des soirées intimes de
dilettantes.

Montée sur la chaise, à la fenêtre, les mains sur
l'invisible appui du petit balcon, je regardais
couler, à mes pieds, l'eau semée de feux changeants
et j'attendais impatiemment... je ne savais pas
quoi.

Max dit :

— Maintenant c'est pour bientôt, savez-vous?
C'est annoncé pour neuf heures !

Alors je questionnai :

— Qu'est-ce qu'il y aura à neuf heures?

— Tu vas voir.

Une foule compacte circulait et s'amoncelait
au long du quai des Recollets, éclairée par la
lueur des innombrables feux du Palais de Justice.

Et puis ce fut... comment rendre l'éblouissement d'une chose imprévue, insoupçonnée, dépas-
sant en émerveillement tout ce qu'on a pu entrevoir en rêve :

Sur les eaux entraînées et silencieuses, je vis
glisser des bateaux qui n'en étaient pas, car ils
n'avaient ni mâts, ni voiles, des chars de lumière
sans roues, des palais de fées. Des personnages
drapés, demi-nus, immobiles comme des statues,
les peuplaient. D'autres en armures scintillantes
élevaient des drapeaux et des lances en forme de
croissants. Et quand ceux-là étaient passés, il en
venait d'autres... et d'autres, et toujours...

Parfois, de la foule immobilisée partait un
vaste murmure d'admiration qui commençait par
quelques bravos, s'amplifiait, puis se calmait

comme pour reprendre du souffle en attendant une prochaine explosion d'enthousiasme.

Que symbolisaient ces groupes de déesses, de muses, de guerriers? Mon ignorance historique absolue m'empêchait d'en comprendre le sens. Cela évoquait une foule de choses que je ne connaissais pas. Je sentais vaguement que peu à peu ces choses énigmatiques se révéleraient à moi dans la douce coulée de la vie que je commençais et que j'entrevoyais idéale. Je ne demandais rien. J'aimais mieux le mystère, c'était trop beau !

Après le grand char flottant plein de fleurs et d'ailes ouvertes, il y eut une chose encore plus extraordinaire : un jardin, oui, un jardin fleuri à fleur d'eau, avec ses corbeilles, ses orangers en caisses portant des oranges lumineuses, ses treilles et ses tonnelles, ses petites allées bordées de buis, semblant semées de vers luisants, et, au milieu, sur la pelouse, debout sur son piédestal, Jacques Van Artevelde, tout blanc, mais semblable à celui qu'on m'avait montré les jours précédents, sur la place du Vendredi.

Les applaudissements de la foule redoublèrent et Max s'écria :

— Dis donc, Breton ! comme ton oncle Pierre doit être content ! Quel succès !

C'était la fête organisée par la ville de Gand à l'occasion de l'inauguration de la statue de Van Artevelde, œuvre de mon grand-oncle Pierre De Vigne. Je garde précieusement la médaille commémorative de cette fête qui dura six jours. Elle porte d'un côté la reproduction en bas-relief de la statue de Jacob Van Artevelde et de l'autre l'inscription : *Gent. Ter erinnering, aan de feesten van* 13-18 *sept.* 1863, entourant l'écusson au Lion de Flandre de la ville de Gand, sous sa couronne ducale.

Il n'y avait pas encore alors de galeries de becs de gaz le long des monuments. Les illuminations étaient faites de petits lampions de verre coloriés et de lanternes vénitiennes. Des hommes devaient monter à l'échelle pour allumer chaque lampion, c'était tout un travail.

J'ai vu les illuminations de Paris aux Expositions universelles, aux 14 Juillet. Je n'en ai plus jamais vu d'aussi belle que celle que virent mes yeux de quatre ans, ignorants des moyens employés pour obtenir ces résultats surnaturels.

II

Ce fut donc la maison de Max Heyndrickx, le virtuose, qui m'ouvrit, la première, une fenêtre sur une vision idéale. Elle en garda, pour moi, une poésie spéciale, la poésie du premier charme artificiel ; aussi, les années qui suivirent cette mémorable soirée, était-ce toujours avec joie que je prenais, avec mes parents et plus tard avec mon mari, le chemin du quai des Recollets. Ce bon Max était si gai et si drôle !

On riait en route avant d'y arriver, car on savait qu'on y rirait des bonnes histoires de Max le charmeur, qui était aussi Max l'humoriste, et on riait en sortant à cause d'un joyeux souvenir à ajouter aux autres.

La salle où il nous introduisait lui-même, vivant

seul, était absolument consacrée à la musique. Deux pianos y trônaient en maîtres, l'un contre le mur, l'autre (le piano à queue), en plein milieu de la pièce comme si c'eût été une table. Ils supportaient des amoncellements de partitions de toutes sortes dont on les débarrassait comme on décharge des bêtes de somme, quand Max voulait en jouer, car ces fardeaux eussent assourdi leurs sons harmonieux. Toutes les partitions étaient alors répandues au hasard sur les autres meubles et sur la cheminée, entre une honnête pendule de bois noir qui sonnait consciencieusement les heures et deux simples candélabres de cuivre.

Aux murs, des guitares, des violons, des gravures et une peinture, esquisse de mon père représentant une scène d'amour aux champs. Mon père adorait ce vers de Virgile disant de Galatée :

Elle fuit vers les saules et regarde si personne ne la suit.

Il avait fait plusieurs recherches de compositions sur ce sujet avec cette citation ajoutée comme légende.

Dans l'esquisse qu'il avait offerte à Max, il avait imaginé la scène qui eût pu suivre immédiatement cette fuite rieuse de coquetterie :

La rustique Galatée courriéroise avait été suivie, puis rejointe, puis couchée sur un tas de foin par un beau gars qui l'embrassait des bras et des lèvres. C'était ce que notre pudique dix-neuvième siècle appelait : « un sujet un peu risqué », c'était pur cependant, c'était l'amour en pleine nature.

A ce propos, Max racontait :

— « La bonne blague ! Écoute, Breton ! L'autre

jour, je reçois la visite d'une dame de la haute
société gantoise, un chic ! mon cher ! et deux filles
qui sortent à peine du couvent et qui veulent que
je leur apprenne à avoir, tout de suite, un immense
talent de pianistes. Pendant que je prends jour
avec leur mère pour la première leçon, les voilà
toutes deux le nez en l'air, en arrêt devant tes
amoureux en rupture de fenaison. Ah ! tu sais ! ce
que je les aime, tes amoureux ! Quand je suis découragé, ils me rappellent que la vie a du bon. Alors,
donc, voilà les demoiselles qui me demandent :

— « Qu'est-ce que ça représente, ce tableau-là,
monsieur Heyndrickx?

« La maman se retourne et s'effarouche et moi
je réponds simplement :

— « Ça, mesdemoiselles? mais, vous voyez
bien ! C'est le Massacre des Innocents !

« Donc, c'était convenu : ma leçon pour le
jeudi suivant. Je vais à l'heure dite à l'hôtel somp-
tueux de ces richards. Porte magnifique. Je sonne
un tout petit coup modeste, mais, d'un modeste !
et au moment où un larbin aussi chamarré qu'un
suisse d'église m'ouvre cette porte, je prends mon
chapeau à la main et, d'une voix hésitante, le dos
courbé, j'articule timidement :

— « Madame est-elle chez elle?

« Le larbin me considère et je sens que plus il
me considère plus il me déconsidère et il me lance
un brutal :

— « Madame n'y est pas ! en me fermant la
porte au nez.

« Le lendemain, visite chez moi de la dame de
la haute :

— « Monsieur Heyndrickx ! vous n'êtes pas

venu hier ! Nous vous avons attendu toute l'après-dînée, mes filles ont manqué leur cours de danse, savez-vous?

— « Madame, je suis allé chez vous exactement à l'heure dite, mais l'un de vos domestiques m'a dit qu'il n'y avait personne et m'a fermé la porte.

Excuses de la dame.

— « Je suis désolée, cher maître, revenez demain !

« Le lendemain j'arrive, je sonne un coup à casser la sonnette et, la tête haute et d'une voix autoritaire, je dis :

— « Madame est là, j'espère !

« Le larbin me salue jusqu'à toucher presque de son nez les boucles d'argent de ses souliers vernis et m'introduit dans les salons dorés. »

Max, malgré sa mise de musicien absolument ignorant des fluctuations de la mode, était très recherché dans les salons mondains, car il était un admirable interprète des grands maîtres. Mozart et Beethoven étaient pour lui des dieux. Il était le grand prêtre d'une religion dont le paradis s'ouvre avec des clés de *sol* et de *fa*. Pour lui il n'y avait dans le monde entier que deux catégories d'êtres humains : les gens intelligents, c'est-à-dire ceux qui aiment la musique, et les imbéciles, autrement dit ceux qui n'y comprennent rien. Il désignait ces derniers en bloc par le nom vulgaire et méprisant de Pier-Yan-Claes, équivalent de notre Pierre, Paul, Jacques. Or, mes parents adoraient la musique. Ma mère avait été lauréate du Conservatoire de Gand étant jeune fille et mon père, bien que ne connaissant pas ses notes, avait la voix juste et le sentiment des beaux rythmes.

Quand nous alllions chez Max, il lui disait :

— Joue-nous donc un tout petit morceau d'un très grand maître.

Et le pianiste ne se faisait pas prier.

Quand ses doigts couraient voluptueusement sur les touches d'ivoire et d'ébène, il levait la tête et fermait les yeux, sans doute pour n'être pas distrait par les réalités de la vie, pendant qu'il était en communion avec ses dieux. Puis, se retournant sur son tabouret à pivot, il disait :

— J'ai plaisir à jouer pour vous comme aussi pour notre ami le distingué professeur Auguste Wagener, dont la femme, la charmante Emma, mon élève, a un vrai talent de compositeur, mais il y a des idiots qui me cassent les bras.

En prononçant ce mot : « idiots », il écarquillait ses yeux courroucés qui devenaient subitement bombés et ronds comme des hublots de trans-atlantique.

Et s'animant, il poursuivait :

— Ainsi, l'autre jour, un Pier-Yan-Claes de ce genre, riche propriétaire, vient ici et me supplie de lui jouer du Beethoven. Mon cher, je lui sors la *Symphonie en la*, cette immortelle merveille ; je crois qu'il écoute, je crois lui communiquer mon enthousiasme, je sens que ça marche, je suis au septième ciel et voilà que, tout à coup, il m'interrompt pour me crier :

— Regardez une fois, Heyndrickx !

Je me retourne et qu'est-ce que je vois : mon Pier-Yan-Claes avait fait de petites bulles avec sa salive et il les faisait courir sur sa manche de drap en soufflant dessus !...

« Tu veux une autre histoire? Écoute celle-ci. Toujours les gens de la haute :

« Une dame vient me prier de l'accompagner à Bruxelles pour lui donner mon avis pour l'achat d'un piano. Nous allons chez le meilleur luthier, j'essaie vingt-sept instruments, j'y consacre tout mon après-midi, je fixe le choix de la dame. Nous sortons. Elle est enchantée et me dit :

— « Monsieur Heyndrickx, je veux vous faire un joli cadeau pour vous remercier, vous m'avez rendu un grand service, savez-vous?

« Je me dis : pourvu qu'elle ne m'offre pas une pendule dans le goût que je redoute comme une maladie ! Mais elle me rassure en disant :

— « Tenez ! pour que vous soyez bien content, vous allez choisir vous-même.

« Je respire et je passe rapidement dans mon esprit la ribambelle des objets qui pourraient m'être utiles. Mais la voilà qui m'entraîne dans un magasin de nouveautés :

— « Allons, monsieur Heindrickx ! dit-elle, vous allez choisir une belle cravate, une très belle cra-vate !

« Alors je fais mine d'hésiter et je hasarde timi-dement :

— « Pardon, madame, si ça ne vous fait rien, j'aimerais mieux une paire de chaussettes... »

Max avait été marié, heureux six mois, malheu-reux quatre ans, puis libéré par une rupture défi-nitive. Il vivait en garçon, toujours dans la même maison du quai des Recollets, n'ayant pas de domestique, mais une femme de journée pour sa simple popote d'homme distrait et l'époussetage de ses instruments de musique.

Dònc, le matin, quand sonnaient les fournisseurs de denrées indispensables, il était seul pour leur ouvrir sa porte. Lorsque c'était l'heure de la laitière, il se levait en chemise, entr'ouvrait la porte, y passait sa main qui présentait un petit pot de faïence vide et la brave laitière flamande y versait son lait avec toutes convenances gardées.

Or il arriva un matin que la sonnerie l'ayant ainsi réveillé, il fut surpris, pendant qu'il tendait comme de coutume son petit pot au lait, d'entendre un son anormal : au lieu du murmure de douce coulée du lait crémeux, il perçut un petit bruit métallique et sec.

Il ramena à lui le petit pot et regarda.

O surprise !

Là, tout au fond, il voyait rayonner la croix de Léopold de Belgique !

Un de ses amis du ministère avait tenu à lui apporter lui-même, dès la première aurore de sa nomination, la belle étoile de son pays.

VII

LA MAISON MORTE

Le Reep. — La maison du bord de l'eau. — Une légende
vraie. — Le château de Gérard le Diable.

Les quartiers de Gand que je connaissais le
mieux étaient ceux de Saint-Jacques et de Saint-
Bavon et le quai du Reep, tout proche de la rue
Charles-Quint, où se trouvait la maison de mes
grands-parents.

Cette rue Charles-Quint était moderne. Ma mère
se rappelait que dans sa première enfance son emplacement n'était encore que des prairies servant
aux blanchisseurs de toiles, mais le quai du Reep
avait gardé, intact, tout son pittoresque d'autrefois.

Des groupes d'hommes du peuple, nonchalam-
ment accoudés sur la barre de fer solide de la balustrade de ce quai, faisaient descendre doucement,
au bout d'une longue perche qui se courbait un
peu, de grands filets carrés dans la rivière. Ces
filets aux mailles très fines faisaient un bruit frais
en touchant l'eau et je retenais la main de ma
mère afin de voir, quelques minutes après, les
pêcheurs les retirer ruisselants et tout pleins de
petits poissons d'argent qui frétillaient.

Sans rive du côté opposé, la rivière baignait le pied des maisons et d'un vieux château tout noir, qu'elle léchait mollement de ses eaux moirées. En en remontant le courant, on arrivait à un moulin s'élevant à l'endroit du pont qui menait à l'église Saint-Bavon et à l'évêché. Ce moulin et son ancien barrage faisaient ma joie. C'était curieux, un moulin à eau, ainsi en pleine ville ! Une fois sur le pont, là encore je retenais ma mère, afin qu'elle me laissât regarder un instant le bouillonnement des eaux précipitées et la belle écume blanche accrochée aux vieux madriers couverts de mousse et de longues barbes d'un vert intense. C'est en face de cette écluse, sur un grand pan de mur, qu'on pouvait voir s'étaler les réjouissantes affiches de la foire où j'avais appris assez facilement, malgré mon peu d'aptitude pour la lecture, à déchiffrer les mots rayonnants : « Grand cirque » ou « Théâtre des singes savants ».

Parmi les maisons qui, en face du quai du Reep, surgissaient de l'eau dont la surface semblait emporter, dans ses replis, le reflet de leurs couleurs pour les mêler à de sombres herbes vertes qui tapissaient le fond de la rivière, il s'en trouvait une que je regardais beaucoup plus que les autres et avec un certain effroi. Elle avait pourtant été bâtie aimable et gaie, avec son pignon aux élégantes volutes Louis XV, ses fenêtres ornées et son kiosque mignon élevé tout au bord de l'eau et dominant un joli petit jardin. On sentait un rêve de bonheur calme dans cette gracieuse architecture et dans la couleur claire qui avait été donnée à ses murailles agrémentées de moulures en style écaille d'où la régularité froide avait été bannie. Et pourtant cette maison-là était plus triste encore que le grand bâtiment, sombre comme une prison, dont elle était voisine et qui, depuis de longs siècles, s'appelle de ce nom farouche : « Le château de Gérard le Diable ». Comme lui, elle était abandonnée, inutile désormais et plus lamentable que lui, elle, visiblement faite pour abriter d'heureuses vies. Tous les petits carreaux verts et blancs de ses fenêtres avaient été brisés par les gamins qui, du quai d'en face, y lançaient des cailloux au sortir de l'école, car l'instinct naturel de l'homme tant qu'il n'est encore capable de rien élaborer, c'est d'aider le temps à détruire ce qui existe. Partout où l'eau du toit avait coutume de se répandre, une longue tache d'humidité nourrissait une plante verte sortie d'une fissure, car partout où le hasard du vent ou des oiseaux qui nichent dans les vieux murs, fait tomber une graine, la nature, avant tout féconde, veut qu'elle lève, qu'elle pousse et qu'elle fleurisse en son temps.

Mais c'était en vain que les arbrisseaux du jardin se couvraient au printemps d'un vert si frais, personne ne s'y promenait jamais. Personne ne s'asseyait dans le kiosque pour entendre le voluptueux bruit de la rivière baisant la muraille bien vite en passant, comme à la dérobée, entraînant les branches pendantes dans son courant et leur imprimant un tendre et continuel tressaillement.

Et cela parce que cette maison, depuis plus de cinquante ans, était maudite.

Si tous les monuments de Gand avaient leur histoire au sujet de laquelle je questionnais mes jeunes oncles, alors étudiants, cette maison-là avait son drame et sa légende.

Et voici ce qu'on racontait :

Il y avait très longtemps de cela, une belle jeune fille habitait cette maison avec sa mère et elle avait été fiancée. Puis elle était morte quelques jours avant la date fixée pour son mariage. Sa mère l'avait fait embaumer et l'avait couchée, revêtue de sa robe de noces, dans une boîte de verre, au milieu de la chambre où elle avait coutume de se tenir. Et aucun des objets qu'elle avait touchés de ses mains, n'avait été bougé de la place où elle l'avait laissé. L'horloge avait été arrêtée à l'heure de sa mort. Sa mère seule franchissait le seuil de cette chambre de jeune fille transformée en sanctuaire sacré. Comme un chien fidèle, elle la gardait. Comme une vestale elle entretenait le feu, avivé par la douleur de son amour maternel et cela avait duré des années jusqu'au jour de la mort toujours trop tard venue pour les mères désespérées.

Mon imagination d'enfant, cherchant à pénétrer les mystères, voyait distinctement ce groupe de la jeune morte toute de blanc vêtue, tenant dans ses mains jointes son bouquet de fleurs d'oranger et de cette mère en noir à genoux ; l'éternelle douleur auprès de la jeunesse passagère dans la vie et qu'un amour devenu insensé et macabre veut éterniser dans la mort, comme pour arrêter la marche des heures, la chute du sable dans le fatal sablier.

Mes yeux d'enfant cherchaient à fouiller à travers les fenêtres sans voiles, pour y deviner les fantômes, sinon la réalité des choses racontées, et entre les petits carrés de bois des châssis disloqués je croyais voir quelque chose de blanc et quelque chose de noir, quelque chose d'étrange qui me troublait et m'obsédait.

J'avais peur.

J'avais peur, comme lorsque j'avais visité le château de Vitré (que mes parents m'avaient dit être celui de Barbe-Bleue), et qu'à travers le soupirail d'une tour, j'avais vaguement entrevu l'horreur blême des sept femmes pendues à des clous. Ici, au lieu de l'épouvantable souvenir du bourreau légendaire, c'était comme une réminiscence du poétique domaine de la Belle au bois dormant, c'était aussi le sommeil séculaire, mais la belle au quai dormant devait attendre, pendant toute l'éternité, le Prince charmant qui réveille les vierges endormies.

J'avais peur et je comprenais cette sorte de superstition qui s'était attachée à ces murailles et qui faisait qu'aucun être humain n'avait consenti à vivre et à dormir dans cette demeure fatale.

Je comprenais que ce fût en vain que, depuis cinquante ans, la claire maison Louis XV essayât de sourire au passant de l'autre rive avec ses jolis rinceaux et son frais jardin du bord de l'eau. Comme une pauvre fille se mire en attendant le fiancé qui ne vient pas, elle avait beau refléter sa pimpante façade dans l'eau complaisante en attendant l'acheteur qui toujours se détourne et qui cependant, de quelques coups de truelle et de pinceau, lui eût rendu toute sa grâce et sa fraîcheur premières, comme l'amour épanouirait la fille languissante qui attend.

La fiancée si longtemps enfermée entre ses murs avait aussi souri à l'avenir et elle ne s'était revêtue de la blanche parure nuptiale que pour s'endormir dans la mort.

Comme celle qui semblait symboliser son âme, cette maison ne devait jamais se réveiller. Nulle joie humaine ne devait plus jamais y résonner. Ses murs sont tombés voilà longtemps déjà avec son kiosque et les arbrisseaux de son jardin, pour faire place au quai moderne qui maintenant borde le canal sur toute sa longueur et se nomme quai de l'Évêché. Moulin et barrage ont disparu, engouffrant pour toujours tant de vieux souvenirs. La place Liévin Bauwens recouvre l'emplacement qu'ils occupaient.

Seul, sombre et disparate de tout ce qui l'entoure, l'antique château de Gérard le Diable, savamment restauré, s'élève encore, plus souligné que jadis à l'admiration du passant.

Mais, si le passant s'arrête et regarde, nulle émotion n'évoque plus son rêve. Le vent de la civilisation a brusquement dispersé dans l'air tous les fantômes.

La maison de la morte, elle-même, est morte.

VIII

LES JARDINS, LES FLEURS
ET LA FOIRE DE GAND

Musique au parc du Casino. — Auguste Gevaërt. — Le jardin
botanique. — Le jardin zoologique. — Betsy. — Les fleurs.
— La porte du château des comtes de Flandre. — Les en-
seignes. — La foire. — Une poupée. — Le ballon rouge de
Désiré Bouckaert. — Le clown de mon enfance et celui
d'aujourd'hui. — La forêt vierge. — Le mariage de Juliette.
— Les rues de Gand la nuit.

I

Gand avait plusieurs jardins délicieux.

Tout d'abord, celui du Casino où l'on allait le
dimanche après-midi écouter la musique, où l'on
s'asseyait sous les grands arbres en compagnie des
amis, le professeur Auguste Wagener, les peintres
Canneel et Félix Cogen, le musicien Max Heyndrickx, le photographe Charles Doy, le graveur
Flor Van Loo qui descendait de Charles-Quint
dont il avait bien le type au long menton, qu'im-
mortalisa Vélasquez et que le roi d'Espagne Alphonse XIII perpétue encore de nos jours.

Mes parents reparlaient souvent d'une de ces

après-dînées de 1863 qui leur avait laissé un souvenir particulièrement joyeux et charmant.

J'avais à peine quatre ans. Je me rappelle très bien la robe que je portais, une robe rose avec manches très courtes et bouffantes à l'épaule. Comme la musique m'émoustillait, je m'étais mise à danser dans l'espace laissé vide entre les groupes des auditeurs.

Non loin de nous était assis le célèbre compositeur Auguste Gevaërt. C'était un de ces hommes que l'on se montre discrètement en se poussant du coude et dont on se raconte avec admiration l'histoire qui, presque toujours, ressemble à celles des images d'Épinal. En deux mots, l'histoire de Gevaërt, la voici : Il était né en 1828. Petit apprenti boulanger, ses fonctions d'enfant de chœur dans la petite église de Huysse, son village natal, lui avaient révélé sa vocation musicale. Il avait été ensuite élève du Conservatoire de Gand et prix de Rome à dix-neuf ans en 1847.

Au moment où on le regardait assis sous les ombrages, fumant son cigare en écoutant l'orchestre du Casino, il était l'auteur de pièces de théâtre qu'on applaudissait à l'Opéra-Comique de Paris où il faisait de fréquents séjours. Quatre ans plus tard, en 1867, il devait être nommé directeur de la musique du grand Opéra de Paris.

Apercevant Max Heyndrickx, qu'il appréciait comme l'un de ses meilleurs interprètes, Gevaërt avait rapproché sa chaise de notre groupe.

Je dansais une danse à ma façon, mais il paraît que sans avoir appris, j'avais le sentiment du rythme, car tout le monde, autour de moi, me souriait, même les inconnus.

Je n'avais pas encore l'âge de la timidité et l'intérêt qu'on prenait à me regarder, loin de me paralyser, me donnait de l'aplomb. Je faisais avec mes bras nus des mouvements arrondis et souples au-dessus de ma tête, comme j'en avais vu faire aux ballerines des parades de la foire et je sentais mes boucles de cheveux blonds battre mes joues. Je me rendais compte, vaguement, que j'avais un public d'élite.

Tout à coup, j'entendis retentir des applaudissements dont Gevaërt, souriant, avait donné le signal et j'en ressentis comme une sorte d'enivrement délicieux. Était-ce la vanité inconsciente de la joie du succès ou bien le naissant amour de l'art? Ce devait être un mélange ingénu de ce défaut et de cette qualité.

Dans une petite âme en formation s'épanouissant librement avant l'action et l'influence de l'éducation, les instincts, bons ou mauvais, sont encore mêlés et se montrent tels qu'ils sont.

Mes parents m'ont raconté souvent que, pendant que je faisais des grâces, ils avaient entendu quelques mots échangés dans un groupe voisin, ce qui les avait bien amusés :

— Voyez, une fois, comme cette petite danse bien en mesure !

— Ça n'a rien d'étonnant, vous voyez bien que Gevaërt est là, c'est sa fille, bien sûr !

Un autre jardin beaucoup moins fréquenté, mais bien agréable aussi, c'était le jardin botanique. On n'y rencontrait, sous les allées ombreuses, que de rares promeneurs solitaires ou de discrets amoureux, ce qui lui donnait un caractère de recueillement poétique.

C'est là que, pour la première fois, je vis, sur un petit étang, cette chose merveilleuse : des nénuphars. Des fleurs posées sur l'eau avec des feuilles qui ressemblaient à des assiettes vertes, cela me parut étrange.

C'était comme une table servie pour je ne sais quel personnage de rêve aquatique. Mes parents avaient apporté du pain, je ne savais pas pourquoi. Ils en jetèrent des miettes sur cette eau endormie. Aussitôt, je vis des flammes s'agiter au fond et je criai :

— Papa ! Maman ! Du feu dans l'eau !

Je n'avais jamais vu de poissons rouges. Alors arrivèrent deux cygnes blancs suivis d'une troupe de petits canards jaunes qui achevèrent de me persuader que j'étais devant un lac enchanté.

Mais le plus curieux de tous ces jardins de délices, c'était le jardin zoologique qui contenait, comme celui d'Adam et d'Ève, tant d'animaux sympathiques : moutons mérinos dont l'un qui avait les cheveux frisés sur le front, me ressemblait, disait mon père ; kangourous accourant à grandes enjambées et portant leurs adorables petits dans la poche de leur ventre ; buffles pensifs, chèvres sautillantes, chameaux indolents, renards des fables de La Fontaine, loups du petit Chaperon rouge (détestables ceux-là !), fier lion, emblème des Flandres.

De toutes ces bêtes, ma préférée était l'éléphant, ou plutôt l'éléphante (car c'était une femelle), l'immense et monumentale, l'imposante Betsy, qui aidait son gardien à nettoyer la cour de sa case, imitant, avec sa trompe, les mouvements de son balai.

Mon père disait que Betsy avait le même regard qu'une vieille bonne qu'il avait eue à Courrières étant enfant et qui se nommait Philippine, et comme il avait beaucoup aimé Philippine qui était morte depuis longtemps, il regardait les yeux de Betsy avec attendrissement.

Betsy, évidemment, nous connaissait, car elle venait vers nous et avançait sa trompe à travers ses barreaux de fer, sachant bien que nous ne manquerions pas d'y mettre un morceau de pain ou de gâteau.

Un jour papa eut une idée de gamin. C'était peut-être le regard de Philippine qui, lui rappelant son enfance espiègle, la lui inspirait, il voulut faire à Betsy une petite farce : au moment où elle lui tendait sa trompe amicale et confiante, au lieu de la friandise habituelle, il lui souffla une bouffée de son cigare. Betsy, tranquillement, se retourna et se dirigea vers son auge. Nous crûmes qu'elle allait y boire, mais, revenant vers nous, elle allongea sa trompe droit vers mon père et lui lança, en pleine figure, un copieux jet d'eau qui nous aspergea tous les trois.

Et le petit œil de Philippine cligna d'un air malin, tandis que nous nous épongions avec nos mouchoirs.

II

LES FLEURS

Dans mon enfance, déjà, Gand était célèbre par sa magnifique culture des fleurs.

J'ai des souvenirs très lointains de véritables

éblouissements de lumière et de couleurs fraîches et vives dans les hautes et larges galeries du Casino.

Quel âge avais-je la première fois que j'y pénétrai, je ne saurais le dire, car je ne me rappelle pas qu'il y ait eu une première fois. On me tenait par la main, je marchais sur du sable jaune, j'étais ravie, c'est tout ce que je sais de précis. Mes sens étaient si charmés tous à la fois, que je ne démêlais pas bien mes impressions. Il me semble que, le doux parfum et les belles couleurs me pénétrant ensemble, il y avait des couleurs qui sentaient bon, des odeurs roses et des odeurs bleues ou jaunes et que les sons de la musique qui, à certains jours, s'exhalaient du milieu d'un groupe de palmiers et de fougères géantes voilant complètement les musiciens, avaient eux aussi des teintes d'or et d'azur. Je ne savais pas les noms de toutes ces fleurs épanouies qui maintenant s'appellent : azalées, rhododendrons, camélias, mais elles ressemblaient à ce que plus tard j'appelais le paradis terrestre et, comme les violonistes et flûtistes étaient invisibles, j'avais la sensation de respirer un air délicieux au milieu de fleurs qui embaumaient et chantaient.

III

LA FOIRE

A cette réputation de *Ville des fleurs*, Gand joignait celle de *Ville de la belle foire*.

Tous les printemps, elle attirait une foule nombreuse sur la plaine Saint-Pierre où s'élevait une véritable petite cité de baraques et de boutiques de toutes provenances, disposées en rues et débordantes de curiosités attirantes et de marchandises comme dans le tableau : *Un franc marché au moyen âge*, de mon grand-père Félix De Vigne, qui figure au musée de Gand. Mais à l'époque qu'a évoquée mon grand-père, ce franc marché avait lieu sur le marché du vendredi, près de l'église Saint-Jacques.

Comme l'Exposition des fleurs, cette foire était pour moi un enchantement, mais ayant un autre caractère, moins idéal mais plus bruyant, plus joyeux. C'étaient des couleurs, chatoyantes au soleil, mêlées à des odeurs variées de pommes de terre frites, de beignets, de gaufres flamandes, de caramels, à des sons d'instruments de cuivre, d'orgues de Barbarie, de tambours et de grosses caisses.

Toutes ces merveilles avaient été annoncées à l'avance, on m'avait lu les affiches roses, jaunes ou vertes où s'étalaient de grandes lettres : *Le Grand Cirque, le plus beau du monde, le Théâtre des singes savants, la Ménagerie des bêtes féroces*, placardées sur les vieux murs du Reep et sur la grande porte arrondie de vieux bois massif aux impressionnantes ferrures qui s'élevait près du marché aux poissons et qui semblait être alors le seul vestige restant encore de l'antique et fameux château des comtes de Flandre construit par Baudouin Ier en 868. Ce château était enfoui au milieu des constructions que les siècles y avaient accumulées, comme une vieille épave sur laquelle les coquilles parasites se sont peu à peu incrustées. Il y disparaissait complètement et personne n'aurait pu soupçonner sa présence dans cet amoncellement de murs, de toits, de cheminées, si bien que les guides imprimés à cette époque mentionnaient que seule cette porte subsistait de l'ancien château fort.

Mon grand-père Félix De Vigne avait, dès 1836, fait un plan de ce que, selon lui, devait être ce monument au milieu de sa carapace hétéroclite. Il était entré dans toutes les maisons avoisinantes et s'était rendu compte de la forme des tours, de la hauteur et de la configuration des murailles, de la direction du chemin de ronde, de la présence des échauguettes et avait soumis son travail au conseil municipal de Gand, en insistant pour que l'on mît à jour ce souvenir historique, l'une des plus intéressantes curiosités de la ville. Lorsque, bien longtemps après sa mort, on se décida à faire ces grands travaux de déblaiement, on reconnut que ce plan était absolument exact.

Mon grand-père avait vu à travers les murailles.

Donc, dans mon enfance, cette porte que tant d'étrangers franchissent maintenant avec tant de respect, n'avait d'autre utilité que de se prêter au collage de banales affiches multicolores.

On n'abusait pas alors des affiches, seuls les événements exceptionnels avaient le privilège d'être annoncés de cette voyante manière. Les commerçants se contentaient de leur enseigne pour avertir les passants : c'étaient, découpés en zinc, peints à l'huile et attachés à une tige de fer placée au-dessus de la porte, ici une botte rouge, là un gant d'or, plus loin une carotte de tabac, ou bien un chat, un chien, un cheval, un chapeau. Près de l'église Saint-Bavon, il y avait un petit estaminet qui s'appelait : *In den apel* (à la pomme) et le long du quai du Reep un autre qui s'intitulait : *In den Engel* (à l'Ange). Celui-là m'intéressait beaucoup, car l'enseigne représentait un ange en robe bleue dont les deux ailes pointues se dressaient vers le ciel. Mettre sous la protection d'un ange les marins d'eau douce et les ouvriers d'usine qui s'attablaient devant le cabaret, sur le trottoir, pour boire la bonne bière dans de grands brocs d'étain, comme dans les tableaux de Van Ostade, n'était-ce pas une idée géniale?

Dans une petite rue étroite et sombre, où l'on passait parfois pour couper au plus court, je voyais une enseigne peinte à l'huile sur une plaque de tôle suspendue à un bras de fer forgé et qui représentait un gros chou vert d'où sortait un petit enfant nu et rose, les bras tendus ! J'entendis dire un jour que c'était l'enseigne d'une sage-femme et, comme intriguée, je questionnais, on me répondit que c'était la maison d'une dame bien sage qui procurait des petits enfants aux ménages gantois. Je ne le crus qu'à demi, car je me demandais où, au milieu de la ville, la dame si sage pouvait bien avoir son champ de choux. Ce légume de pot-au-feu, d'ailleurs, ne satisfaisait pas mon esprit idéaliste. J'aimais mieux croire à une étoile mystérieuse et féconde. Jusqu'alors j'avais toujours pensé que les bébés vivants descendus de cette étoile sur notre planète, se vendaient dans une toute petite boutique faisant le coin de la place Saint-Jacques et qui montrait, à sa vitrine, des petits bonnets, brassières, chaussons et bavettes de nouveau-nés que je regardais toujours avec ravissement. J'aurais tant désiré que mes parents y entrassent un jour pour m'acheter un petit frère !

Le cirque le plus beau du monde avait, outre

ses affiches, une admirable manière de se faire connaître. On entendait des sons aigus de trompettes et, soudain, tout le monde était aux portes et aux fenêtres pour voir s'avancer un cortège imposant : des chevaliers en armure sur des chevaux caparaçonnés de velours et d'or, des gentilshommes du temps de Louis XIII portant des bannières et fanions sur lesquels étaient inscrits les jours et heures des représentations et le prix des places. Les gamins (qu'on appelait les *manneken*) de la rue Charles-Quint précédaient et suivaient, avec des cris de joie, ces groupes impressionnants.

De temps en temps, un cheval se cabrait, c'était fait exprès, me disait-on, pour causer de l'émotion aux spectateurs et permettre au cavalier de montrer son adresse à maîtriser sa monture. Après quelques promenades de ce genre, toute la ville était avertie et toute la ville allait à la foire.

Toutes les familles, même les plus mondaines, s'y donnaient rendez-vous. M. le bourgmestre invitait ses échevins à venir : *op de joor* manger des gaufres à la pâtisserie hollandaise et les professeurs les plus sérieux de l'Athénée et de l'Université s'amusaient à visiter les baraques.

Il fallait avoir vu *la belle Lyonnaise*, la plus grosse femme du monde entier, dont le portrait était peint en grosseur naturelle sur la toile extérieure. Elle était représentée relevant sa jupe de dentelle et montrant l'énormité de son mollet en posant délicatement le pied nu sur un coussin à crépines d'or. Devant elle l'empereur Napoléon III levait les mains avec un geste de profonde admiration et l'impératrice Eugénie la regardait complaisamment avec un face-à-main.

Il fallait avoir vu le géant de 2 m. 35 (sans les talons), le nain de o m. 80 avec talons, le décapité parlant, le veau à deux têtes, les lutteurs nègres et les cages des bêtes féroces. Là aussi, une alléchante peinture mettait en scène, dans un paysage exotique aux palmiers en plumeaux, un terrible dompteur levant sa cravache tandis qu'une jeune femme mettait sa tête souriante dans la gueule ouverte et rouge d'un lion en fureur. Ces peintures étaient affreuses et mon père en riait avec ses amis. Elles ressemblaient beaucoup, mais en mieux, à certains tableaux que l'on voit de nos jours chez les marchands d'œuvres d'art moderne et même dans les expositions de Paris : on voyait au moins ce qu'elles représentaient.

Le plus ancien souvenir que j'aie de la foire de Gand m'est resté très précis. J'avais entre quatre et cinq ans et toute ma famille s'était réunie pour aller passer l'après-midi à cette fameuse plaine Saint-Pierre. On s'y rendait à pied en suivant le quai des Moines. Outre mes parents, il y avait ma grand'mère De Vigne, sa mère, ma bisaïeule Thérèse Bouckaert, née au dix-huitième siècle, ma tante Émérence Leyman, quelques autres tantes ou cousines un peu vagues dans mon souvenir, mes jeunes oncles et mon petit cousin Désiré Bouckaert, bel enfant plus jeune que moi, rose et blond, et déjà d'une intelligence très éveillée dont il a donné, par la suite, des preuves éclatantes, car il est aujourd'hui directeur général des Ponts et Chaussées à Bruxelles et commandeur de la Légion d'honneur.

Nous marchions en tête du groupe, Désiré et moi, en nous donnant la main et notre joie d'aller vers la foire était quelque chose d'inexprimable.

Ma tante Emérence, en se penchant vers moi, m'avait annoncé en secret, mystérieusement, son intention de m'acheter une poupée et Désiré savait bien qu'il ne reviendrait pas les mains vides.

Aussi l'avenir, un avenir tout proche, nous apparaissait réjouissant au possible. Je rêvais une de ces poupées qui avaient une figure de cire ou de biscuit, qui fermaient les yeux lorsqu'on les couchait (une nouveauté d'alors) et dont on pouvait peigner les cheveux. Je l'entrevoyais blonde.

Tout en marchant, nous causions de nos petites affaires. Désiré avait chez lui une quantité de joujoux, saint Nicolas se montrait toujours pour lui d'une grande générosité ainsi que le petit Noël. Il possédait un haut cheval à bascule, un théâtre, une arche de Noé aussi complète que le jardin zoologique de Gand, il avait même une Betsy !

Je voyais toutes ces merveilles quand nous allions rendre visite à ses parents, dans la belle maison blanche située sur la petite place au milieu de laquelle j'admirais un monument supportant une mappemonde qu'un aigle semblait protéger de ses ailes étendues.

Cette maison était bien connue des acteurs du théâtre, car mon grand-oncle Charles Bouckaert, le papa de Désiré, prenait grand plaisir à les recevoir et le champagne y lançait avec enthousiasme son bouchon au plafond pour fêter leurs succès.

En approchant de la plaine Saint-Pierre, on entendit les sons des musiques de toutes sortes qui devenaient de minute en minute plus distincts et puis, tout à coup, ce fut l'éblouissement, en plein soleil, des chevaux de bois étourdissants et rutilants, des parades, des loteries à tourniquets, des étalages de bonbons et de joujoux.

Il y avait des marchands de paniers, de jolies corbeilles de toutes sortes, venant de la Suisse. On pouvait y voir aussi, placés soigneusement sous verre, de mignons objets ornés de mosaïques faites au moyen de minuscules fragments de paille de couleurs diverses que je connaissais bien, car ma mère avait, dans sa boîte à ouvrages, des étuis à aiguilles et des boîtes à épingles de ce genre que je regardais souvent, car c'était si joli ! Je crois que cette artistique industrie d'objets *faits à la main* n'existe plus. A notre époque tout se fabrique à la machine, à l'emporte-pièce, c'est le siècle de la série banale.

Ma tante Émérence, tenant sa promesse, s'arrêta avec moi devant la plus belle boutique de jouets et demanda à voir les poupées.

Mon cœur battait de joie et d'impatience folle.

On lui ouvrit une quantité de boîtes dont, malheureusement, je ne pouvais voir que le dessous, car j'étais si petite !

J'entendis ma tante qui disait :

— Vous voyez, l'enfant est encore bien jeune, je veux une poupée solide, qui ne casse pas.

La marchande jeta sur moi un coup d'œil rapide et répondit d'un air entendu :

— Ah oui ! je vois ce qu'il vous faut.

Et elle ouvrit une autre boîte.

Cette fois, ma tante Émérence n'hésita plus, paya et me mit dans les bras une poupée que je regardai avec effarement :

Elle avait une tête en bois, faite au tour, toute ronde, aussi ronde que les boules qui surmontaient les dossiers des chaises des paysans de Courrières. Dans cette boule peinte en rose avec du rouge vif sur les joues, étaient encastrés des yeux de porcelaine faisant saillie, d'une fixité déconcertante. Le nez était un petit triangle rapporté juste au milieu de la figure et il ombrageait de sa pointe aiguë une bouche taillée brutalement d'un seul coup de couteau et teinte de vermillon. Les cheveux étaient des bandeaux peints avec de la couleur noire comme du cirage et amplement vernie. Son corps était en étoffe rose bourrée de son, ses bras en bois à partir du coude et peints du même rose que le visage, ses jambes en bois à partir du genou, les mollets énormes et tout ronds, les pieds beaucoup trop petits et trop pointus, les bottines enduites du même noir luisant que les cheveux.

Elle était vêtue d'une chemise blanche en tarlatane très transparente et garnie d'une faveur bleue et de dentelles dont l'élégance ne l'embellissait pas, car jamais les atours n'ont réussi à agrémenter la laideur. Évidemment, elle eût pu tomber du haut de la tour Saint-Bavon sur le pavé de la rue sans se briser, mais, lorsqu'une chose est désagréable, son éternelle durée est un grave défaut de plus.

J'eus une impression d'horreur qu'il m'eût été difficile de définir alors.

Je dis : « Merci, » tout de même.

Pour porter ce monstre dans mes bras, je le mis à l'envers. Que de fois, dans la vie, la réalité vient ainsi brusquement détruire le charme d'un rêve !

Mon excellente tante Émérence avait eu, certainement, la meilleure intention du monde. Elle avait l'expérience de la fragilité des choses, elle

avait prévu que, très petite encore, j'étais exposée
à casser ma poupée et, dans la bonté de son cœur,
elle voulait m'éviter un chagrin. Je me rendais
compte de ces affectueux sentiments et, du coup,
le nom d'Émérence m'apparut synonyme de pré-
voyance et de prudence, mais je regrettais que ces
vertus fussent à ce point incompatibles avec
l'amour du beau et l'horreur du laid que j'avais
déjà alors extrêmement développés, car la vue
d'une difformité me causait un malaise physique.

Les aventures les plus infimes peuvent parfois
contenir une leçon de philosophie profonde : j'ai
constaté depuis, bien des fois, qu'une décision
raisonnable et prudente longuement discutée en
pesant le pour et le contre, vient souvent à l'encontre du vrai bonheur et de la réussite et que,
dans beaucoup de cas, il vaut mieux obéir à l'instinct qu'à la froide sagesse.

Je fus bientôt distraite de cette mauvaise impression par la vue d'une parade extrêmement
amusante :

On y voyait de jolies femmes aux bras nus, aux
jupes de gaze rose et vert pomme, toutes scintillantes de paillettes d'or et d'argent, dansant et
s'entourant de guirlandes de fleurs et de voiles
légers comme une brume transparente. Un admirable Pierrot tout blanc qui était célèbre par sa
mimique faisait devant elles des gestes d'adora-
tion passionnée qu'un grand diable d'Arlequin
troublait par d'incessantes taquineries, du bout
de sa batte qu'il faisait mouvoir avec une remarquable dextérité. Un Polichinelle rouge et bleu,
doré sur toutes les coutures, qui tenait en main
une bouteille, traversait les groupes en titubant

comme un homme ivre, mais, même dans les entrechats les plus accentués, il observait le rythme de la musique, une musique de cuivre accompagnée de grosse caisse. Ce qu'il y avait de plus charmant dans cette parade, c'était un petit couple d'enfants déguisés en papillons et qui dansaient ensemble. Désiré admirait la petite fille. Moi, je préférais le petit garçon.

Un marchand de ballons rouges promenait au-dessus de la foule la grappe mouvante de sa marchandise qui me faisait penser aux groseilles de notre jardin de Courrières. On nous acheta, à chacun, un de ces ballons.

Désiré, dans la trépidation de sa joie, lâcha la ficelle presque aussitôt et son ballon s'éleva dans l'air bleu avec un empressement qui montrait sa jouissance de s'élancer, libre, vers le soleil. Le vent doux l'entraîna du côté de la tour de l'église Saint-Pierre.

A travers nos larmes, nous le vîmes devenir de plus en plus petit, puis disparaître dans la vibration du ciel lumineux.

Mon ballon eut un sort différent : le soir, en me couchant, je l'attachai au bout de mon lit et je m'endormis en le regardant se balancer doucement, faiblement éclairé par la flamme vacillante de la veilleuse. Le lendemain matin, je le vis tout petit et ridé comme une vieille prune sèche.

C'est le sort des ballons rouges de s'élever en plein azur vers le soleil, dans un élan d'espoir, et d'éclater brusquement sous l'ardeur d'un rayon ou bien de se ratatiner tristement dans l'ombre et le silence de la nuit.

Il y a beaucoup de ballons rouges dans la vie,

mais Désiré et moi, nous ne le savions pas encore.

Le tout petit Désiré Bouckaert était déjà polyglotte car ses parents lui apprenaient en même temps le français et le flamand, mais, débrouillant mal ces deux idiomes, il parlait un langage franco-belge mêlé de mots empruntés à l'un et à l'autre.

Notre grand'maman Bouckaert nous acheta à tous deux des joujoux : à moi un petit ménage en porcelaine à fleurs peintes, à Désiré les mêmes objets pour la dînette des poupées, mais en bois de sapin sans ornements.

Le gamin avait entendu les grandes personnes dire entre elles, en flamand, que ces ustensiles de bois avaient l'avantage d'être plus solides. Alors, comme nous comparions nos deux petits ménages tandis que nous étions tous attablés dans la baraque aux gaufres flamandes, Désiré remarqua que le mien était de beaucoup le plus joli des deux, mais, comme il était philosophe, loin de s'en plaindre, il me dit :

— Le à toi est plus beau, mais le à moi est plus *kloekement* fait. (Le mot *kloek* signifie solide en flamand.)

Ce naïf néologisme eut beaucoup de succès et devint proverbial dans la famille pour désigner une chose plus durable que belle.

IV

Nos séjours à Gand, chaque année, coïncidaient avec la foire. On attendait cette occasion pour faire des acquisitions et, comme dans le tableau de mon grand-père, on voyait de belles dames qui faisaient dérouler sous leurs yeux ravis et hésitants des ballots d'étoffes variées depuis les plus pratiques jusqu'aux plus luxueuses qu'elles comparaient entre elles. A la foire, on trouvait de tout : articles de voyage, maroquinerie, coutellerie, lunettes, chaussures, verroteries, faïences, bijoux de fantaisie, fruits, bonbons, etc... Dans cette dernière catégorie, un Algérien qu'on disait authentique, marchand de nougat, de dattes, de grenades et de bibasses, la tête brune entourée d'un turban, fumait pacifiquement une drôle de pipe ayant un long tuyau souple enroulé, en attendant la clientèle.

La photographie était alors presque encore à ses débuts. Les bonnes gens faisaient queue en attendant leur tour d'être portraicturés par le photographe ambulant. Pour notre part, c'était en ville que nous nous fournissions, nous avions recours au talent de Charles Doy, ami intime de mon père et de mes oncles que j'ai cité plus haut. Le premier portrait que l'on fit de moi âgée de quelques mois, sur les genoux paternels, était encore un daguerréotype. Je l'ai encore mais il est presque effacé.

Le cirque qui s'était annoncé si brillamment par une imposante cavalcade dans les rues de Gand, tenait bien ses promesses. On y voyait des exercices d'équitation où l'écuyère, en maillot et tutu de danseuse, sautait au travers d'un cerceau dont elle brisait le papier de soie, puis retombait assise sur son cheval. On y voyait des tours d'équilibristes exécutés avec des oranges et des couteaux pointus, des prodiges d'adresse sur les trapèzes que l'on admire encore aujourd'hui. Sous ce rapport ce genre de représentations n'a pas beaucoup changé,

peut-être même est-on arrivé à des résultats encore
plus surprenants depuis, mais il y a une chose que
je regrette pour les enfants de notre vingtième
siècle, c'est la disparition du clown de mon enfance.

Qu'il était beau et drôle, le clown d'alors !

Il était vêtu d'un maillot absolument collant,
de couleur vive et tout couvert de paillettes d'or
et de pierreries. Ce costume, qui laissait au corps
toute son élégance et sa merveilleuse souplesse,
permettait de saisir tous ses mouvements gracieux
ou comiques. Il avait souvent un croissant de lune
en argent sur la poitrine, des étoiles un peu partout
et un soleil d'or rayonnant sur la partie la plus
arrondie de sa personne ou bien c'était, sur son
dos, une comète déployant sa queue flamboyante.
Ou bien encore, le clown portait son nom inscrit en
toutes lettres scintillantes : *Félix* ou *Hilaire*, noms
qui signifient *Bonheur* et *Gaieté*. Les enfants l'appelaient par son nom quand il passait près d'eux
et il leur répondait par une boutade réjouissante.
Je me rappelle que lorsque pareille aventure m'arrivait, j'étais ravie et un peu fière d'avoir attiré
sur moi l'attention d'un personnage si adroit, si
spirituel et si doré. La figure du clown n'était que
peu grimée, en sorte qu'on pouvait observer ses
jeux de physionomie dans toute leur finesse. Sa
coiffure était généralement une perruque blonde
ou rousse partagée en trois énormes mèches dont
l'une se dressait toute droite au-dessus du front
tandis que les deux autres pointaient de même à
droite et à gauche.

Il y en avait qui étaient de véritables artistes.
Mes parents avaient vu quelques années auparavant deux clowns, deux frères violonistes prodi-

gieux qui jouaient les airs les plus difficiles tout en exécutant les contorsions les plus extraordinaires. Tous les musiciens de la ville étaient venus les entendre et les voir et en avaient été stupéfaits. Même au milieu des gambades les plus extravagantes, l'archet trouvait toujours au bon moment la corde voulue, au-dessus de la tête, entre les jambes, derrière le dos, à l'endroit, à l'envers et parfois même sur le violon du partenaire et la mélodie suivait son cours, gardant son rythme sans une fausse note. Les très vieux Gantois en parlaient encore il n'y a pas bien longtemps.

Le clown d'aujourd'hui est affreux, il a l'air macabre. Il est badigeonné de blanc et son nez disparaît, vu de face, sous un triangle noir ce qui lui donne, à distance, l'aspect d'une tête de mort. Sa bouche est agrandie par une ligne rouge allant d'une oreille à l'autre et des taches rouges ou noires qui n'ont aucune raison d'être, maculent ses joues et son front. Au milieu de ce bariolage qui n'a plus rien d'humain, ses yeux n'ont aucun effet et toute expression est abolie. Le costume est aussi bête que le maquillage de la tête. C'est un grand sac blanc voilant absolument toute forme et tout mouvement, où s'étalent des ronds ou des carrés rouges ou noirs comme ceux qui déforment les traits du visage. C'est laid, c'est grotesque, c'est commun et ce n'est pas drôle. Ces monstres doivent apparaître en cauchemars dans le sommeil des enfants.

Ce qui nous faisait bien rire aussi, c'était la pantomime qui terminait la représentation : la mère Gigogne, la mère Michel qui a perdu son chat, le père Lustucru y avaient des rôles importants et on y voyait souvent apparaître le légendaire voyageur anglais. On le représentait sous les traits d'un grand gentleman maigre et anguleux, aux favoris roux, coiffé d'un haut de forme s'élargissant par le haut, vêtu d'un vaste paletot à grands carreaux, ayant sous le bras un parapluie fermé et tenant à la main une énorme valise qu'il posait de temps en temps par terre pour s'asseoir dessus. Les autres personnages lui faisaient constamment des niches ; il était de mode alors de se moquer des Anglais, maintenant on les imite et ce type aussi a été modifié.

Sur le champ de foire, une autre construction toute ronde faisait pendant au cirque. Elle était faite en planches peintes en vert et portait comme enseigne au-dessus de la porte : *Labyrinthe de la forêt vierge.* Pour motiver cette impressionnante appellation forestière, quelques petits sapins dans des caisses vertes avaient été placés de chaque côté de cette porte.

Toute notre bande familiale s'engouffra dans ce mystérieux établissement, puis on se trouva devant plusieurs couloirs étroits et l'on se partagea en deux ou trois groupes se dirigeant les uns d'un côté, les autres à l'opposé. Je ne sais plus avec qui j'étais, mais j'avais la conviction de retrouver mes parents au bout du couloir circulaire.

On allait, on allait, on tournait. Parfois, on se rencontrait soi-même, c'est-à-dire qu'on se trouvait brusquement devant une grande glace où l'on se voyait tout entier des pieds à la tête et l'on allait toujours. Le chemin, qui ne ressemblait pas le moins du monde à celui que les explorateurs se fraient dans les forêts vierges, obliquait constamment et l'on avait la sensation de parcourir des distances énormes et jamais on ne rencontrait les compagnons que l'on avait quittés à l'entrée. Je commençais à avoir peur de ne plus jamais retrouver la porte de sortie, mais, heureusement, les personnes qui m'accompagnaient riaient et ne paraissaient pas inquiètes. Lorsque, enfin, après d'interminables recherches on découvrit le moyen de sortir de cette étrange forêt sans arbres, j'éprouvai un véritable soulagement.

Dans les petites baraques, on voyait les marionnettes qui représentaient les drames bien connus : *Barbe-Bleue, Geneviève de Brabant* et *la Tentation de saint Antoine.* Mais ce qui nous amusait par-dessus tout, c'était le théâtre des singes savants que nous appelions des *marticos.* Le local était assez pauvre d'aspect mais il contenait des merveilles. On était assis sur une simple planche formant banquette et on y trépignait de joie en attendant le lever du rideau qui était semblable en réduction à celui du grand théâtre où j'étais allée une fois voir jouer *le Voyage en Chine,* ce qui me permettait de faire la comparaison entre la troupe d'acteurs sérieux et celle qui la *singeait.* Ce rideau était, comme il sied, une imitation en peinture de draperies de velours rouge relevés d'un côté par une torsade aux glands d'or. Avant que ce rideau ne se levât, un beau monsieur bien mis venait dire au public :

« Mesdames et messieurs,

« Nous allons avoir l'honneur de vous présenter, interprété par nos meilleurs artistes, un drame émouvant : *le Mariage de Juliette* ou : ce qui serait

arrivé si Roméo et Juliette, ces amants malheureux, n'avaient pas eu la malencontreuse idée de
se suicider exprès. Je vous prie d'applaudir les
acteurs de toutes vos forces pour les encourager. »

Alors, très lentement, le rideau se levait.

Le décor représentait un jardin où bientôt arrivait un délicieux équipage tout doré, un minuscule carrosse imitant ceux que l'on voit dans les
gravures du temps de Louis XIV, traîné par deux
mignons chiens ratiers munis de brillants harnais
à grelots retentissants. Un singe vêtu d'un costume
de velours bleu garni de galons d'argent, coiffé
d'une toque assortie et chaussé de bottes jaunes
à revers, se précipitait vers le carrosse et en ouvrait
la portière.

Le monsieur bien mis, à demi dissimulé dans la
coulisse de gauche, disait :

— Voici Roméo.

Une fois la portière ouverte, Roméo tendait la
main à Juliette, une petite guenon en robe blanche.
Elle avait un grand voile blanc qui, presque chaque
fois, tandis qu'elle descendait, s'accrochait aux
saillies de la voiture, comme cela arrive souvent aux
vraies mariées et elle portait sur la tête une couronne de fleurs d'oranger. Les fiancés se tenaient
alors par la main et faisaient au public un salut
respectueux quoique grimaçant. Ils allaient s'asseoir sur deux petites chaises proportionnées à
leur taille, préparées pour eux sur le côté gauche
de la scène.

Sur le côté droit, on voyait une petite table et
un fauteuil rembourré. Alors arrivaient quatre
chiens qui, debout sur leurs pattes de derrière,
venaient se poser à droite et à gauche des fiancés.

Ils avaient des toques garnies de plumes flottantes
et des costumes aux teintes variées, rouges,
jaunes, avec des fraises de dentelles entourant
leurs gentils museaux. Un moment d'attente. Par
la coulisse de droite apparaissait un vénérable
singe vêtu de noir, coiffé d'un bonnet grec noir
dont la houppette retombante battait son nez à
chaque mouvement. Il prenait place dans le fauteuil.

— M. le notaire ! annonçait la voix du monsieur
bien mis.

M. le notaire ajustait sur son nez une paire de
grosses lunettes qu'il trouvait préparée sur la
table à côté d'un gros livre qu'il ouvrait et sur
lequel on pouvait lire, en grandes lettres, le mot :
Code. Il se levait alors et invitait de la main le
jeune couple à venir signer le contrat, ce qui se
faisait sur une page blanche avec une énorme
plume d'oie. Le notaire plaçait ensuite la plume
derrière son oreille. Les chiens qui représentaient
les témoins, commençant à se fatiguer d'être tout
le temps sur leurs pattes de derrière, en profitaient
pour prendre une attitude plus en rapport avec
leurs habitudes, mais un petit coup de baguette
de leur maître, le monsieur bien mis, toujours dans
la coulisse, les rappelait à l'ordre. Le notaire enle-
vait ses lunettes et sortait gravement, la queue
balancée.

Encore un moment d'attente.

La voix de l'invisible monsieur bien mis reprenait :

— Vous êtes maintenant à l'intérieur de la
mairie.

Il faisait bien de nous en prévenir car, comme

le décor n'avait pas changé, on aurait pu se croire encore dans le jardin.

Paraissait alors un martico en habit noir moderne, ayant autour de la taille une ceinture tricolore : bleu, blanc, rouge, ce qui indiquait sa nationalité française.

La voix du monsieur bien mis prononçait :

— M. le maire.

Une scène tout à fait semblable à la précédente représentait le moment solennel du mariage et les jeunes époux donnaient de nouveau leur signature avec les grandes plumes d'oie.

Chose curieuse, Désiré et moi, malgré la drôlerie des acteurs, regardions sérieusement cette scène sans avoir envie de rire, car nous sentions vaguement que c'était là la reproduction de quelque chose de sérieux. Et puis, séduits par la splendeur de leurs vêtements, nous trouvions ces personnages presque jolis. Il n'y avait pas de mariage religieux et cela se comprend car il eût été inconvenant de déguiser un singe en curé, tandis que tout le monde trouvait naturel qu'on ait moins de respect pour M. le maire qui ne représentait que la loi humaine et civile.

Notre joie éclatait en rires surtout lorsqu'une huitaine de petits singes, domestiques en tabliers blancs à bavette, venaient enlever la table municipale et en dressaient une beaucoup plus grande composée d'une large planche soutenue par des tréteaux. Il fallait voir l'empressement de tous ces valets qui étendaient une nappe blanche et y plaçaient de petites assiettes en bois peint en blanc et des gobelets de métal ! Parfois, l'un de ces objets leur échappait des mains et roulait à terre.

Puis deux petites servantes, guenons en bonnet blanc, apportaient chacune deux bougies allumées, qu'elles tenaient comme on tiendrait la queue d'une casserole, presque horizontalement, dans la prudente crainte sans doute de se mettre la flamme trop près du nez. Elles posaient les chandeliers sur la nappe blanche et s'en allaient prestement et l'on voyait leur queue soulever par derrière leur jupon de cotonnade à fleurs.

Pendant tout ce remue-ménage arrivaient, l'un de droite, l'autre de gauche, deux marticos somptueusement vêtus.

La voix de la coulisse annonçait :

— M. de Montaigu et M. Capulet.

Les deux personnages se saluaient en retirant leurs chapeaux à plumes, puis, tout à coup, se précipitaient dans les bras l'un de l'autre ; après quoi ils s'asseyaient à terre, sans cérémonie, toutes les chaises étant disposées autour de la table, et, prenant leurs aises, ils se cherchaient mutuellement des puces avec une sollicitude vraiment touchante de la part de deux anciens ennemis acharnés.

L'entrée des convives était saluée par de frénétiques applaudissements : nous en avions mal aux mains.

Au milieu de tout ce petit monde apparaissait alors, comme Gulliver chez les Lilliputiens, le grand monsieur bien mis qui, du bout de sa baguette, indiquait à chacun la place qu'il devait prendre à table. Roméo et Juliette étaient au milieu, bien entendu, et leurs pères respectifs les encadraient. Les chiens témoins, n'étant pas conformés par la nature de manière à pouvoir, comme les singes, s'asseoir sur des chaises, se tenaient debout mélancoliquement derrière les gens attablés.

Une nouvelle salve de bravos accueillait le cuisinier qui, tout de blanc vêtu, la tête couverte du traditionnel béret raide de la corporation des maîtres queux, apportait les victuailles qui se composaient de noix, de noisettes, de pommes et de pruneaux. En route il y puisait abondamment pour son propre compte, ce qui lui attirait un coup de baguette du monsieur bien mis.

Parmi tous ces personnages comiques, il y avait le *comique*, sorte de clown farceur qui volait des friandises dans les assiettes de tout le monde et jetait en l'air son chapeau pointu qu'il rattrapait avec sa tête, très adroitement, comme un homme. Tous ces singes étaient joyeux, mais les pauvres chiens, toujours debout, les pattes de devant à la hauteur du menton, ne mangeant rien, semblaient d'une tristesse qui faisait peine.

Un nouveau personnage, très richement costumé, se présentait alors l'air très crâne, la tête levée.

La voix de la coulisse prononçait :

— Don Alvar.

Ce prince s'approchait de Juliette et faisait mine de la prendre par la taille.

Indignation de tous les convives, tout le monde debout, mêlée, cris de colère, assiettes jetées en l'air. Roméo sautait par-dessus la table en renversant bouteilles et gobelets et, se plantant devant son rival, il saisissait un pistolet qu'il avait dans sa ceinture et faisait feu...

C'était terrifiant !

Don Alvar chancelait et tombait par terre.

Roméo, pris de peur du bruit qu'il venait de faire, se sauvait à quatre pattes :

Juliette éperdue levait les bras en l'air.

Le mignon carrosse réapparaissait, Juliette y prenait place, mais au moment où le cocher fouettait les chiens aux harnais étincelants, une roue se détachait et la pauvre Juliette tombait avec tout son équipage.

On s'empressait autour d'elle, Capulet et Montaigu la frictionnaient, tumulte, fruits et bonbons jetés par les spectateurs sur la scène, lutte des singes pour les attraper, applaudissements enthousiastes du public.

Puis, sur un signe de baguette du maître, pour rassurer l'assistance, don Alvar qui était mort se levait d'un bond et exécutait la danse pieds en dedans, pieds en dehors, genoux claquant l'un contre l'autre, cette fameuse danse qui s'appelle maintenant le *charleston*.

Lorsque cette représentation avait lieu le soir, on était, en sortant de la baraque, tout ébloui par la rutilance des manèges de chevaux de bois et des boutiques illuminées. Quand je songe qu'à cette époque on était encore, au point de vue éclairage, dans l'âge de l'huile et du pétrole, le gaz n'étant alors employé que pour les grandes industries, que la bougie commençait à peine à remplacer la chandelle et le suif fondu pour les lanternes et les lampions, je me demande comment on arrivait à obtenir une si magnifique luminosité.

En quittant le champ de foire, on se retrouvait dans le noir. De loin en loin, dans ce quartier éloigné du centre de la ville, un réverbère éclairait faiblement la rue. Je fermais les yeux tout en marchant, confiante dans la protection sûre des mains que je serrais dans les miennes et il m'arrivait de dormir presque, mes pieds obéissant par habitude à ma volonté atténuée.

Et puis on s'arrêtait au bout de très longtemps, on me disait :

— Fais attention ! il y a deux marches à monter.

Alors on entendait le bruit de la clef dans la serrure, on était rentré dans la bonne et chère maison de la rue Charles-Quint et, une fois blottie entre les draps blancs de mon lit, je voyais se mêler dans l'incohérence du sommeil qui vient, les écuyères et les clowns, don Alvar et les chiens, et tout cela s'enchevêtrait et se perdait dans le labyrinthe de mes idées troublées, mystérieuse forêt vierge.

IX

CONVALESCENCE

Le docteur Snellaert. — Le lit égyptien. — La boîte à couleurs. — La veillée de mon oncle Jules. — Les bulles de savon de mon oncle Georges.

Gand garde encore pour moi un charme profondément poétique, celui d'avoir été mêlé à tous mes souvenirs de convalescence.

En effet, dès que mes parents avaient au sujet de ma santé d'enfant une inquiétude un peu sérieuse, ils m'emmenaient chez ma grand'mère De Vigne où ils pouvaient avoir, à toute heure du jour ou de la nuit, les conseils de l'excellent docteur Ferdinand Snellaert, un savant qui était en même temps historien et poète, dont le nom est demeuré illustre et vénéré et dont la vie ne fut que dévouement.

Né à Courtrai en 1809, il avait d'abord été médecin dans l'armée du roi Guillaume des Pays-Bas jusqu'en 1835, puis, après la révolution de Belgique, il était venu habiter Gand et y avait fondé, en 1836, une société flamande dont l'action fut considérable et commença l'évolution littéraire, sorte de renaissance, que l'on nomma le mouvement flamand. Il avait donné comme nom à cette société : *La langue est tout le peuple*. Il publia ensuite un grand nombre d'ouvrages historiques où la poésie se mêlait à l'érudition et qui sont devenus classiques, notamment une *Histoire de la littérature néerlandaise*, publiée en 1849. Il était membre de l'Académie de Belgique.

Son esprit était si heureusement et si diversement doué, que sa passion pour les belles-lettres de sa terre natale ne nuisait en rien à celle qu'il avait pour la mission de médecin qu'il exerçait. Toutes ses préoccupations littéraires ne le distrayaient pas de celles que lui donnaient ses malades et, infatigable travailleur, il trouvait moyen de tout mener de front.

Cet homme avait l'amour de l'art et la vocation de ce que la science a de bienfaisant, au point de ne rien vouloir connaître d'autre au monde.

N'ayant pas pris le temps de s'intéresser à son propre bonheur, il ne s'était pas marié et habitait avec ses deux sœurs à qui il laissait le soin de toutes choses, afin de n'être lui-même distrait par rien. Il était l'ami des pauvres et des riches indistinctement, ne marchandant pas plus aux uns qu'aux autres son temps si précieux. Sa physionomie est restée dans mon souvenir, avec son geste habituel et spécial, alors que penché vers mon lit, anxieux, ma petite main dans la sienne, il attachait sur moi son regard doux et profondément scrutateur. Il était laid, et il était beau. Laid, parce que la petite vérole avait tristement ravagé son visage, beau parce que l'ossature de sa tête énergique était superbe et ses yeux infiniment bons et tendres.

Il arriva qu'une fois un commencement d'angine pour lequel il me soignait, l'inquiéta beaucoup. Mon père avait couru le chercher en pleine nuit et lui avait sans doute communiqué un peu de sa peur folle.

M. Snellaert vint et revint toute la journée qui suivit, puis rentrant chez lui il dit à ses sœurs : « J'ai à travailler. Je m'enferme dans mon bureau. Ne me dérangez sous aucun prétexte, à moins que ce ne soit pour ma petite malade. »

Les deux vieilles filles se disaient entre elles : « Qu'a donc notre frère, lui déjà si savant, qu'a-t-il donc encore à apprendre dans ses livres, qu'il ne prend même plus le temps de souper avec nous? »

Il lut, chercha, annota, fouilla, rapprit ce qu'il savait de longue date et, jusqu'à l'aurore, les passants attardés ou très matineux de la rue, virent briller sa lampe inquiète à travers ses rideaux. Quand le jour vint, il accourut et me trouva mieux. Avec une indicible joie il dit à mes parents :

« La petite est sauvée. Elle a eu tous les symptômes les plus graves, mais heureusement c'était surtout dans mon imagination troublée, tout ce que me disaient mes livres, je croyais le deviner en elle. J'en perdais l'esprit. C'est que nous appartenons tous à la mort ; quand nous sommes vieux, c'est la loi fatale. La mort est plus ou moins impatiente de nous prendre, voilà tout. Mais quand elle s'attaque à l'enfant, c'est une voleuse et une criminelle. Tout notre sang se révolte! Ah! ce que notre métier si beau, si passionnant a de navrant, c'est notre impuissance parfois à l'empêcher de commettre ce crime. »

Ses sœurs l'attendaient.

Elles l'avaient vu partir comme un somnambule, ne parlant à personne. Quand elles le virent rentrer, elles se dirent :

« Regardez la figure de notre frère... la petite est sauvée. »

Alors commença pour moi une série de jours délicieux, époque de renaissance, de reprise de la vie, de sourires attendris m'environnant de toutes parts, de rêverie douce et d'enchantement.

J'avais quitté le petit lit de la fièvre et du cauchemar et j'étais installée, comme une petite reine, dans le grand lit Empire en acajou ciré. Les montants de ce lit, monumental à mes yeux, étaient deux figures de sphinx égyptiens dont la tête d'or et les pieds d'or sortaient seuls d'une longue gaine d'acajou où, comme le dieu Terme, ils étaient de tout leur corps étroitement emprisonnés. Que leurs visages impassibles et purs me semblaient beaux sous leur coiffure simple laissant dépasser sur le front une frange régulière de petites boucles toutes pareilles et, comme la vue de leur calme profil d'or me rassérénait doucement après les troublantes visions des heures fiévreuses dont le souvenir s'effaçait déjà presque ! Pour anéantir les impressions pénibles, il ne fallait pas plus qu'un sourire de mes parents rassurés et la voix gaie, quoique grave, du docteur Snellaert disant : « Qu'est-ce que ma petite amie mangerait bien pour son déjeuner? »

Je ne savais pas alors les mortelles inquiétudes que j'avais causées à mes parents, à ma grand'-mère, à mes oncles, à ce bon docteur, mais à la façon dont tout le monde me regardait, je sentais que je leur étais à tous devenue plus chère encore si c'était possible et cette idée m'était adorablement douce.

Qu'avait donc M. Snellaert à me contempler si longtemps et si fort, je ne le savais pas, mais je le comprends aujourd'hui. Il avait cette joie immense entre toutes, cette joie dont on se pénètre des heures entières sans jamais s'en lasser, que connaissent seuls les bienfaiteurs, les sauveteurs, ceux qui se vouent à une mission sacrée et qu'ignorent les égoïstes ; la joie d'avoir, grâce aux efforts d'une science salutaire, grâce aussi aux inspirations d'un cœur dévoué et aimant, retenu sur la terre et dans cette vie, pour le bonheur de ceux dont elle est tout l'avenir, une petite âme frêle qui semblait prête à ouvrir une aile invisible pour prendre son essor.

Et le docteur savourait cette joie, sa noble récompense, prolongeait sa visite pour me voir prendre mon repas, pour juger par lui-même de quel appétit j'allais accueillir l'aile de poulet, bien existante celle-là, qu'il m'avait permise. Comme les mets étaient exquis, meilleurs que tous ceux que j'avais goûtés jusqu'alors et comme le renouveau était partout, dans toutes mes sensations physiques, dans toutes les idées de mon jeune cerveau rafraîchi !

Jamais les couleurs de l'aquarelle n'avaient donné d'aussi belles teintes d'azur céleste, de vert et de rose printanier que celles de la boîte que mon oncle Georges alla acheter pour moi un matin et qu'il m'apporta tout heureux de mon bonheur.

Je dessinais, j'enluminais, confortablement installée parmi mes oreillers blancs, entre mes deux sphinx d'or, et mon père constata un grand progrès dans mes petites compositions, une recherche nouvelle dans l'harmonie des lignes et des tons, un sens plus abstrait, plus immatériel où l'idéal commençait à se faire jour, comme si dans le péril que je venais de courir, en dépit de la misérable souffrance corporelle, j'avais vu les anges de plus près.

On m'épiait à toute heure, toutes mes idées étaient devinées, tous mes désirs prévenus. J'étais bien la petite reine qui n'a qu'à parler pour être obéie, la petite reine que l'on amuse, à qui l'on fait la lecture, dont on surveille le sommeil et qui n'a qu'à se laisser revivre et sourire.

Je savais bien que mon règne serait éphémère, que toute ma puissance était dans ma faiblesse, que dès que mes forces seraient revenues, je reprendrais l'habitude d'obéir à ceux qui en ce moment se montraient si complaisamment mes esclaves et je n'en trouvais que plus de douceur à sentir s'exercer ainsi, sans effort, mon autorité passagère. Je savais aussi qu'une fois guérie, je verrais revenir sur ma table de jeux le grand cahier aux pages d'écriture, l'ardoise aux additions et le si ennuyeux petit livre tout plein de tant de choses qu'il faudrait apprendre et qui commençait à sa première page par cette phrase peu engageante : « La grammaire est l'art de parler et d'écrire correctement. » *Correctement*, que ce mot-là était sévère et éloigné de la fantaisie que j'aimais ! Écrire, c'était amusant à condition d'assembler les lettres de l'alphabet selon l'harmonie du son qui chantait dans mon esprit, comme on fredonne une chanson qui a passé dans l'air pendant qu'on jouait au verger, sans savoir qu'il existe des notes de musique, comme on réunit des fleurs dans sa petite main pour en faire un bouquet selon son idée, mais écrire correctement, se contraindre à une loi rigide, ne cueillir ces fleurs devenues gravement fleurs de rhétorique que dans les plates-bandes alignées d'un jardin sans imprévu, cela représentait pour moi tout un côté aride et pénible de la vie. Car je commençais à peine à mordre au fruit de la science la plus élémentaire et je ne sentais encore que l'amertume de sa dure écorce, sans pressentir la saveur qui est au fond.

Il arrivait parfois que le soir, pour permettre à mes parents de prendre quelques heures de repos, mon oncle Jules De Vigne venait s'installer dans ma chambre, afin de me veiller. Il apportait de gros livres qu'il feuilletait, de grandes pages blanches qu'il couvrait d'une fine écriture et c'était plaisir de voir le manège incessant de sa plume infatigable. Dans le silence de toute la maison endormie, je n'entendais plus que le léger frôlement de cette pointe de fer sur le papier et le tic tac de l'horloge du palier. Je voyais, sous l'abat-jour, la tête penchée de mon oncle Jules et je le trouvais sérieux, lui si gai lorsque, dans la journée, il dégringolait l'escalier en sifflant des airs joyeux. Et j'admirais ses graves attitudes, car je savais bien que par ce travail assidu, c'était tout son avenir d'homme qu'il préparait. Par instant il s'interrompait pour voir si je dormais, pour me demander si je voulais boire, car la tisane des quatre fleurs mijotait doucement sur la veilleuse auprès de ses gros livres.

Bientôt mes idées se brouillaient, je suivais avec une sorte de jouissance intime leur incohérence enveloppée de sommeil et je m'endormais en entendant encore vaguement le frôlement de la plume qui écrivait et la douce palpitation d'ailes que faisaient les pages des livres feuilletés, autant de bruits bien ordinaires mais qui se poétisaient en se mêlant aux rêves dont le charme peu à peu m'envahissait.

Mes réveils étaient aussi précédés d'un moment imprécis et charmant à saisir. À l'aurore la rue s'animait, je percevais le bruit touffu des sabots multiples et pressés des ouvriers qui se rendaient à la fabrique voisine, les cris monotones des marchands de la rue et le carillon qui sonnait à chaque heure me semblait particulièrement clair : il m'apportait la joyeuse chanson de la gaieté qui revient avec la santé recouvrée.

Les vraies petites reines ont un fou pour les distraire ; mon oncle Georges jouait ce rôle bien volontiers. Cet excellent garçon m'avait aimée tout de suite, dès le premier jour de ma naissance, avant même d'avoir vu mon petit minois, et cela à cause de la dignité d'oncle à laquelle je l'avais élevé. Il m'aimait alors, comme on aime l'insigne de l'honneur qui vous fait monter en grade. Lui, le petit dernier de la famille De Vigne, que tout le monde appelait « Georges » tout court ou même plus familièrement *Tschoore*, il s'était réjoui à l'idée que quelqu'un l'appellerait « *mon oncle* » et il avait éprouvé alors (à l'âge de neuf ans), la satisfaction de ceux qui, récemment anoblis, sont avec ferveur en contemplation devant leur particule.

Aussi, le jour où la nouvelle de ma naissance lui avait été annoncée, étant allé comme d'habitude à l'école, il avait signé son devoir : *L'oncle Georges*. Le professeur lui ayant demandé pourquoi cette signature fantaisiste, il avait répondu : « C'est parce que j'ai une nièce depuis hier. » Et il avait pris au sérieux ce rôle important et s'était attaché à moi d'une affection protectrice et toute dévouée. Ce grand adolescent si bon n'avait guère changé de physionomie en grandissant. Il avait une figure de bébé, rose et arrondie sur un robuste corps d'homme et en m'amusant, lui depuis si peu de temps sorti de l'enfance, il s'amusait encore pour son propre compte.

Opiniâtre comme personne, voulant faire pour moi la guerre à l'ennui des heures qui à la longue eussent pu devenir monotones, patient comme bien peu le sont, il me consacrait tous ses loisirs d'étudiant et arrivait à bout de toutes les entreprises. Il eut la persévér ce de mâchonner du papier gris pendant tou '   près-midi de jeudi pour remodeler les muscles endommagés des vaches et des taureaux en carton de ma bergerie normande. La satisfaction que j'en eus le récompensa grandement de cette peu agréable besogne. Mais un trait de génie le fit encore monter dans mon estime. Il avait imaginé de venir faire devant moi, près de mon lit, des bulles de savon et de même que toutes choses autour de ma santé renaissante semblaient parées d'une nouvelle splendeur, ces globes diaphanes qui voguaient vers le plafond, s'irisaient de reflets plus idéalement purs que tous ceux que j'avais admirés jusqu'à ce jour.

Mais la petite reine que j'étais commençait déjà à se plaindre de la fragilité des belles choses et regrettait de les voir durer si peu de secondes, s'évanouir à peine nées. La petite reine avait parlé, elle avait fait un reproche amer à la Nature qui ne crée le Beau que pour le détruire au plus vite. La petite reine s'était plainte de ce que la bulle

ne voulût pas courir sur la manche de son oncle
Georges, de ce que ce petit globe rempli de lueurs
célestes osât résister à sa volonté souveraine, alors
que tout lui cédait : elle avait laissé percer, non
pas un mécontentement, mais un regret dans sa
joie, il fallait que son grand compagnon de jeu y
trouvât remède. Il partit, il revint animé, avec
des fioles, pressé comme un Archimède sur le point
de faire sa grande découverte : le jeune étudiant
chimiste transvasa, fit mousser le liquide, essaya,
recommença, soupira, reprit patience, s'entêta, ce
qui était la grande qualité de ce caractère admira-
blement équilibré et organisé pour arriver au but
qu'il s'était une fois proposé et enfin poussa
l'exclamation bienheureuse, l'Eurêka ! de tous
les inventeurs. Il avait trouvé ! les bulles sorties
de son souffle couraient maintenant sur sa manche
et sur le tapis de la table et se rangeaient en
bataille, se poursuivaient, se réunissaient, se sou-
daient, formant parfois une double sphère partagée
par une cloison. Elles rebondissaient à la moindre
oscillation de l'étoffe soulevée ; leurs belles couleurs
nuancées se laissaient admirer longtemps : on eût
dit de mignonnes et idéales mappemondes où les
continents dorés et rosés et les mers d'azur sans
cesse en mouvement, se disputaient cette surface
lisse, formant des caps fugitifs et des baies mo-
mentanées, bien vite envahis par un courant
nouveau de pierreries en fusion. J'ouvrais les yeux
grands pour mieux voir et l'oncle Georges reçut
un baiser pour avoir, par le pouvoir de sa science,
accompli ce miracle de retenir quelques instants
près de la terre le rêve qui cherche le ciel et s'y éva-
nouit soudain quand nos yeux voudraient l'y suivre.

X

LES SOEURS DU DIVIN AMOUR

Le couvent. — Une idylle. — L'incessante prieuse. — Le béguinage. — Béjintje Pauwels. — La chapelle des petits malades.

I

Ce nom est la traduction du nom flamand de l'un des principaux couvents de Gand, où j'allais quelquefois, avec mes parents, pour voir mes deux vieilles grand'tantes, Mélanie et Colette, les sœurs de mon grand-père Félix De Vigne.

Elles ne s'étaient pas mariées et à l'âge où d'autres femmes, plus heureuses, élèvent des enfants, elles s'étaient dévouées entièrement, pendant des années, aux soins continuels que réclamait leur mère, frappée d'apoplexie et retombée en enfance. Puis cette bonne mère, qui n'avait plus sa raison, mais qui témoignait encore sa tendresse en claquant dans ses mains, toute rayonnante de joie, quand ses fils et ses filles venaient à elle, cette pauvre âme déjà à demi envolée par l'état d'innocence primordiale où elle était retournée, les avait quittées pour l'infini mystérieux, leur laissant désormais des jours très vides à écouler.

Ce malheur était arrivé à une époque de leur vie où il était trop tard pour forger encore des projets d'avenir. Elles avaient eu cette tristesse profonde de se sentir inutiles au monde. De plus, ayant candidement mis tout leur petit avoir dans une spéculation qui avait sombré dans une vaste escroquerie, elles avaient été ruinées du jour au lendemain. Une excellente dame de Gand, très pieuse et compatissante, avait été émue de leur situation et s'était assigné la douce tâche de réparer le mieux possible le dommage causé aux pauvres filles par le crime de l'indigne banquier et c'est grâce à sa générosité que Mélanie et Colette étaient installées au couvent du Divin Amour. Sans autre ressource désormais, très attachées l'une à l'autre et devenues très croyantes, elles avaient préféré, pour y finir, la calme retraite du couvent à toute autre, abandonnant volontiers aux religieuses qui les soignaient, toute initiative pour les besoins journaliers de leur reste de vie, doucement monotone.

— Je n'ai plus à penser à rien, disait ma tante Mélanie, et cela me permet de prier toute la journée pour notre bienfaitrice qui est une sainte et aussi pour tous ceux qui oublient leurs prières. « O Heerekes ! » ajoutait-elle en joignant les mains, exclamation dont la traduction française serait : « O petit Seigneur ! » et le vrai sens : « Seigneur intime ! Seigneur à la portée des pauvres mortels, » quelque chose comme un diminutif familier de ce que l'esprit humain peut concevoir de plus incommensurable, la Divinité. Et ma tante Colette ajoutait : « Les religieuses nous soignent si bien, ce sont de si saintes filles ! Aussi voyez, je leur tricote de bons bas de laine pour les remercier. »

Car Colette un peu plus jeune que sa sœur et d'une nature plus active, plus vivante, n'en était pas encore arrivée à ce degré de piété où la prière suffit pour remplir l'existence.

Malgré ce séjour austère, elle avait un certain entrain et un air de gaieté encore juvénile flottait dans les ondulations naturelles de ses cheveux châtains. Elle travaillait, elle s'activait à des ouvrages de longue haleine, à de délicates broderies, à la confection de couvertures de lits composées de plusieurs centaines de petits carrés tricotés qui représentaient combien de centaines de ces heures calmes, passées près de la fenêtre ouverte en été sur le petit jardin régulier du couvent, où les sœurs du Divin Amour, abritées du soleil par leurs grandes coiffes blanches, étendaient leur lessive et arrosaient leurs plates-bandes.

Colette faisait aussi des pelotes à épingles en soie bourrée de son auxquelles elle donnait la forme d'un Cœur de Jésus dont la flamme était imitée par un flot de laine rouge et jaune et qui semblaient l'ardente et symbolique expression de son rêve pieux.

Ce couvent ressemblait à tous les couvents. Il avait de longs couloirs blancs où résonnaient fort les pas pressés des bonnes sœurs aux cornettes blanches, toujours souriantes. Les deux chambres qu'occupaient mes tantes étaient comme les couloirs, blanchies à la chaux, mais ornées de tous les meubles et portraits de famille leur appartenant. Il y avait là le portrait de leur père, mon bisaïeul, Ignace De Vigne, tête énergique et bonne, faisant

pendant à celui de sa femme née Marie Vantroostenberghe, physionomie sympathique perdue dans
son immense bonnet de dentelles, tous deux peints
par mon grand-père Félix De Vigne. En les regardant, on causait du vieux temps et mes parents
disaient à mes tantes : « Vous aviez de bien jolies
voix quand vous étiez jeunes. » Elles souriaient
à ce souvenir et disaient toutes deux : « Oh ! oui,
tout cela est passé ! » mais elles ne prononçaient
pas cette même phrase avec le même accent ; il y
avait dans le : « O Heerekes ! » que ne manquait
pas d'ajouter Mélanie, une résignation si complète
qu'elle ne laissait plus de place au moindre regret,
cette exclamation semblait dire : « Tout cela est
passé, car ce n'était que la vaine joie d'un petit
succès terrestre, tout cela est remplacé heureusement par la joie éternelle de la foi. »

Tandis que dans l'expression que prenait Colette
en disant ces mêmes paroles, on sentait bien qu'aucune des belles choses qu'avaient évoquées les
romances de cette époque sentimentale entre
toutes, ne s'était réalisée pour elle et qu'elle en
avait souffert : « Tout cela est passé ! »

Que ce mot est irrémédiablement triste dans la
bouche de la vieille fille qui n'a pas atteint son
rêve d'amour dans la vie ! On sentait que c'était
au prix d'un douloureux sacrifice qu'elle avait dû
remplacer les affections instinctives de son cœur
par la seule poursuite d'un idéal vague et trop
impalpable pour sa nature aimante et qui eût été
passionnée. Ce qu'il y avait de plus touchant,
c'était de deviner d'anciennes larmes secrètes à
travers un sourire toujours aimable et bienveillant, car elle n'était pas aigrie, étant bonne, et elle

s'intéressait vivement aux amours des heureux.

Je pouvais avoir environ treize ans lorsqu'un jour nous nous trouvâmes dans ce calme intérieur en même temps que ma tante Joséphine qui avait eu bien des chagrins depuis le temps où elle recollait si complaisamment les membres épars de mes poupées. Elle avait perdu sa charmante fille Mathilde et, peu de temps après, son mari, mon excellent oncle Alexandre et depuis plusieurs années elle vivait seule avec sa fille Hélène qui lui donnait toute joie et toute consolation. Or, ce jour-là, ma tante Joséphine était rayonnante. Il y avait bien, bien longtemps que je n'avais vu cette expression de bonheur dans ses yeux. Elle venait annoncer à ses belles-sœurs une grande nouvelle, les fiançailles d'Hélène. Elle nous raconta toutes les péripéties du roman qui, depuis plus d'un an déjà, se déroulait, poétique roman de province dont la grande vie fiévreuse de Paris ne saurait même donner l'idée ; roman dont les saisons et les heures ont tour à tour pris leur part discrète, ajoutant le plus pur de leur charme aux ingénus battements des cœurs. Amour épanoui peu à peu et tout naturellement comme la fleur s'ouvre au soleil quand le temps est venu où elle doit s'épanouir. Rêves poursuivis dès longtemps, depuis les allées et venues du jeune homme sur le trottoir en face de la fenêtre aux rideaux mystérieux qu'écarte timidement la main de la jeune fille ; depuis les inquiètes attentes de l'amoureux sous le porche de l'église Saint-Bavon où la grand'messe va lui permettre d'entrevoir un instant celle qu'il aime ; puis, à la sortie, l'occasion qui lui semble toujours unique et dont il ne profite jamais ; la phrase troublante qu'il se répète toujours en lui-même et qu'il ne peut se décider à dire, la phrase dont tout son avenir dépend selon qu'elle sera bien ou mal accueillie... l'éternel :

Ne permettrez-vous pas, ma belle demoiselle...

Mes vieilles tantes étaient sous le charme. Mélanie disait : « O Heerekes ! Qu'ils soient heureux ! » Colette riait et pleurait en même temps et questionnait curieuse de savoir : « Qu'a-t-il dit? Qu'a-t-elle répondu? Comment est-il? Comment s'appelle-t-il? » Les réponses m'intéressaient autant qu'elles, moi fillette entrant dans l'adolescence, qui commençais à voir dans l'innombrable peuple des mots si divers de la langue française, le mot *fiancé* et le mot *amour* s'entourer d'une mystérieuse et idéale auréole. Et les réponses faisaient briller de tendresse joyeuse les yeux mouillés de ma tante Colette : « Il se nommait Hector Leboucq, c'était un très beau garçon, un des jeunes docteurs en médecine de Gand qui avaient le plus d'avenir, ils seraient heureux, c'était sûr (1) »

Qui sait tout ce que ce récit remuait de souvenirs, de choses éprouvées ou seulement pressenties dans l'esprit des deux vieilles filles qui avaient cherché un dernier refuge au couvent du Divin Amour ! Qui sait combien le doux et beau Jésus a agréé, dans sa gloire suprême, de brûlants aveux déviant vers Lui, faute d'avoir été écoutés par un simple mortel qui n'a pas voulu comprendre?

____

(1) Il est devenu une célébrité médicale et scientifique de la Belgique, membre de l'Académie de médecine, grand officier de l'ordre de Léopold, grand officier de l'ordre de la Couronne.

Qui sait combien de fiançailles éternelles, de mariages mystiques ont été décidés par l'impossibilité d'une union terrestre longtemps et vainement rêvée? La grande et touchante figure de l'Homme-Dieu répond à toutes les aspirations instinctives de la femme : Jésus c'est le divin Enfant dont on baise les petits pieds roses en rêve, lorsqu'on sait qu'une cruelle fatalité veut qu'on ne connaisse jamais la tendresse maternelle, celle qui réjouit l'épouse, celle qui console l'abandonnée et purifie la pécheresse. Jésus, c'est le noble jeune homme qui écoutait les confidences des femmes, vierges pures ou vierges folles, et qui adoucissait leurs douleurs en leur montrant la bonne route, en leur faisant entrevoir les infinies voluptés de l'âme. Jésus, c'est le martyr sanglant et beau sur la croix du supplice dont la vue seule remue et exalte tout ce que le cœur féminin a de dévouement et de pitié, c'est le martyr sublime qui lui dit : « Souffre pour partager ma palme. »

Aussi, parmi les prières qui ne sont pas écrites mais formulées dans l'élan douloureux d'un cœur désenchanté, il en est d'aussi passionnées que des épithalames.

Colette mourut la première quelques années plus tard. Mélanie, demeurée seule, crut plus que jamais à sa mission qui était de prier ici-bas pour tous ceux qui en avaient besoin. Elle pria pour les vivants et les morts, pour les jeunes époux, pour les femmes enceintes, pour les nouveau-nés, pour les victimes, pour les criminels, pour les juges, pour les esclaves et pour les tyrans. Elle pria pour les « petits Chinois » qu'on croyait livrés aux pourceaux, pour les hérétiques, pour Notre Saint-

Père Pie IX, qui, selon les dires des feuilles pieuses, languissait, à cette époque, sur la paille humide d'une prison. Elle pria pour, l'humanité tout entière. Son chapelet était passé autour de son poignet, austère bracelet, afin d'être à toute heure du jour et de la nuit à la portée de ses doigts fervents. Elle s'affaissait, elle se momifiait, elle devenait presque bossue à force de vivre prosternée. Son nez s'amincissait et ses yeux paraissaient agrandis. Ses lèvres remuaient sans cesse, par habitude, et, encadré de ses bandeaux de cheveux demeurés lisses et noirs, son visage jauni au type espagnol, comme ceux de tous les De Vigne, s'accentuait encore dans ce sens : ce n'était plus une femme, c'était une prieuse. Quand on la questionnait sur sa santé, elle disait : « Cela va tout doucement. Je sais bien ce qu'il me faudrait, ce serait un bon pèlerinage à Notre-Dame de Lourdes, mais je n'aurais plus la force de faire ce grand voyage. O Heerekes ! J'ai bien là près de mon prie-Dieu une petite Sainte Vierge de Lourdes, avec de l'eau véritable qu'une amie m'a rapportée de la source miraculeuse, mais ce n'est pas assez fort. »

Comme il arrive toujours en pareil cas, les efforts de l'intelligence étant devenus inutiles dans cet anéantissement complet de toute pensée individuelle, de tout raisonnement, de toute volonté devant la suprême Raison et la souveraine autorité divine, cette intelligence, comme un sens dont on ne se sert plus, s'était peu à peu atrophiée. La candide résignée semblait vouloir arriver à la perfection qui fait les élus, par la pauvreté de l pensée, toute discussion en matière religieuse étan déjà, aux yeux des convaincus, par elle-même, une irrévérence. A côté de ces aspirations absolument immatérielles, comme si la nature, afin de rétablir l'équilibre, eût voulu reprendre ses droits par le plus innocent de tous ses penchants sensuels, elle avait de petites gourmandises d'enfant et nous lui portions toujours, en allant la voir, du pain d'épices et du chocolat.

En 1877, je fus un jour lui rendre visite avec ma mère pour lui annoncer, à mon tour, mon projet de mariage. Mais elle avait bien vieilli et, comme un arbre desséché dont la sève ne tressaille plus à un souffle de printemps qui passe, plus rien ne vibrait en elle, qu'une histoire de fiançailles pût encore réveiller. Colette n'était plus là, la tendre et romanesque Colette avec son franc sourire, ses cheveux ondulés et ses yeux curieux, pour demander : « Le futur... comment est-il? Comment s'appelle-t-il?... Que fait-il?... » Mélanie ne demanda rien, elle avait passé le temps où la seule idée d'un terrestre amour peut encore avoir quelque charme et elle prenait visiblement en pitié tout ce qui n'est pas pure félicité céleste. Je lui dis : « Ma tante, je viendrai bientôt vous présenter mon fiancé. » « O Heerekes ! Non ! exclama-t-elle en faisant de ses mains anguleuses un geste de supplication timorée... ne me l'amenez pas !... Il y a si longtemps que je n'ai pas vu un homme devant moi, je ne saurais pas quoi lui dire ni lui répondre. O Heerekes ! montrez-moi seulement son portrait, j'ai encore de bons yeux. Soyez heureuse, Virginie, autant qu'on peut l'être dans cette vie qui est une vallée de larmes. O Heerekes ! comme je vais prier pour vous et pour lui ! »

II

La vie monastique, à Gand, n'avait pas partout la même austérité.

J'allais quelquefois avec mes parents au petit béguinage situé dans un très calme quartier du côté de la Pêcherie. C'était une vraie petite ville qui intéressait mon père à cause de son caractère moyen âge, avec son église au milieu d'une pelouse et ses maisons de brique rouge aux pignons à gradins, précédées d'un jardinet aux buis taillés dont la porte était munie d'un petit vasistas portant le nom d'un saint du paradis.

Nous frappions à l'une de ces portes et une béguine, en large bonnet blanc, venait nous ouvrir. Nous demandions : « Bégintje Pauwels, » et nous étions introduits dans une longue salle aux murs blancs, très claire, au milieu de laquelle, autour d'une table, une quinzaine de béguines cousaient, brodaient et coupaient la toile écrue ou blanche avec d'immenses ciseaux tenus en laisse par une chaîne et pendus à leur ceinture dans l'intime compagnie d'un crucifix d'argent et d'un trousseau de grosses clefs.

Bégintje Pauwels, qui présidait cette assemblée de travailleuses, comme une reine d'abeilles, se levait de son fauteuil de bois et venait vers nous, les bras tendus, en manifestant à haute voix sa joie de nous revoir. Elle avait connu mon grand-père De Vigne qui aimait à retrouver au béguinage le caractère de l'époque médiévale qu'il adorait.

Elle avait une figure aussi ronde et aussi colorée qu'une belle pomme d'api et elle nous embrassait dans un élan affectueux qui n'avait rien de monacal. C'était avec des éclats de rire francs qu'elle nous contait, en un langage panaché de flamand et de français, les mille petits riens dont était faite sa vie retirée et celle de ses compagnes. Elle nous étalait ensuite les pièces de lingerie brodées qu'elle avait fait exécuter pour nous et nos amis, petits travaux très soignés qui rapportaient quelques ressources en plus à ces femmes laborieuses réunies en communauté, mais qu'aucun vœu n'enchaînait, bien qu'elles portassent le costume religieux.

Alors elle allait chercher au fond d'une armoire des friandises confectionnées par les mêmes mains actives : caramels, amandelbrood, macarons, pains d'épices et autres douceurs.

En sortant du béguinage, nous passions par une étroite rue et je demandais toujours que l'on fît halte à une grande chapelle dont nous poussions la lourde porte aux gros clous rouillés et qui m'intéressait tout particulièrement, car tous ses murs, du haut en bas, étaient couverts de portraits d'enfants de grandeur naturelle, les uns peints à l'huile, les autres au pastel, les uns en costume ancien coiffés de béguins, les autres aux cheveux frisés, blonds ou bruns, les uns jaunis ou à demi effacés par le temps, les autres épanouis de fraîcheur. Tous étaient munis d'une pancarte indiquant le nom et l'âge du mioche. Ma mère m'expliquait :

— Cette chapelle est consacrée aux enfants. Les croyants viennent y prier pour leurs petits malades et font vœu, s'ils ont le bonheur de les voir guérir,

d'offrir en ex-voto le portrait du petit réchappé de
la mort.

Je n'y vis jamais personne. Le silence y était
absolu. Parfois un mince cierge allumé, piqué sur
l'une des pointes d'une grille de fer, s'y consumait
doucement. Cette petite flamme qui vacillait là,
toute seule, me représentait l'inquiétude des parents autour d'un petit lit ou d'un berceau et,
mentalement, je faisais des vœux pour le petit
inconnu afin que son portrait vînt bientôt, triomphalement, se joindre aux autres qui tous semblaient me regarder en souriant... d'un sourire de
miraculé.

XI

LA MAISON
DE CHARLOTTE DE WINNE

La rue des Sœurs-Noires. — La chambre bleue. — Rosalie.
— Les jumeaux. — Liévin de Winne. — Un banquet à
Gand. — François de Winne. — Moorke. — Jules Breton
et Antoine Vollon chez Bidel. — Le printemps de 1880 à
Guéret. — Joseph de Winne. — Dernières tortures et der-
nières joies.

I

Il est des êtres qui semblent n'avoir été créés
que pour se consacrer aux autres, des êtres ayant
la vocation du dévouement comme d'autres ont
celle de la science ou de l'art.

Or, de même que souvent les événements favo-
risent l'éclosion des génies comme s'il avait été
écrit d'avance sur le grand livre de la destinée que
tel enfant serait grand artiste ou savant illustre,
de même on dirait que le sort fait en sorte de procurer à ces inspirés de générosité et d'abnégation,
à ces obscurs héros de la vie bourgeoise, toutes les
occasions possibles d'exercer et de développer les
vertus dont la nature les a doués.

C'est un don douloureux bien souvent que leur a fait la nature, c'est une dure épreuve que le destin leur inflige, mais si leur bonheur personnel et matériel en souffre, il est une douce justice pour réparer leur peine jusqu'à un certain point, par la joie du devoir accompli que ne connaîtront jamais la plupart de ceux qui les plaignent.

C'est ainsi que l'excellente Charlotte De Winne, par cela même qu'elle était d'une bonté que certains trouvaient exagérée, était destinée à ne faire son bonheur que de celui des autres ; c'est ainsi que cette bonté était à la fois sa douleur et sa joie.

Comme son frère le peintre Liévin De Winne, elle avait souffert du double malheur qui avait frappé la nombreuse famille à laquelle elle appartenait, la mort des parents, la perte de la fortune. Le frère aîné, François, affolé, avait disparu et n'avait plus donné de ses nouvelles. Aussi, dès sa première jeunesse, elle avait dû entrevoir la vie de son côté le plus grave. Cependant, d'un caractère naturellement optimiste et enjoué, elle n'avait jamais perdu courage ni confiance. De tout ce qu'elle pouvait rêver, de tout ce que rêvent les jeunes filles, rien pour elle ne devait se réaliser. Elle ne devait pas être épouse, mais elle fut sœur. Elle ne devait pas être mère, mais elle fut tante.

Sa sœur Rosalie, plus jolie qu'elle, se maria avec un jeune professeur qui appartenait à une bonne famille et que, dans son imagination naïve, à la fois pieuse et romanesque de fillette sortant du couvent de Saffelaere, elle se figurait revêtu de toutes les vertus, presque comme un saint. Elle entrevoyait une belle harmonie dans son ménage, elle qui ressemblait à ces saintes de chapelle rêvant au fond d'une modeste niche. Je vois encore dans mon souvenir sa figure douce et calme encadrée de bandeaux châtains soignés et lisses. Charlotte ne lui ressemblait pas, elle était rousse et le roux n'était pas à la mode à cette époque romantique où les poètes ne chantaient que les cheveux d'ébène et les yeux de velours. Je ne sais pas, d'ailleurs, dans quelle catégorie un juge impartial l'eût classée au point de vue physique. Moi j'étais une petite fille et je ne jugeais pas. Les enfants trouvent beaux tous ceux qu'ils aiment. Elle avait le visage épanoui et coloré, les traits arrondis sous une peau satinée, les yeux d'un bleu gai qui me plaisait, les lèvres d'un rouge si prononcé qu'il eût pu paraître artificiel au premier abord. Une petite fossette se creusait dans chacune de ses joues quand elle riait.

Une fois sa sœur mariée, elle rêva un bonheur relatif, un bonheur fait du reflet de celui de Rosalie ; elle l'aiderait dans les soins de la maison, elle gâterait ses neveux, mais ce rêve, si modeste, ne devait pas se réaliser. Rosalie fut malheureuse en ménage, son mari étant d'une jalousie féroce que rien ne justifiait. Je ne me rappelle pas avoir vu ce mari et je sais que toujours on évitait de parler de lui. Je me le figurais comme une sorte de Barbe-Bleue mystérieux et terrifiant.

Aussi loin que je remonte dans mes souvenirs d'enfant, je revois Charlotte et Rosalie installées dans une maison de la rue des Sœurs-Noires, à Gand, où elles faisaient en gros le commerce de dentelles de Valenciennes. C'était une maison triste avec un long corridor aboutissant à une courette hautement emmurée et sombre où le soleil ne pénétrait pas, où languissaient sur des dalles de pierre noires, luisantes d'humidité, quelques potées de géraniums souffrants.

On se tenait généralement dans une petite salle donnant sur la rue et où étaient rangées les boîtes de dentelles ; une salle toute tapissée d'un papier à larges fleurs bleues, garnie de meubles bleus, ce qui, à ce que l'on disait, faisait valoir la blancheur de la marchandise. C'est là que Charlotte nous recevait avec une si cordiale joie, nous offrant de la bière et des « mastelles », nous pressant de questions, s'intéressant à ce que l'on racontait, car sa vie était si monotone quand elle n'était pas attristée par de pénibles émotions ! J'étais toute petite, elle me disait : « Tu vas m'aider ! » et elle me donnait des dentelles à tourner sur des raquettes de bois ciré pour en faire de jolies petites pièces fermées par une minuscule épingle. Et quand, pendant que l'on causait, j'avais ainsi roulé quelques pièces, elle me faisait croire que je lui avais rendu un très grand service : elle savait tout le plaisir que me faisait cette bonne assurance, elle qui connaissait si bien la joie que l'on éprouve à être utile aux autres !

Une visite que je fis à l'âge de cinq ans dans cette maison, avec ma mère en novembre 1864, m'est restée particulièrement dans le souvenir. On me fit jouer d'abord dans la salle bleue avec les deux fillettes de Rosalie, Anaïs et Léonie, âgées de quatre et de deux ans. Puis on m'appela et on me fit monter l'escalier.

Là-haut, dans un grand lit, Rosalie était couchée et tout le monde paraissait triste. Dans la pièce à côté deux bonnes femmes de la campagne étaient assises et chacune d'elles tenait sur ses genoux un enfant nouveau-né. On me dit : « Ce sont deux jumeaux. »

Je les regardai longtemps, les trouvant adorablement jolis avec leurs toutes petites mains roses et leurs bonnets à bouillonnés de tulle. Un petit cornet de papier rose glacé sortait de leur maillot. On me dit de prendre ces cornets que les petits jumeaux avaient apportés pour moi et qui venaient d'une étoile d'où ils étaient descendus. Les cornets contenaient des bonbons de baptême. Cependant on était triste, je n'y comprenais rien.

La naissance de deux petits garçons tout pareils me semblait la plus grande bénédiction qui pût arriver à une famille, une joie double... mais leur père était parti... J'aurais voulu emporter au moins un de ces deux enfants et je n'osais pas le demander. On disait : « Leurs nourrices vont les emmener à la campagne. »

Et on pleurait.

Les petits jumeaux partirent pour la campagne. Ils étaient beaux et forts.

Leur mère devint de plus en plus malade, leur père ne reparut plus jamais, mais les quatre jeunes enfants ne s'aperçurent pas de leur malheur, ils avaient une tante.

Les jumeaux étaient en nourrice dans un village de Gand où Charlotte avait une école dentellière, ce qui lui permettait, tout en s'occupant de son commerce, de les voir souvent. C'est dans cette partie des Flandres que se faisaient et que se font encore les plus belles dentelles dites de Valenciennes. Elles sortent non pas des métiers, mais des doigts agiles des petites campagnardes, en bonnets ronds, qui les tissent au moyen de centaines de fuseaux sur des coussins de drap. Les jeunes ouvrières travaillaient comme de petites fées, mais les affaires n'allaient guère, car déjà à cette époque. la concurrence de la dentelle fabriquée et livrée à bon marché leur faisait le plus grand tort. Les commandes importantes étaient de plus en plus rares et cependant, pour ne pas perdre les ouvrières, il fallait acheter sans être sûr de revendre. Aussi, à la joie de voir ses neveux qui se développaient au bon soleil comme de beaux petits paysans, se joignait, pour Charlotte, une angoisse, la crainte pour leur avenir.

Quand elle revenait après les avoir vus, elle avait dans ses récits, à propos de cette paire de mioches, des tendresses toutes maternelles. Elle disait : « Ernest m'a fait la risette. Raymond m'a tendu les bras. Ils me connaissent déjà. Ils sont superbes, pauvres petits ! » Et ce « pauvres petits » voulait dire bien des choses.

C'est à eux surtout qu'elle pensait tandis que, seule pendant les heures où ses nièces étaient à l'école et sa pauvre sœur au lit, elle étiquetait pour les ranger, dans les casiers bleus, les dentelles qu'elle rapportait, car elle s'inquiétait des mille dangers qui menacent les tout petits.

Quand ils furent sevrés, elle les reprit près d'elle et la petite courette sombre de la rue des Sœurs-Noires fut égayée par les ébats de ces deux petits diables qui rapportaient du village des joues aussi rebondies et aussi rouges que les pommes des vergers dans l'herbe desquels ils avaient fait leurs premiers pas. Charlotte entendait leurs jeux bruyants et s'en réjouissait en silence tandis qu'elle travaillait dans la chambre bleue.

Elle avait toujours auprès d'elle, sur la table, une cage dans laquelle sautillait sans cesse un couple de canaris qu'elle appelait Roméo et Juliette. Leur note jaune de chrome au milieu de tout ce bleu avait la gaieté d'une harmonie méridionale qui semblait évoquer le soleil des pays bienheureux. Un nid de laine d'agneau était accroché aux barreaux et Juliette y pondait et couvait. Roméo faisait d'admirables trilles, au printemps surtout, et c'était à sa voix flûtée que l'on devinait, dans cette triste maison de ville, que l'on était à la saison des rayons, des abeilles et des fleurs.

Dans cette chambre bleue, Charlotte avait eu des songes bleus, mais depuis qu'elle avait passé la trentaine, puis la quarantaine, et que la fatalité lui avait mis quatre enfants sur les bras, elle savait bien que malgré l'estime qu'elle inspirait à tout le monde, jamais personne ne songerait à lui faire la cour. Cependant, dans cette chambre bleue, ses songes de résignée n'étaient pas noirs, comme ceux des attristés qui se désespèrent. Ses affections nouvelles avaient leurs racines en celles que la mort lui avait arrachées. Elle repensait à ses sœurs, Thérèse et Monique, mortes dans leur printemps comme des petites saintes, à son frère aîné François qui était parti depuis tant d'années et était mort isolé, sans doute, dans quelque pays lointain. S'il avait agi comme un égaré, au moment où la ruine désolait la famille, c'était dans l'espoir peut-être, en s'expatriant, de gagner de l'argent pour les siens, car jusqu'alors il s'était montré homme de cœur et d'intelligence. Elle repensait à son frère Louis dont les tristes jours, troublés par tant de désastres, s'étaient terminés dans une maison d'aliénés, et enfin et surtout à Rosalie qu'elle soignait et dont la santé lui donnait tant d'inquiétude ! Mais quand elle regardait les enfants de cette dernière, c'était pour se dire : J'ai encore une famille ! Elle voyait dans ces nouveaux visages des ressemblances qui l'attendrissaient. C'est pourquoi ses songes étaient encore bleus parfois, non pas du bleu réjouissant du ciel d'avril qui ne pouvait plus rayonner pour elle, mais de ce bleu discret de la douce fleur nommée myosotis et dont le langage symbolique est : « Ne m'oubliez pas. »

Et puis, il lui restait son excellent frère Liévin qui, au moment le plus terrible de la ruine, avait réussi, par son travail, à lui assurer une bonne instruction ainsi qu'à Rosalie, au couvent de Saffelaere. Elle me racontait qu'il y apportait toutes ses petites économies et qu'il avait accepté de faire gracieusement, dans ce couvent, des peintures murales afin de compléter le coût de leur entretien. Ce Liévin, ce grand frère alors si tristement souriant lorsqu'il regardait grandir ses jeunes sœurs, était devenu un grand peintre. Ses plus belles espérances en l'avenir artistique qu'il rêvait avaient été de beaucoup dépassées et il savait pleinement s'en réjouir. Aussi l'affection à toute épreuve et la reconnaissance qu'elle avait pour lui étaient-elles mêlées de fierté.

— C'est un prince de l'art, disait-elle, et sa maison est un petit palais.

Ce palais, c'était un charmant petit hôtel qui avait été bâti rue des Drapiers, à Bruxelles, par le peintre autrichien Otto Van Thoren, et que Liévin avait acheté en 1861. Les princes et les duchesses venaient poser dans son atelier ; il avait fait un magnifique portrait du roi Léopold Ier et le nouveau roi, Léopold II, venait, lui aussi, de lui commander son portrait officiel. Et ce qu'il y avait d'aussi excellent que son grand talent dans le noble caractère de Liévin, c'était sa bonté, sa générosité sans bornes, son amour fraternel.

A l'écouter causer au milieu de ma famille, à Courrières, dans l'atelier de mon père, commodément assis dans l'un de ces vieux fauteuils Louis XV au velours élimé dont on fait tant de cas aujourd'hui, la tête relevée, ses beaux cheveux d'or en crinière et la bouche entr'ouverte lançant entre chaque phrase légèrement bégayée la volute de fumée bleue d'un cigare de marque, je ne me serais pas doutée que son existence avait été troublée au début par tant de désastres, car jamais il n'y faisait allusion et son visage apparaissait toujours éclairé comme tout ce qui, dans la vie, se tourne instinctivement et volontairement vers la lumière.

Mon père a conté, dans *la Vie d'un artiste*, ce qu'avait été la jeunesse attristée de Liévin, orphelin, ruiné. Dès l'âge de dix-sept ans, se sentant la vocation des arts, il avait suivi l'enseignement de l'Académie de Gand. Quatre ans plus tard, en 1841, le cours de peinture fut supprimé par un arrêté ministériel qui le réduisait à un simple cours de dessin.

Les jeunes hommes les plus timides, les plus modestes, sont parfois les plus hardis, les plus énergiques lorsqu'une noble cause à défendre les anime. Quand les vingt-cinq élèves de cette classe de peinture décidèrent de résister à l'arrêt qui allait les priver de cette branche importante de l'enseignement de leur ville, ce fut Liévin De Winne, ce fut le triste et pauvre Liévin qui se mit résolument à la tête de la protestation. Il la rédigea en termes brefs et catégoriques et la fit signer par tous ses camarades. La cause ne fut pas gagnée mais le courage au travail de ces jeunes gens toucha profondément le peintre Théodore Canneel qui créa gratuitement un cours de peinture dans son propre atelier. Ce beau geste fait le plus grand honneur à cet artiste que je me rappelle avoir connu, figure correcte à barbe blanche, ressemblant aux calmes et doux apôtres qu'il peignait sur les murs de l'église Sainte-Anne.

En 1843, lorsque mon père arriva à Gand, les cours de l'Académie avaient été repris au complet sous la direction très éclairée de Vanderhaert, beau-frère du célèbre statuaire Rude. Félix De Vigne était aussi professeur de cette Académie que mon père et Liévin De Winne fréquentèrent jusqu'en 1849. Ces détails m'ont été fournis par eux lorsqu'ils reparlaient de leurs jeunes années, mais évoquant ici mes souvenirs personnels, je veux dépeindre Liévin tel que je l'ai connu, exubérant de gaieté, soigné dans sa mise, délicatement parfumé d'essences choisies, ayant une grâce rayonnante toute naturelle, des gestes à la fois pleins d'aisance familière et de distinction, car s'il était drôle, il n'était jamais vulgaire. Quel plaisir mes parents prenaient à remuer avec lui de vieux souvenirs de franche et joyeuse intimité !

L'un des plus plaisants de ces souvenirs était celui qui se rattachait au jour où la ville de Gand lui avait offert un grand banquet à l'occasion de sa nomination de chevalier de l'ordre de Léopold dont le ruban, plus tard, s'arrondit en rosette.

Longtemps d'avance, il avait préparé son discours de remerciement qu'il voulait apprendre par cœur. La première phrase était : « Au milieu de la sympathie générale. »

Ce discours, il le répétait tous les jours avec ses amis, étudiant les intonations, évitant les mots qui auraient pu le faire bégayer, s'en allant tout au bout d'une salle pour juger de la portée de sa voix et criant à mon père et à mes oncles, restés dans la pièce voisine :

— Est-ce que tu m'entends?

— Non ! pas bien, plus fort !

— Et comme ça? « Au milieu de la sympathie générale... »

— Moins fort, moins vite !

— « Au milieu de la sympathie générale... »

— Oui, voilà, c'est bien !

Et son fameux toast, à force de l'entendre, tous ses amis le savaient mieux que lui.

Arrive le grand jour :

Tablée énorme, profusion de fleurs, discours enthousiastes des autorités artistiques et des amis, chaleureux applaudissements, puis silence respectueux, l'instant est venu où le héros du jour se lève pour répondre :

— « Au milieu de la sympathie générale... »

A ce moment, mon oncle Émile Breton, se rappelant tous les essais précurseurs de cette minute décisive et solennelle, ne peut s'empêcher de pouffer de rire.

Liévin le regarde... se trouble, recommence :

— « Au milieu de la sympathie générale, de la sym... sym... sympathie... »

Il s'arrête, veut rattraper la suite, n'y parvient pas, bafouille et se rassied.

Comme mon oncle Émile continuait à se tordre de rire, son voisin, un ardent Gantois, se fâche tout rouge et s'écrie :

— Oui ! vous êtes un de ces blagueurs de Français qui se moquent de nos gloires ! Si Liévin De Winne n'est pas un grand orateur, sachez, monsieur, que c'est un grand peintre !

Et il serrait les poings.

Mon oncle Émile prend un grand air innocent et réplique :

— Eh bien, quoi? Qu'est-ce que j'ai dit? Vous allez voir !...

Et il crie :

— Liévin !

— Quoi?

— N'est-ce pas que tu n'es qu'une bête?

— Oui !

Alors mon oncle se tournant vers son voisin :

— Vous voyez bien que j'avais raison, il le dit lui-même !

Le véhément Gantois comprit qu'il s'était mépris sur les intentions du Français blagueur et se calma soudain.

Cet incident prouvant que ce grand peintre, ce Liévin De Winne tant fêté, n'avait aucune prétention mesquine, en provoquant un rire général, le sauva du ridicule.

Un humoriste de beaucoup de talent, dont malheureusement je ne sais pas le nom car il ne signait pas ses spirituels croquis, fit de la figure de Liévin, au moment critique de son discours raté, une caricature en quatre profils d'un simple trait, d'une ressemblance frappante, qui fut autographiée à un certain nombre d'exemplaires devenus très rares. J'en possède un parmi mes souvenirs précieux.

Liévin, mon père et mes oncles aimaient aussi à reparler des pays qu'ils avaient parcourus.

Je ne comprends pas que l'on voyage seul, car le plus grand charme du voyage et le plus durable c'est d'en être revenu et de pouvoir en évoquer le souvenir avec un ami qui a partagé vos enthousiasmes, vos déceptions et même les petits désagréments inévitables, devenus plaisants dans la mémoire.

Au printemps de 1870, trois mois avant la guerre, mon père et mon oncle Émile avaient fait, avec Liévin, un beau voyage en Italie.

Ils s'étaient fait faire le même complet de drap gris, se coiffaient de chapeaux de feutre à larges bords absolument semblables, portaient des chaussures de même cuir jaune aux fortes semelles en sorte qu'il y avait entre eux une harmonie fraternelle parfaite.

Ils étaient partis joyeux comme des lycéens en vacances. En chemin de fer, lorsque, entrant dans la région méridionale, ils avaient aperçu les premiers végétaux exotiques inconnus dans le Nord, Liévin avait poussé tout à coup le coude du monsieur assis près de lui en s'écriant :

— Des oliviers ! des orangers ! des cactus ! des aloès !

Le monsieur souriait d'un air de pitié, le prenant pour un toqué.

Venise, Florence, Rome, Naples les avaient charmés tour à tour.

A Venise ils avaient admiré les palais de marbre

aux élégantes colonnettes qui se mirent dans les eaux moirées, mais ils avaient déploré que les gondoles fussent toutes peintes en noir.

Mon père avait dit :

— Pourquoi sont-elles en deuil, puisque Ziem n'est pas mort?

A Florence et à Rome, les musées avaient provoqué des discussions entre eux, leurs impressions sur les chefs-d'œuvre des grands maîtres différaient parfois, car chaque artiste juge selon son tempérament. Dans la campagne romaine, ils avaient communié avec les âmes de Claude Lorrain et de Poussin qui semblent, graves et attendries, y planer encore.

Ensemble ils avaient contemplé la baie de Naples, tout en déjeunant d'un détestable beef-steak cuit à l'huile rance, sur une adorable terrasse ombragée de rosiers en fleurs.

Ils avaient fait l'exquise excursion des îles de Capri et d'Ischia où ils avaient vu leur excellent ami Jean-Louis Hamon qui, peintre de rêve antique, vivait dans son élément.

Ils avaient roussi les semelles de leurs souliers dans les cendres brûlantes du Vésuve. Ils s'étaient penchés curieusement vers son cratère, cette gueule béante du monstre dont l'haleine est de feu et la bave de lave. En les entendant parler de cette odyssée, je songeais à Dante et Virgile descendant aux Enfers, mais lorsqu'ils rappelaient l'impression délicieuse qu'ils avaient éprouvée dans la grotte d'azur, il me semblait alors qu'ils avaient fait un tour en Paradis, car depuis toujours, en dépit des images qui représentent Dieu le Père sur fond jaune, le Paradis m'est apparu bleu.

Partout les trois amis avaient eu la gaieté pour compagne, cette gaieté douce et bienveillante, le plus grand bienfait de la vie.

Mon père, qui adorait fixer par la plume ses impressions, écrivait à ma mère de longues lettres enthousiastes, mais mon oncle Émile et Liévin étaient, sous le rapport épistolaire, de la dernière paresse, bien qu'ils fussent tous deux de charmants conteurs dans la conversation. Ils avaient trouvé un excellent moyen de s'éviter le travail de la rédaction : ils recopiaient les lettres de papa Breton et les envoyaient, sous leurs signatures, à leurs familles. Charlotte recevant de son frère Liévin des missives de huit pages, disait à ma mère qui était avec moi à Gand à cette époque :

— C'est extraordinaire ce que l'air de l'Italie a changé Liévin ; lui qui ne m'écrivait qu'en style télégraphique, il devient tout à fait éloquent, presque lyrique !

Malgré les trois exemplaires l'une de ces lettres ne parvint jamais à sa triple destination. L'auteur et les copistes avaient eu la naïveté de donner, à une fillette de dix ans, les sous pour l'affranchissement, afin qu'elle les mît à la poste...

A côté des récits des merveilles de l'Italie, il y avait, dans ces lettres, ceux des bonnes petites blagues qui mêlaient le bon rire aux exclamations admiratives.

Aucun des trois voyageurs ne savait un mot d'italien, mais Liévin avait une manière à lui de se faire comprendre. En arrivant dans un hôtel, il montrait à un valet son bagage en disant très sérieusement :

--- Garçone ! portate la mallo à la camera !

Parlant très haut à table d'hôte en ce langage fantaisiste, il intriguait ses voisins qui se demandaient de quel pays venait cet étranger.

D'autres fois, exagérant son accent belge, il poussait des cris de surprise devant les objets les plus ordinaires, s'étonnait en regardant des radis et demandait au garçon, avec le plus grand sérieux, si c'étaient des fruits ou des légumes, si cela poussait sur des arbres, assurant qu'on ne connaissait pas cela à Louvain.

A Pompéi, comme tous trois se trouvaient entre les quatre murs de la ruine d'un palais et qu'en artistes émus, ils se laissaient aller au rêve antique évoqué par ces augustes murailles où se voient encore, miraculeusement conservés, des fragments de fresques, et que, par l'imagination, ils voyaient revivre ces temps reculés et rayonnants sous le prisme du passé, tout à coup, là, tout près, venant de la ruine voisine, Liévin entend une voix ayant fortement l'accent flamand et cette voix sonore et puissante disait, s'adressant à un guide :

— Est-ce que c'est ici la maison d'Alexandre?

Alors Liévin dit à voix basse :

— Jules ! Émile ! cachons-nous, filons... Je reconnais la voix du plus insupportable raseur de Bruxelles... S'il me voit il va me cramponner, m'engluer, sauvons-nous !

Au retour, il avait recommencé la blague du départ mais alors, éprouvant une joie attendrie en revoyant les arbres, les plantes de sa patrie, il s'écriait en riant, poussant du coude ses voisins de compartiment, les dérangeant dans la lecture de leur journal :

— Des peupliers ! des saules ! des choux ! des

pommes de terre ! des betteraves ! des navets !

Il était d'autant plus impatient de revoir son logis qu'il avait profité de son absence pour y faire exécuter des travaux d'embellissement dont la direction était confiée à deux hommes d'un goût sûr, mon oncle Edmond De Vigne, l'architecte et l'antiquaire bien connu Tulpinck, notre cousin par alliance. Mais il avait eu l'imprudence de confier à un *artiste paysager* le soin d'embellir son minuscule jardinet. Celui-ci lui avait assuré qu'à l'entrée, une grotte serait du plus joli effet et Liévin, distraitement, lui avait répondu :

— Faites pour |le mieux.

A cette époque romantique, Lamartine, avec son poème *Jocelyn*, avait mis les grottes à la mode.

En rentrant chez lui, Liévin fut très satisfait de tous les arrangements intérieurs, mais quand il se trouva devant sa grotte de rocaille avec ses stalactites de silex agglomérés où l'on risquait de se cogner la tête, désappointé, il dit :

— Potferdeke ! Ça c'est bourgeois !

Et quand il y faisait asseoir ses amis pour leur offrir un verre de bière, il s'excusait :

— Ne faites pas attention, c'est une horreur qui a poussé ici toute seule pendant mon voyage en Italie.

II

Un matin que Charlotte était occupée, comme d'habitude, à étiqueter ses dentelles en songeant à toutes les choses heureuses ou mélancoliques de sa vie et jetait par instant un regard distrait sur les petits miroirs appelés « espions » et qui, placés au dehors, au milieu de la fenêtre, reproduisaient les deux extrémités de la rue des Sœurs-Noires, parmi les rares passants de cette calme rue, elle en remarqua un qui allait et venait sur le trottoir en face.

Frappée tout d'abord de la tournure et de la démarche de ce grand gaillard taillé en hercule, elle chercha à distinguer ses traits, une figure colorée, à grosses moustaches blanches: Tout à coup une idée lui passa dans l'esprit, elle croyait reconnaître cet inconnu.

Elle appela sa servante, sa brave Kato à qui elle confiait ses joies et ses peines. Aussitôt qu'elle entra, Kato s'écria :

— Mademoiselle, comme vous êtes pâle !

Mais Charlotte lui montrait le passant et disait :

— Regardez ce monsieur, voilà six fois qu'il passe devant la maison.

— Oui, répondait Kato, je vois un monsieur qui a l'air d'un vieux militaire. Est-ce que vous en avez peur?

Et Charlotte continuait :

— Si je ne savais pas que mon frère François est mort depuis plus de vingt-cinq ans, je dirais que c'est lui... oui... C'est lui !

— Votre ancien frère pour qui on a dit tant de messes pour le repos de son âme? Non, mademoiselle, ce n'est pas possible, les morts ne reviennent pas !

Il passa et repassa encore, puis il disparut au tournant de la rue.

Alors Charlotte pensa : « Je suis folle, Kato a raison, ce n'est pas lui. »

Mais l'après-midi, comme elle avait repris sa place près de la fenêtre, elle vit reparaître le même personnage mystérieux qui recommença son étrange manège. Tout en roulant ses dentelles autour des minces raquettes d'acajou verni, elle l'observait de plus en plus inquiète, de plus en plus émue, et le mouvement machinal de ses doigts était plus ou moins rapide, selon l'oppression des émotions qui la remuaient.

« Est-il possible, se disait-elle, que ce soit lui ! Mais s'il était vivant pourquoi ne nous aurait-il jamais donné de ses nouvelles? Si c'était lui, pourquoi ne sonnerait-il pas à ma porte où mon nom est inscrit sur une plaque de cuivre? Croit-il donc que je ne le reconnaitrais plus?... »

Elle ne songeait pas que si plus de vingt-cinq ans d'absence ne suffisent pas pour effacer dans le cœur de la sœur le souvenir du frère, plus de vingt-cinq ans ne suffisent pas non plus, à ce frère aîné, coupable d'abandon, pour arracher de sa mémoire le remords de son lâche départ, de sa fuite devant la ruine, fuite semblable à celle d'un chef devant l'ennemi.

Et l'étranger toujours allait et venait comme un fauve dompté qui repasse sans cesse sur les mêmes traces. Il s'arrêtait parfois comme indécis, semblait presque prêt à se diriger vers la porte, puis reprenait sa marche monotone d'un air découragé. Enfin, comme le soir commençait à tomber, Charlotte poussa un cri. Elle le vit tout à coup marcher résolument vers la porte, puis hésiter encore à tirer le cordon de la sonnette... Elle se précipita pour lui ouvrir et avant qu'il ait eu le temps de parler, toute en larmes, elle tomba dans ses bras, car elle ne savait pas qu'il existe un sentiment qu'on appelle la rancune.

Lui aussi, dans sa moustache rude de vieil aventurier, il pleurait.

Elle ne lui demanda pas : « Pourquoi es-tu parti? ni : pourquoi reviens-tu? »

Pourquoi il revenait? C'était bien simple. Il était vieux, sans place, il avait fait trop de métiers différents, errant de par le monde, pour en posséder un. Il était à l'âge où l'on rêve de se chauffer tranquillement les pieds au bord d'un calme foyer et de fumer une longue pipe que l'on remet tous les soirs au même clou ; à l'âge où l'on n'a plus d'autre désir que de méditer sur les souvenirs du passé, surtout quand on est Flamand de race et de naissance.

Il s'était rappelé qu'il devait avoir encore dans la bonne ville de Gand, sa cité natale, des frères et des sœurs qui, s'ils étaient moins malheureux que lui, voudraient peut-être bien se souvenir qu'ils étaient nés du même lit et consentiraient à lui offrir un gîte.

Charlote lui dit :

— Reste. Entre frères et sœurs, il n'est pas de si petite ressource qui ne se puisse partager. Rosalie est triste et s'épuise. Nous sommes menacés d'un malheur. Tu m'aideras à travailler pour élever les quatre petits.

Elle n'apprit son passé que par bribes, sans suite, car elle évitait toujours de réveiller en lui, par des questions, des souvenirs pénibles. Elle sut vaguement qu'il avait parcouru toute l'Italie ; qu'il connaissait par leurs petits chemins aussi bien que par leurs grandes routes, la Toscane, les Abruzzes, la Calabre ; qu'il avait enduré bien des misères et couché, plus d'une fois, dans des granges. Qu'il avait colporté des aiguilles et qu'un jour des passants l'avaient ramassé, congestionné, presque mort d'insolation, au bord d'un chemin ; qu'il avait été hercule dans les foires...

Et cet errant connut le charme du repos chez soi, de la vie régulière et calme, et, sinon très aisée, du moins assurée ; du respect des neveux et nièces, car Charlotte ne leur avait jamais rien dit qui pût diminuer leur estime pour leur oncle.

Elle obtint que Liévin lui pardonnât et le reçût parfois chez lui, dans son joli hôtel de Bruxelles en sorte que l'ancien mangeur de vache enragée savoura les délices des bécassines et des écrevisses servies sur la table fraternelle et arrosées de joyeux vin du Rhin, car le grand peintre Liévin De Vinne n'avait pas de plus grand plaisir que de régaler ses convives de gaieté et de bonnes choses.

Charlotte retrouva l'affection qui l'unissait jadis à François lorsqu'elle était sa petite sœur. Elle y puisa un regain d'énergie et de courage lorsque la pauvre Rosalie eut fini de souffrir. Elle eut cette consolation dans sa douleur : sentir autour d'elle le ferme soutien d'un vieux cœur de frère que tant d'années d'éloignement et de privations n'avaient pas endurci, qui se déchargeait bien parfois d'une révolte par un juron, mais qui savait encore pleurer. Et c'était étrange de voir ce frère et cette sœur qui se ressemblaient comme traits et comme tempérament, tous deux colorés et sanguins, prompts à l'enthousiasme et à l'attendrissement, et que cependant les circonstances avaient pendant si longtemps rendus si dissemblables, reprendre côte à côte, le cours de la même vie. Lui ayant

couru le monde, livré au hasard des événements,
avec la fière insouciance de ceux qui s'étourdissent,
méprisant la vie, narguant la mort par forfanterie
désespérée ; elle demeurée attachée, rivée sur
place, sacrifiant tout à l'avenir des siens, préoc-
cupée des mille entraves qui viennent à l'encontre
de tous les espoirs de bonheur qu'on ne goûtera
pas, des rêves de beaux pays qu'on ne verra jamais.
Lui ayant jeté brusquement le manche après la
cognée, elle ayant rassemblé toutes les épaves de
ruine et, patiemment, cherchant sans cesse à réparer le désastre.

Il arrive parfois que, de deux cours d'eau partis
de la même source, l'un suit une pente unie et
monotone, tandis que l'autre s'aventure dans des
rochers abrupts, y heurte son flot précipité et
devient torrent. Après une course effrénée ce torrent retrouve au fond d'une calme vallée le ruis-
seau qu'il a quitté. Ignoré, à peine visible dans les
herbes, ce cours d'eau reflète un lambeau de ciel
pur et baigne de tendres fleurs ; et le torrent con-
tinue avec lui et serpente à travers les prairies où
son eau troublée se repose et se purifie. De même
ces deux destinées, si diverses, s'étaient réunies
sur la douce terre flamande pour se confier leurs
regrets et leurs espérances. Ce frère et cette sœur
avaient dès lors les mêmes joies au bord du même
âtre, les mêmes attaches, les mêmes préoccupations qui étaient la marche du commerce, l'avenir
de leurs nièces, la direction à donner aux études de
leurs neveux. Il semblait que la destinée se fût
souvenue qu'ils avaient eu le même berceau et que,
prévenant le moment où le cours de leur existence
commencerait à s'incliner vers son terme fatal,

elle eût voulu que le même ciel éclairât leurs vieilles années, afin qu'ils s'endormissent un jour dans la même terre de leurs aïeux.

Tous deux, comme leur frère Liévin du reste, étaient naturellement et instinctivement gais. Comme lui, ils ne parlaient jamais de leurs ennuis et cachaient leur âge, non par vaine coquetterie, mais par désir de plaire, ayant l'idée qu'en les croyant plus jeunes, on les trouverait plus agréables et plus réjouissants. Quand on parlait devant eux de dates de naissance, de peur d'un interrogatoire, ils trouvaient, tout à coup, une excuse pour sortir un instant. Cette discrétion que l'on s'amusait à mettre à l'épreuve, avait quelque chose à la fois de risible et de touchant. Quand on faisait allusion à une chose pénible qui leur tenait au cœur, ils disaient :

« Ne parlez pas de cela, c'est triste, » et ils se regardaient à la dérobée d'un air inquiet, cherchant à s'éviter mutuellement des occasions de chagrin et soucieux de ne pas donner en spectacle, aux amis, leurs douleurs intimes. Selon eux toute réunion amicale devait avant tout être gaie, aussi voyait-on apparaître avec joie leurs visages qu'éclairait une flamme intérieure et, pour ma part, toute fillette alors, j'applaudissais leur arrivée lorsqu'ils venaient le soir chez ma grand'mère.

On dit souvent que la gaieté est de l'insouciance. Ce n'est pas toujours vrai, quelquefois c'est de l'héroïsme.

Nous soupions parfois chez eux. En entrant dans la maison de la rue des Sœurs-Noires, on était tout d'abord fêté par les aboiements stridents d'un petit chien noir, pauvre errant qui, un

jour d'hiver, était venu d'instinct gratter et gémir
à cette porte si aisément ébranlée par tout ce qui
souffre, laquelle s'était ouverte à lui. C'était une
bête à poil ras, sans race déterminable, gros du corps
et bas sur pattes, avec la queue en trompette la
plus vulgaire qui se puisse imaginer. Les enfants
de la maison lui avaient donné, à cause de sa couleur noire, le nom de *Moorke* qui en flamand signifie « petit nègre ». Il était laid de la plus laide
des laideurs, la laideur banale. Il n'avait aucun
talent, pas même celui de se tenir sur ses pattes
de derrière : sans doute il sentait lui-même combien eût été vaine, pour lui, toute tentative de faire
le beau, mais il aboyait toute la journée. Un jour
comme on disait à Charlotte : « Vous aimez cette
vilaine bête?... » Elle répondit : « Oui, j'aime Moorke
parce que tout le monde dit qu'il est vilain et
parce que c'est vrai. »

Moorke n'était pas seulement vilain, il était
gourmand, aussi lui fermait-on la porte de la cuisine, car, lorsqu'il y entrait, c'était toujours pour y
faire quelque bêtise : il vidait les assiettes et les
cassait ensuite, tant il était maladroit. Charlotte
disait avec un soupir impuissant et résigné :

— J'ai trois brise-fer dans la maison : Ernest,
Raymond et Moorke. Ah ! mes petits jumeaux !
Figurez-vous qu'hier ils ont découvert dans une
armoire du grenier une Vierge que j'y avais re-
misée parce que son globe était fêlé. Cette Vierge
en robe de satin blanc et roide ornée de galons
d'or, tenant sur son bras gauche son Jésus vêtu
de même, était depuis plus de cent ans dans
notre famille. Mes bambins n'ont vu en elle qu'une
luxueuse poupée et se la sont disputée avec tant

d'ardeur qu'ils ont cassé les deux têtes de cire et ces têtes jaunies par le temps, mon frère Liévin les trouvait si jolies ! J'ai grondé mes petits vandales, ils ont été confus et ils ont pleuré. Alors, devant les débris de Jésus, je me suis rappelé une de ses paroles : « Pardonnez-leur, ils ne savent ce qu'ils font ! »

Les soirs où nous y soupions, la triste salle à manger, celle qui donnait sur la sombre courette, prenait elle-même un air de joie avec sa table servie à laquelle on était si heureux de mettre des allonges pour les bons amis ! Une lampe suspendue l'éclairait et sa lumière était concentrée par un clair abat-jour sur la nappe blanche où les mets flamands se groupaient avec le pain d'épices, les mastelles et les « péperbollekes », où la bière du pays moussait dans de grands brocs de grès ou d'étain, où apparaissait, au dessert, la bouteille de vin fin des grands jours.

Parfois un coup de sonnette retentissait brusquement et Charlotte tressautait, feignait comiquement une grande surprise et s'écriait par plaisanterie : « Un acheteur ! » car l'acheteur de dentelles était l'attendu de tous les jours, l'inconnu toujours espéré et béni à l'avance, qui allait aider à faire bouillir la marmite ; l'acheteur était la préoccupation et l'espoir de tous les instants et elle disait cela « pour rire » mais au fond de son esprit naturellement optimiste, il y avait une vague espérance que ce soit vrai.

La plupart du temps, c'était un ami à qui on faisait place joyeusement, en serrant les chaises.

La conversation était toujours animée. Mes oncles Jules et Georges y prenaient grande part et François, toujours plein d'entrain, l'agrémentait d'une foule d'anecdotes véridiques ou prétendues telles, entendues par-ci par-là, dans les pays parcourus. Il avait surtout un répertoire complet d'histoires de curés qu'il savait conter sans scandaliser son auditoire.

Charlotte, qui dans toute sa vie de charité et de dévouement mettait les Évangiles en pratique, n'était pas dévote. Elle avait été outrée de voir le mari de sa sœur Rosalie battre sa femme en sortant de l'église où il venait de prier, à genoux sur la dalle, les bras en croix, devant des témoins édifiés, et si elle croyait en un Dieu clément et puissant, ce n'était pas en celui que l'on flatte et que l'on paie pour obtenir ses faveurs. Si elle avait fait dire des messes pour les morts qu'elle pleurait, notamment pour le mystérieux François, si longtemps disparu, c'était, avant tout, par culte du souvenir et l'on s'imagine l'explosion d'hilarité que devait provoquer, chez ce joyeux compère, l'idée de toutes ces oraisons pieusement prononcées pour le repos de son âme, pendant qu'hercule, dans une foire d'Italie, suant au grand soleil, il soulevait des poids !

Parmi les histoires que racontait et que mimait François De Winne, je me rappelle celle du curé d'Albano, qui avait coutume de frapper du poing sur la balustrade de sa chaire, en prêchant. Des gamins ayant remarqué cette particularité, enfoncèrent des épingles dans la barre de bois, en sorte que, au moment où le prêtre abattait son poing énergique et lourd en disant :

« Qui est-ce qui a créé le monde? » il ajouta avec un juron que je passe : « Ce sont encore ces satanés enfants ! »

Et il fallait voir le vieux François, épanoui comme un personnage de Rabelais, s'étouffer de rire, du rire le plus communicatif que j'aie connu et devenir non plus rouge, mais violet.

Un jour, comme nous arrivions, ma mère et moi, chez Charlotte, elle nous conta que, le matin, elle avait trouvé tout en larmes sa nièce Léonie, âgée d'une douzaine d'années. Voici l'histoire :

Mon père et Antoine Vollon, en bons camarades, faisaient souvent leur tour au Salon de peinture de Paris, se tenant par le bras et échangeant leurs impressions devant les tableaux.

Une revue illustrée (je ne sais plus laquelle) avait consacré, à chacun d'eux, un article important avec portrait en première page, mais on avait confondu : on avait mis la figure de Vollon en tête de l'article sur mon père et réciproquement. Cette erreur avait excité l'esprit humoristique d'un critique d'un autre journal et lui avait suscité une idée baroque. Parmi les faits divers artistiques, il avait amené un récit fantaisiste dont voici à peu près les termes :

« Nous avions signalé le danger de laisser le dompteur Bidel installer sa ménagerie aux Champs-Élysées, à côté du Salon de peinture. Tel jour, à telle heure, les grands peintres Jules Breton et Antoine Vollon, sortant du Salon ensemble, eurent le désir de voir les bêtes féroces. Ils entrèrent chez Bidel et Vollon agaça le lion du désert du bout de sa canne. L'animal furieux se précipita contre les barreaux de sa cage qu'il rompit et dévora les deux célèbres artistes. Les restes d'Antoine Vollon et de Jules Breton furent ramassés dans un panier. »

Ce journal était tombé entre les mains de

Léonie et la fillette pleurait et criait : « Ce pauvre
M. Breton !... »

Les enfants, dans leur candeur sincère, croient
véridiques toutes les choses imprimées. Charlotte
avait eu grand'peine à lui faire comprendre que ce
n'était qu'une plaisanterie.

III

Il existe une sympathie naturelle et ingénue
entre la vieille fille pour qui l'amour a gardé tout
le prestige inviolé d'une fleur morte sur sa tige et
non cueillie et la fillette qui commence à sentir
passer, dans l'air de son printemps, le parfum de
cette mystérieuse fleur non encore épanouie.
Lorsque, toute jeune, je causais avec Charlotte,
bien qu'elle eût trente ans de plus que moi, et
peut-être à cause de cela, je me sentais disposée
aux confidences. Elle m'avait connue petite enfant
et jamais elle ne m'avait grondée. Je ne savais pas
si ses yeux avaient jamais eu un regard sévère,
aussi lui parlais-je à cœur ouvert.

Un jour qu'elle était venue chez mes parents
à Courrières, lors d'une promenade que nous
fîmes dans les bois du marais avec une nombreuse
compagnie d'amis que nous avions devancés
(j'avais quinze ans alors), je lui parlai d'un beau
jeune homme, nommé Adrien Demont, élève de
mon oncle Émile Breton à qui il venait, de temps
en temps, montrer ses études de peinture. Elle
m'écouta avec une bienveillance souriante, me
plaisanta un peu, me questionna discrètement et

fit tout le jour, à ce sujet, des allusions pleines d'affectueuse malice. Comme sur le petit sentier que nous suivions au bord du canal de la Souchez se trouvait un long ruban de pelure de pomme, jeté là, au hasard, par quelque passant, elle prétendit voir et lire dans l'arabesque qu'il formait, un signe mystérieux annonçant que ce jeune homme songerait à moi un jour.

Cela ressemblait aux prédictions qui portent bonheur et assurent l'heureux dénouement dans les contes de fées dont, pour elle comme pour moi, le charme virginal n'avait point été rompu.

Plus tard, mes sentiments étant devenus de plus en plus sérieux, je n'osai plus lui en parler, car je craignais que mon attachement pour le jeune peintre ne fût pas partagé. Deux ans ainsi se passèrent, mais un jour, tout heureuse, j'allai voir Charlotte pour lui annoncer mes fiançailles. Elle me prit les deux mains et me regarda d'une manière profonde qui me sembla aller au fond de mon cœur et elle me dit :

« C'est bien *lui*, n'est-ce pas? Te rappelles-tu la pelure de pomme? »

Et comme je lui répondais : « Oui ! » je vis deux bonnes larmes d'attendrissement dans ses yeux et je sentis tout ce que mon avenir devait exhumer de passé, tout ce que mon espoir devait évoquer en elle de regrets, dont son affection désintéressée et généreuse faisait de la joie.

Car les vieilles demoiselles, que les hommes ont si souvent pris le cruel plaisir de ridiculiser, celles qui sont demeurées, toute leur vie, esclaves du devoir qu'elles s'étaient imposé, ont gardé, avec la virginité de leur corps, toute la candeur de leur imagination. C'est comme une adolescence morale qui se prolonge, émue par les récits d'amour comme par une pure féerie, un conte aussi ancien que le monde lui-même, mais dont le Prince charmant ne vieillit pas, parce qu'il fut toujours insaisissable. Or ce Prince charmant qui ne s'agenouilla jamais devant elles pour leur baiser la main, elles le rêvent pour leurs petites amies, elles qui ont passé l'âge de ces bonheurs-là.

IV

Le printemps de l'année 1880 fut, pour Adrien et pour moi, doublement le Printemps. Nous nous étions mariés le 7 février, à Courrières. Un matin du centre de la France, tout ensoleillé, nous étions, côte à côte, assis sous de beaux châtaigniers tortueux des environs de Guéret. Le soleil jouait dans les branches. Partout où le feuillage laissait deviner le ciel bleu, s'infiltrait un rayon qui tremblait sur le sol. On entendait chanter des oiseaux et bruire des grillons qu'on ne voyait pas. Toute la nature semblait éprouver cette délicieuse lassitude de ce qui se laisse éclore sans effort, cette joie sereine de se sentir tout doucement épanouir dans la lumière, avec les fleurs, les chansons, les parfums. Et nous nous laissions aller à cet universel bercement, pris dans les filets du rêve devenu réalité comme dans un hamac idéal, sous ce double rayon si pur du soleil printanier et de l'aurore du mariage. Nous étions si pénétrés de ce bonheur que nous n'avions même plus besoin de nous le redire.

C'était le mois de mai et c'était le troisième de notre union, trois ans attendue. Un petit enfant de deux ans, notre neveu, vint nous apporter notre courrier que, là-bas, à l'entrée du jardin, le facteur, en riant, lui avait remis. Je verrai toute ma vie cet enfant en tablier de cotonnade bleue, venant à nous souriant, tacheté de ronds de soleil tamisé par les feuillages, tenant les lettres dans ses petites mains. Il reçut nos baisers pour sa peine et nous échappa gaiement, pour courir vers le jardinier, qui ratissait les allées. Sur l'une des enveloppes, tout joyeux, nous reconnûmes l'écriture de mon père et impatients, nous nous mîmes à lire ensemble la lettre sur nos genoux.

Elle nous annonçait la mort subite de notre meilleur ami, celui que nous aimions comme un oncle, Liévin De Winne. Nous lisions, nous relisions, ne pouvant y croire, pensant avoir mal lu. C'était la première fois qu'une vraie douleur nous frappait tous deux en même temps. C'était la première fois que nous pleurions ensemble : l'union des âmes n'est complète qu'après cette épreuve-là. Et cette lugubre nouvelle nous était venue en plein bonheur confiant, avec le sourire d'un petit enfant marchant dans un semis d'étoiles de soleil. Nous l'avions accueillie, cette douleur, avec des bras joyeusement tendus, avec des baisers pour l'innocent messager de ce deuil. La vie a de ces ironies qui rendent ses cruautés plus déchirantes encore et ses regrets plus amers.

Les souvenirs nous revenaient en foule. Nous avions vu notre ami Liévin, quelques semaines plus tôt, à Bruxelles, où nous avions dîné chez lui avec toute notre famille de Belgique et la sienne.

Le repas, comme toujours, avait été plein d'une animation joyeuse, la conversation agrémentée d'un feu roulant de bons mots. Au dessert, Liévin s'était levé et nous avait porté un toast comique, parodiant le style compliqué et obscur de certains auteurs qui, déjà alors, se préoccupaient d'être *modernes* et se torturaient la cervelle en mal d'inédit. Nous nous répétions souvent depuis la première phrase qui commençait ainsi : « Mon centre de gravité qui parfois se déplace, en voyant ce siècle passer... » etc... Puis après avoir trinqué à notre avenir, à nous, jeunes époux, il avait eu, tout à coup, au milieu des rires et des applaudissements éclatant de toutes parts, un instant d'attendrissement recueilli et grave. Prenant les deux mains de mon mari dans les siennes, il lui avait dit avec ce même regard profond et mouillé de larmes, que j'avais vu autrefois dans les yeux de sa sœur, cette phrase étranglée par une émotion qu'il s'efforçait en vain de surmonter : « Tu la rendras heureuse, dis? Tu me le promets? »

Combien ce mot nous remuait encore plus profondément maintenant, en songeant que ces bons yeux ouverts si tendrement sur une si belle âme s'étaient à tout jamais fermés !

Liévin De Winne était l'un des plus anciens et des plus chers camarades de mon père. Ils s'étaient connus, adolescents tous deux, à Gand, dans la maison de mon grand-père Félix De Vigne dont ils avaient été les élèves aimés. Depuis, leur affection mutuelle n'avait fait que grandir. Les succès de l'un avaient été les joies de l'autre. Tous deux avaient vu tous leurs rêves d'avenir artistique se réaliser au delà de leurs espérances, et travaillant l'un à Courrières, l'autre à Bruxelles, à chaque nouvelle œuvre terminée, ils se demandaient ce que « l'ami » allait en dire. L'enseignement qu'ils avaient suivi tous deux, intimement mêlés à la vie familiale du bon maître Félix De Vigne, avait créé entre eux une véritable fraternité picturale. Toute petite, j'avais appris à aimer ce grand ami qui me souriait et m'appelait « Nileke ». Et c'était fini, il emportait avec lui, comme artiste, l'espoir des belles œuvres futures et comme ami tout un côté joyeux de notre vie. Bruxelles serait désormais banal, morne et triste pour nous. Cette maison fermée, c'était la ville en deuil pleurant une de ses gloires, mais pour nous, c'était plus encore, c'était la ville morte.

On dit quelquefois d'un peintre : « Il est mort la palette à la main, » et c'est une manière saisissante d'exprimer qu'il s'en est allé dans toute la plénitude et l'activité de son talent. Mais lorsqu'on le disait en 1880 à propos du peintre que l'art belge venait de perdre, ce n'était pas là une figure poétique, mais bien l'exacte expression d'un fait réel.

Sa sœur Charlotte, lorsque nous fûmes la voir àGand à cette époque, nous montra dans la chambre bleue de sa maison, un portrait d'homme inachevé. Elle en approcha sa main tremblante d'émotion pour nous indiquer sur la tempe une touche posée encore d'un pinceau ferme et elle nous dit : « Voici la dernière touche de Liévin. A ce moment, il est tombé comme foudroyé. »

La chambre bleue était bien changée d'aspect. Toutes les ébauches provenant de l'atelier du maître y avaient pris place, des ébauches devenues des reliques et le long personnage debout, représentant, inachevé, le roi Léopold II, s'y dressait majestueusement sur le panneau principal.

C'était le cœur serré que nous revoyions ces œuvres que nous avions vues, si peu de temps auparavant, sur les chevalets de l'artiste, dans ce vaste atelier si imposant à cause des belles choses écloses dans sa large lumière, si gai à cause des plaisants propos qui s'y échangeaient entre amis intimes ! Les habitués les plus assidus de ces réunions étaient notre cousin le statuaire Paul De Vigne, notre oncle l'architecte Edmond De Vigne, le docteur Iseult, les peintres Stévens, Carlier, Félix Cogen, Lamorinière, Denduyts, Verwée Ver Has, Mellery, Claus, le graveur Biot, le sculpteur Bourré et quelques autres artistes belges dont les noms m'échappent.

Parfois l'un d'eux s'éclipsait, puis réapparaissait tout à coup, hors de l'ombre d'un paravent, vêtu du costume officiel du roi Léopold II (ayant servi pour le portrait), toujours trop grand pour lui, car ce monarque mesurait 1 m. 92. Les rires éclataient !

Les souvenirs les plus heureux étaient ceux qui nous navraient le plus. Nous ne savions que dire à la pauvre Charlotte, car nous souffrions trop nous-mêmes de sa peine. Et la chambre bleue était comme une chapelle où l'on se recueille, où l'on parle bas.

V

Il y avait à cette époque, dans la rue des Sœurs-Noires, presque en face de la maison de Charlotte, un de ces petits estaminets flamands bas de plafond et sobrement éclairés qui groupent chaque jour, à la même heure, quelques habitués, joueurs de cartes ou de dominos, autour de petites tables carrées, alignées à la file dans le demi-jour. Celui-là avait pour enseigne : « A la Carpe ».

François De Winne y entrait parfois pour lire les journaux et causer avec quelques amis qui faisaient grand succès aux histoires qu'il racontait avec tant de verve. Rien n'est attirant pour un conteur comme un public bienveillant, aussi les petites haltes « à la Carpe » devinrent-elles de plus en plus prolongées et fréquentes. Ma grand'mère De Vigne, qui avait toujours vu, chez elle, son mari et ses fils, esclaves du devoir, se refuser, sauf aux occasions exceptionnelles, ce genre de distractions futiles, en fit l'observation à son amie Charlotte : « C'était du temps perdu, de l'argent dépensé en pure perte et puis, pour le tempérament sanguin de François, une grande sobriété eût été avant tout désirable et l'on ne passe pas deux ou trois heures à l'estaminet sans consommer un peu trop... » Et elle ajoutait : « Vous avez bien le droit de donner un conseil à votre frère, puisque sans vous il serait sans asile. Mais la sœur, trop bonne, trop faible, prenait la défense du frère : « François était si rangé, il avait si peu de distractions, il l'aidait tant à la comptabilité du commerce, qu'il était bien juste qu'il s'amusât un peu. » Si bien que *la Carpe* eut bientôt un fidèle habitué quotidien de plus.

Et l'on s'aperçut que François perdait un peu de sa facilité d'élocution. Il cherchait ses mots, mais les substantifs seulement, et les remplaçait provisoirement par le mot « chose » pour se donner

le temps de trouver la véritable appellation. Il disait
par exemple :

« Le chose... le curé de chose... d'Albano, quand
il montait en chose... en chaire... » etc... et les
jumeaux, qui étaient devenus de gentils écoliers
espiègles, comptaient sur leurs doigts et disaient :
« Mon oncle ! vous en êtes à votre vingt-sixième
Chose. » Jusqu'alors personne n'y avait attaché d'importance, mais un jour Charlotte nous confia une
inquiétude : François avait eu, le matin, un aver-
tissement d'attaque d'apoplexie. « Ne lui en parlez
pas, nous dit-elle, ne lui demandez pas comment
il va. Il ne s'en doute pas, ou bien il ne veut pas
avoir l'air de le savoir. Il ne faut pas qu'il se tour-
mente. »

Le pauvre homme posait pour la santé toujours
florissante ; l'idée d'avoir eu une maladie l'eût
humilié.

A quelque temps de là, une nouvelle crise plus
violente, après avoir mis en danger la vie du robuste vieillard, le laissa infirme. Il nous fut encore
recommandé, en allant le voir, de ne pas lui parler
de sa santé qu'il persistait à dire excellente.

Comme nous entrions dans la maison, nous
vîmes, dans le corridor, une petite voiture de malade.

Nous trouvâmes François dans la chambre bleue,
assis dans un fauteuil, près de sa nièce Léonie.
Charlotte était à ce moment dans une autre pièce.

« Avez-vous vu ma voiture? » demanda François,
et comme nous lui répondions qu'elle paraissait
confortable et de bonne fabrication, le pauvre apo-
plectique eut un geste d'impatience désolée et nous
fit comprendre, par l'intermédiaire de sa nièce,

qu'il avait voulu dire : « Avez-vous vu ma sœur? »

En effet, depuis sa dernière crise, une perturbation étrange s'était produite dans son cerveau. Non seulement il ne trouvait plus les substantifs qu'il cherchait, mais il les remplaçait tous invariablement et inconsciemment par le mot *voiture*. C'est ainsi qu'entendant dire, un instant après, qu'un monsieur qu'il connaissait allait se marier, il demanda quelle voiture il épousait. Lorsqu'il était seul avec sa sœur et ses nièces, il pouvait encore se faire illusion et croire qu'il parlait comme tout le monde, car elles devinaient souvent et répondaient tout naturellement sans faire remarquer l'erreur, s'il lui arrivait, par exemple, de demander des « voitures frites » pour son déjeuner. Mais devant les personnes étrangères à la maison il s'apercevait lui-même des déraillements auxquels sa langue était sujette et il faisait des efforts pénibles pour s'exprimer clairement. Cela devenait navrant lorsque, gai malgré tout, pour prouver qu'il allait très bien et n'était nullement à plaindre, il voulait raconter encore de joyeuses histoires.

Le curé d'Albano, montant en *voiture*, semblait alors chanter la lugubre messe des morts.

Cette situation se prolongea plusieurs mois, jusqu'à une troisième crise, qui, moins cruelle, l'emporta tout entier.

VI

Bientôt après ce nouveau malheur, Charlotte reçut une lettre d'un autre de ses frères, nommé Joseph, qui, depuis quarante ans, faisait à Paris le métier de doreur et n'avait plus fait depuis aucune apparition dans sa famille. Il lui annonçait qu'elle pouvait s'attendre à le voir arriver à Gand, qu'il désirait partager sa peine. Le fait était que bien qu'ayant passé sa vie à manier de la poussière d'or, il n'était point parvenu à amasser de ce précieux métal suffisamment pour assurer ses vieux jours. Mais l'excellente et toujours bienveillante sœur éprouva avant tout autre sentiment celui de la tendresse fraternelle : « C'est fort tout de même, la voix du sang, » disait-elle.

Et Joseph arriva, à son tour, dans cette maison de refuge, dans des bras grands ouverts.

Celui-là était un taciturne. Il parlait peu, mais avec l'accent prononcé des faubourgs parisiens. Il avait oublié sa langue maternelle. Il faisait méthodiquement, avec une précision d'automate, des choses simples comme de remonter les pendules et de mettre du charbon dans le poêle. Il passait silencieux d'une pièce à l'autre, s'asseyait, les deux mains sur les genoux, pour assister poliment aux visites qu'on recevait et ce vieux doreur retiré de la dorure semblait sans cesse méditer cet ancien proverbe : « La parole est d'argent, mais le silence est d'or. » Charlotte lui reconnaissait naturellement toutes les qualités imaginables et je ne voudrais pas dire qu'il ne les eût pas en effet. « Il était si doux, si patient, d'un caractère si égal, si conciliant, si sérieux, si posé ! »

Elle se reprenait à sourire à la vie, candidement, sans arrière-pensée, ce qui lui était d'ailleurs et en dépit de tout un penchant naturel. Elle redevenait gaie et enjouée à côté de cette calme statue de la sagesse et du silence à qui elle confiait ses projets toujours échafaudés dans l'espoir d'un heureux avenir et qui étaient toujours accueillis par un geste d'impartiale et méditative approbation.

Mais le destin cruel lui réservait encore une dernière épreuve.

Un matin, comme elle se préparait à sortir, elle se trouva, tout à coup, entourée de ténèbres.

Elle étendit les mains et toucha des objets familiers qu'elle ne voyait plus. Elle appela sa servante et lui dit :

— Kato ! est-ce qu'il fait nuit?...

— Non, mademoiselle, le soleil brille à travers les rideaux.

— Kato ! s'écria-t-elle, je suis aveugle ; vite, mon docteur !

Le médecin la rassura. C'était de la congestion, mais cette cécité, bien que complète, ne serait que passagère, disait-il. Il fallait beaucoup de patience.

Elle promit qu'elle en aurait. Elle ne croyait pas aux malheurs avant qu'ils ne fussent arrivés. Quand ses amies allaient la voir, elle leur disait en souriant :

— Je ne vous vois pas, mais je vous reverrai, le docteur l'a dit. Ne parlons pas de cela.

Comme François, elle ne voulait pas qu'on la plaigne.

Elle avait accompli la tâche qu'elle s'était imposée, ayant marié ses nièces et établi ses neveux. Ernest reprenait son commerce de dentelles et était fiancé. Raymond faisait, comme ingénieur, brillamment son chemin. Elle pouvait mourir. Mais devenir aveugle c'eût été trop cruel. Ne plus voir la petite Suzanne, l'enfant de sa nièce Léonie, en-

tendre ses bégaiements et ne pas voir la petite
bouche qui s'essayait à dire : « Tante Lolotte, »
toucher ses cheveux soyeux et ne pas voir de quel
joli blond doré ils rayonnaient, sentir ses embras-
sements et ne pas voir ses petits bras potelés et
blancs, c'eût été trop cruel et la destinée lui fit
grâce de cette dernière torture. Comme l'avait
prédit le docteur, peu à peu la lumière reparut à
ses yeux, d'abord trouble et confuse, puis d'un
éclat à peu près naturel et ce retour à la vie lui faisait dire à ses amies :

« Vous qui n'avez pas connu l'horreur de la
nuit, vous ne savez pas combien le jour est beau !
Vous n'appréciez pas votre bonheur. Pour moi,
le moindre rayon, éclairant ceux que j'aime, me
semble une bénédiction divine. »

Cependant Charlotte, malgré sa mine épanouie
qui la faisait paraître dix ans de moins que son âge
qu'elle cachait toujours, malgré sa gaieté toujours
renaissante et son cordial entrain, était sous le
coup d'une crise nouvelle. La mort, la même qui
avait emporté Liévin et François, la mort par
congestion, la guettait.

Une attaque qui se porta sur le poumon, cette fois,
fut mortelle.

Je ne fus plus jamais dans cette maison de la rue
des Sœurs-Noires, les vieux étaient morts et les
jeunes partis. Je désire qu'aucune circonstance ne
m'oblige à franchir le seuil de ce logis dont l'âme
s'est envolée, où plus rien de ce que j'ai connu ne
tressaille, qui n'a plus de ce temps que de froids
murs de pierre et que d'autres ont paré pour des
existences nouvelles. Je ne veux pas revoir cette
maison dont un charitable et tendre cœur de femme

avait, pendant tant d'années, fait un asile pour les abandonnés et pour les égarés de la vie et qui ne semble plus s'en souvenir. Je ne veux pas voir, dans la sombre courette, d'autres géraniums que ceux de Charlotte étirer leurs tiges allongées et leurs maigres fleurs vers un ciel inaccessible. Je ne veux pas voir d'autres cages, d'autres canaris que ceux qu'elle appelait Roméo et Juliette et qui lui chantaient la gaieté du printemps, ni recevoir l'accueil d'une autre servante que la fidèle Kato et d'un autre chien que l'insupportable Moorke que Charlotte aimait parce qu'il était laid. Je ne veux pas voir des inconnus dans la chambre où je l'aidais parfois, lorsque j'étais petite, à ranger des dentelles tissées par les jeunes villageoises flamandes, cette chambre qui n'a plus besoin d'être bleue.

Car cette maison qui pour tous n'est que changée, pour moi est une maison morte. L'âme qui l'animait était, comme elle, ouverte à toutes les misères, pour les adoucir. Un amour infatigable dans son dévouement la réchauffait comme la flamme de son foyer, et, de même que le bois se consume et tombe en cendre, parce que telle est sa destinée quand le feu le dévore, c'était avec l'inconscience du sacrifice qu'un cœur de femme s'était là, peu à peu, consumé pour donner toute sa chaleur.

XII

LE PORTRAIT DE JOSEPH MERLÉ

Rue de Passy. — L'Opéra-Comique de Paris. — Le théâtre
de Gand vers 1844. — Albert Domange. — Musique d'autrefois. — La petite Adèle. — Résurrection.

En 1843, à l'époque où mon père, tout jeune,
apprenait à peindre dans l'atelier de Félix De
Vigne, rue de la Lieve, à Gand, avec son excellent
camarade Liévin De Winne, celui-ci lui avait fait
connaître ses amis, parmi lesquels un musicien de
grand talent, nommé Joseph Merlé. Il habitait Paris
mais aimait à venir revoir sa bonne ville de Gand.

Paris, qui attirait comme un aimant tous les
jeunes artistes, les avait fait se retrouver, en 1848,
car Merlé y était devenu chef d'orchestre à l'Opéra-
Comique depuis 1845. Je me rappelle une visite
que je fis au vieux musicien, quelque trente ans
plus tard, avec mes parents.

C'était rue de Passy, une rue bien banale, sentant le faubourg, une rue demeurée ce qu'elle était
au temps où Passy, commune suburbaine, n'avait
pas encore été rejointe par Paris toujours grandissant et envahissant, une rue sombre aux façades
maussades, aux trottoirs étroits. On monta, au

nº 89, un escalier tournant et on s'arrêta sur un petit palier, devant une porte à la grêle sonnette que le vieil artiste, lui-même, vint ouvrir. C'était un petit vieillard d'apparence frêle, très ridé, mais ayant gardé cette activité qu'ont seuls les gens que la poursuite d'un idéal stimule.

Il eut une explosion de joie en voyant mon père :

— Ah ! Breton, ce bon Breton ! Quel bonheur de vous voir, et vous, madame, et la petite... Asseyez-vous, mon cher. Ah ! madame... une Gantoise... une De Vigne ! Ah ! les De Vigne, que de souvenirs ! Que de soirées musicales et intimes passées chez eux ! Ils étaient cinq de cette famille, de ce même nom, à l'orchestre du Théâtre de Gand. Et quel théâtre c'était ! Ce qu'il était beau ! Combien le public était connaisseur et enthousiaste ! Il y avait le fameux chanteur Albert Domange, quel interprète ! quelle voix admirable et quel acteur !

Mon père l'interrompait :

— Albert ! quel délire d'admiration les soirs où il avait été particulièrement superbe dans *Robert le Diable*, dans *les Huguenots!* On dételait de sa voiture le cheval, que toute la jeunesse remplaçait, pour le reconduire à son hôtel, les uns poussaient, les autres tiraient. Nous étions toute une bande de camarades avec Heins, l'imprimeur-libraire, un passionné d'art, lui aussi ! Quels poumons nous avions alors pour acclamer notre Albert ! On voyait des fenêtres s'ouvrir, des gens en bonnets de coton apparaître, se demandant pourquoi ce tapage. Quelques-uns, gagnés par notre exaltation qui les avait réveillés en sursaut, criaient avec nous : « Vive Albert ! »

Merlé reprenait :

— Quoique je sois devenu Parisien depuis 1825, j'ai toujours suivi de loin, mais de tout cœur, ce qui intéressait ma bonne ville de Gand où je suis né en 1804 ; mes amis, que c'est loin ! Et mes compositions musicales, c'est à Bruxelles que je les ai publiées, je n'oublie pas ma Belgique et je suis content quand je vois que je n'y suis pas trop considéré comme un déserteur. Je voudrais y aller plus souvent, mais je suis pris par tant de choses, l'Opéra-Comique et la société chorale *les Enfants de Paris* qui m'a nommé son directeur dès sa fondation en 1857. La musique, c'est toute ma vie, Mozart, Boieldieu, Hérold, *la Flûte enchantée, la Dame blanche, le Pré aux clercs, Zampa,* on ne fera jamais mieux ! Quand je suis sous leur charme, je vis dans l'idéal et quand je rentre chez moi, dans ce petit appartement que vous voyez, pour y manger mon œuf à la coque et ma pomme cuite, je suis tout simplement le vieux petit papa de ma petite Adèle. Je sens bien que je deviens vieux, je m'en aperçois tous les jours : quand je monte en omnibus, l'employé qui est à l'arrière me soutient le coude et me dit : « Attention ! mon petit père ! » et quand il ne le dit pas, il a l'air de le dire. »

Mon père ne restait jamais longtemps assis, surtout dans un logis nouveau pour lui. Il circulait, examinait chaque objet curieusement, le prenait même parfois en main. Ici, cependant, il n'y avait pas grand'chose à voir : quelques meubles d'acajou du temps de Louis-Philippe, quelques gravures classiques pendues aux murs et de ces petites photographies encadrées sous lesquelles on voit un mignon bouquet d'immortelles, ce qui fait qu'on n'en parle pas de crainte de réveiller une tristesse assoupie.

Plusieurs boîtes à violon noires et luisantes, semblables à de petits cercueils, étaient déposées, çà et là, sur le piano et sur les meubles. L'ensemble était neutre et morne, aucune couleur claire n'égayait cette torpeur.

En furetant dans cette pièce modeste, mon père s'arrêta devant le piano au-dessus duquel il remarqua une peinture, un portrait bien noir où l'on distinguait une tête vue de face, mais, à ce moment la *petite Adèle* entra, revenant de faire ses courses de ménage. La petite Adèle avait bien au moins cinquante ans. C'était une personne menue et maigre, ressemblant à son père et toute vêtue de noir. Les femmes d'alors n'avaient pas, comme celles du vingtième siècle, la préoccupation de retarder des ans le ...réparable outrage. Leur visage de cinquante ans n'était pas comme certains de ceux d'aujourd'hui, un masque de Pierrot blanc où éclatent des lèvres si horriblement rouges qu'elles paraissent écorchées, ce qui donne aux dents blanches, quand un sourire les découvre, une expression d'anthropophage, à moins que ce ne soient des dents d'or rappelant que :

Le veau d'or est toujours debout.

Le visage de la petite Adèle ressemblait à une fleur fanée, mais naturelle. Elle avait des gestes menus comme si elle voulait, dans cet intérieur restreint, tenir le moins de place possible, alors que cependant tout y dépendait de ses soins continuels.

Elle était restée vieille fille par habitude, par

souci de ne rien modifier à la vie de son père qui, si elle s'était mariée, eût été tout seul. Elle voyait l'existence par le petit côté de la lorgnette, les mille détails l'empêchaient de voir l'ensemble et, sans doute, elle ne se rendait pas compte du sacrifice énorme auquel son amour filial si naturel, si simple l'avait amenée tout doucement.

Après l'avoir saluée et avoir échangé avec elle quelques paroles, mon père retourna devant la peinture qui l'intriguait. Merlé s'en aperçut.

— Ah ! vous regardez ce portrait? vous ne le croiriez pas ! c'est moi, par Liévin De Winne ! il noircit et s'efface de plus en plus, c'est dommage ! je l'ai connu si beau ! Et puis, il a une vilaine tache blanche qui le défigure, vous voyez, Breton, là, sur la joue droite. Je n'ose pas y toucher n'étant pas du métier. A votre avis, pourrait-on tenter de l'enlever?

Mon père qui préférait à l'inaction toute tentative même hasardeuse, ce qui est la caractéristique de tous les vrais artistes, proposa de faire, tout de suite, un essai.

— Nous allons voir ! dit-il. Mademoiselle Adèle, veuillez m'apporter un bassin de toilette contenant de l'eau claire et un peu de coton hydrophile.

Le tout fut posé sur une chaise auprès du portrait qu'on avait descendu et mon père commença avec mille précautions à frotter sur la tache qui avait la grandeur d'une pièce de 50 centimes. Sous l'action du petit tampon de coton mouillé, la tache sembla blanchir encore... puis elle s'agrandit, elle atteignit la taille d'une pièce de 20 sous. Tous, nous suivions, anxieux, ces métamorphoses.

Mon père s'arrêta, déconcerté : la tache s'étendait de plus en plus, elle égalait la dimension d'une pièce de 5 francs. Toute la pommette éclatait très claire déformant complètement l'ensemble du modelé de la tête. A ce moment, une goutte d'eau tomba du tampon d'ouate sur le menton du portrait. Mon père voulut l'essuyer mais le tamponnage qu'il pratiqua soigneusement produisit une nouvelle tache claire... il comprit et s'écria joyeux :

— La tache !... eh bien ! c'est une tache de propreté !

Alors, plongeant son tampon de coton en pleine eau, il le passa sur la tête entière et subitement, ô miracle ! toute la figure apparut fraîche et rose, les yeux reprirent leur éclat, la lèvre sa jolie couleur de vie, le front son rayonnement, les cheveux leur teinte châtaine, le nez sa spirituelle touche luisante, les narines leur frémissement, le portrait semblait respirer !

Le vieux Merlé, les bras en l'air, criait :

— Oh ! oh ! voilà ! voilà ! Breton ! vous êtes un sorcier ! vous me rendez ma jeunesse ! quelle lumière ! quelle fraîcheur ! Merci, Breton ! je renais ! je revis !

Il pleurait de joie, il trépignait et répétait : « Merci ! Merci ! »

Et il sauta au cou de papa pour l'embrasser.

Quant à la petite Adèle, l'enfant vieillie dans le culte de son père, elle joignait les mains et disait :

— Est-il possible, papa ! vous avez été joli, rose et frais comme cela ?

Mon père, enchanté, s'exclamait :

— Ah ! quel ton fin ! quelle belle exécution simple et sincère ! et comme on y sent déjà venir les qualités qui ont fait l'originalité de Liévin De Winne ! Il y a encore quelques hésitations dans la touche, mais c'est d'une naïveté touchante. Merlé, mon cher, vous possédez un bon De Winne !

Ce portrait, ayant perdu toute la crasse accumulée par les fumées et les poussières des ans, resplendissait évoquant tout un monde de souvenirs.

Le père Merlé, pour l'admirer de plus près, s'était mis à genoux et il se reportait par la pensée à l'atelier du bon maître Félix De Vigne, au n° 8 de la rue de la Lieve à Gand où il avait été peint. Mes parents et lui y revoyaient en imagination la belle crinière d'un roux ardent de Liévin (qui physiquement ressemblait à Van Dyck), dans ce milieu à la fois si laborieux et si gai, dans cette atmosphère de parfums d'essences, de siccatif et de fumée de pipes, dans cet atelier où l'on chantait, où, près de la petite fenêtre du coin, un sourd-muet, enfant de l'hospice, broyait les couleurs et les enfermait dans de petites vessies que l'on trouait d'un coup de canif, quand on voulait en mettre sur la palette.

A ce propos, ma mère raconta :

— Ah ! ce muet ! lorsque j'étais petite, il me faisait l'effet d'un être étrange semblant attaché à l'atelier comme les chevalets, comme le mannequin, silencieux autant que lui. Je me figurais que chaque famille de Gand était semblable à la mienne et que chacune d'elles avait un muet attenant à la partie laborieuse de la maison et travaillant dans son coin, sans jamais parler. A l'école, je pouvais avoir sept ans, je demandai un jour à mes petites amies :

— « Comment s'appelle votre muet?

— « Notre muet?... mais... nous n'en avons pas...

— « Vous n'avez pas de muet? Nous en avons un, nous, et il s'appelle Becker ! »

Mon père, monté sur une chaise, remit le tableau à son clou, au-dessus du piano. Il y rayonna, éclairant l'ombre comme eût fait un bouquet de fleurs fraîches.

Ce qu'il paraissait clair au milieu de tant de choses vieillies !

C'était le passé revivant avec son sourire de jeunesse et d'espoir.

C'était la résurrection de l'époque lointaine qu'un musicien et un peintre évoquaient tout à l'heure en prononçant le nom aimé et immortel de l'auteur de ce portrait, alors débutant, devenu l'illustre peintre de la famille royale de Belgique, Liévin De Winne.

XIII

L'ÉTABLISSEMENT VAN HOUTTE

Les jacinthes. — L'Houttéa. — La *Victoria Régia*. — La visite du roi Léopold II et de la reine. — La sœur de Van Houtte. — Le souper rue Charles-Quint. — Au clair de lune.

Étant à Gand, en avril 1882, comme nous nous rendions en chemin de fer à Anvers, Adrien fut absolument charmé à la vue d'immenses jardins, véritables champs de fleurs qui, de loin, ressemblaient à de magnifiques tapis des couleurs les plus fraîches, les plus tendres, du bleu, du blanc, du rose, du rouge, du lilas. Comme il poussait une exclamation d'admiration, mon oncle Jules De Vigne, nous dit : « Ce sont les établissements Van Houtte et c'est le moment de la floraison des jacinthes. C'est cette maison qui a commencé la réputation de Gand comme *ville des fleurs*, réputation devenue mondiale. »

Adrien conçut immédiatement l'idée d'un tableau à faire et, ayant rendu visite à M. Van Houtte, il obtint l'autorisation de faire des études dans sa propriété.

Nous nous y rendions tous les matins dès huit heures et c'était exquis de planter son parasol de peintre entre ces carrés multicolores et parfumés. Au bord des chemins, droits et réguliers, pour compléter cette vision féerique, les magnolias dressaient, vers le ciel bleu, leurs innombrables et grandes fleurs en forme de tulipes comme des calices blancs et roses aspirant à recevoir la rosée céleste.

Le silence qui permettait d'entendre les moindres bourdonnements d'abeilles était parfois rompu, très doucement, par les échos éloignés d'une musique militaire dont les sons s'estompaient par la distance, comme s'estompait la silhouette des clochers de la ville dans la lumineuse brume matinale. L'air de *Sambre-et-Meuse*, entendu ainsi, a pris pour nous, pour toujours, un charme vibrant, délicieux.

De temps en temps, pendant que nous étions absorbés par notre étude, passait le maître de céans. Coiffé d'un panama, marchant lentement avec de fréquents arrêts, les mains dans les poches, il promenait un regard satisfait sur ses jacinthes et sur les dos arrondis de ses nombreux jardiniers qui, se traînant sur leurs genoux, examinaient chaque plante pour supprimer prudemment celles qui accusaient quelque symptôme de maladie, afin de préserver leurs voisines de la contagion.

Quand Van Houtte passait près de nous, il nous interpellait amicalement :

— Ah ! les voilà, les artistes ! je suis doublement content, savez-vous, de ce beau temps pour mes jacinthes et pour votre travail. Ah ! monsieur Demont, vous allez faire là un bien beau tableau, un tableau unique, car mes champs de fleurs sont uniques et j'envoie mes oignons de jacinthes et de tulipes dans le monde entier, savez-vous !

Et discret, il s'éloignait.

Le tableau d'Adrien fut exposé au Salon de Paris de 1883, y eut beaucoup de succès et fut acquis par le marchand américain Avery, pour sa collection particulière.

Les années suivantes, toutes les fois que nous revenions à Gand, nous allions faire visite à Van Houtte et à ses fleurs.

Il nous recevait les bras ouverts en explosion de joie, car rien n'est plus enthousiaste qu'un Gantois quand il revoit un ami :

— Allons ! allons ! ça c'est bien ! Le plaisir que vous me faites en venant comme ça, fidèlement me voir, ça je sens, mais ça je ne saurais pas dire ! Allons, monsieur Demont, venez une fois revoir vos modèles. Et voilà que nous sommes justement en face de mes serres d'orchidées. Entrez ! voyez : ça est une conquête de cette année, vous allez dire qu'elle n'est pas bien belle, n'est-ce pas? elle est presque grise et l'iris le plus vulgaire est plus joli de forme et de couleur *et cætera*, mais c'est la nouveauté, voyez-vous, cette misérable petite plante qui pousse sur un morceau de liège, eh bien ! savez-vous ce que ça vaut? ça vaut pour le moins quinze cents francs, j'en envoie au Canada, au Brésil *et cætera*. Pour obtenir une variété nouvelle dans les espèces exotiques, ça est un travail, savez-vous ! Il faut soigner ces plantes comme des enfants au berceau, surveiller constamment le degré de température d'une atmosphère toujours humide et ne pas oublier de leur donner à boire au moment voulu *et cætera.* Et maintenant regardez une fois cet arbuste à feuilles opposées et à fleurs axillaires, c'est l'*Houttéa*, ce qui indique que c'est une création de notre maison, il est de la famille des gesnériacées, tribu des gesnériées, originaire du Brésil. Il est noté dans le dictionnaire Larousse, savez-vous, avec indication de son étymologie d'enfant des Van Houtte. Ces trouvailles donnent plus de mal que de profit, mais avant tout, n'est-ce pas, dans toutes les carrières, il faut travailler pour la gloire et la renommée de son pays *et cætera.* Mais ce que nous avons de plus beau, ça est la *Victoria Régia.* Tenez, voici la serre ronde que mon père a fait construire tout exprès pour elle : regardez, une fois ses immenses feuilles étalées sur l'eau comme des feuilles de nénuphars, les bords sont relevés comme ceux des tourtières. Mais elles ne sont pas encore à leur grandeur, elles progressent de dix centimètres par jour et atteignent deux mètres de diamètre, savez-vous ! et elles sont si solides qu'on sait mettre un gros chat dessus sans les faire ployer. Ce qu'il faut voir une fois dans sa vie, ce qui est magnifique et curieux, c'est la fleur de la *Victoria Régia,* ça est colossal ! Quand elle sera prête à fleurir je vous ferai signe et vous viendrez passer la nuit dans la serre pour la regarder s'ouvrir, car c'est à minuit qu'elle s'épanouit, ça, c'est une merveille ! Oui, je le répète, il faut voir ça une fois dans sa vie et quand on l'a vu une fois, on veut le revoir ! Le savant Planchon, le célèbre botaniste français qui s'occupe si activement des moyens de combattre le phylloxera de la vigne et qui a été jadis professeur à notre Institut agricole de Gand, est venu étudier ici, dans nos serres, cette fleur prodigieuse au point de vue de la chaleur considérable qu'elle développe au moment de la fécondation. Alors que la température de l'air ambiant était de vingt-deux degrés et celle de l'eau de vingt et un, il a constaté une chose bien extraordinaire : figurez-vous qu'en quinze minutes, le thermomètre placé sur le cœur de la fleur, au milieu de ses étamines, est monté à quarante et un degrés ! Ce que c'est que l'amour, hein? C'est la flamme de l'amour, c'est la grande loi générale de la nature, n'est-ce pas?

« Dernièrement j'ai eu l'honneur de recevoir la visite de Léopold II et de la reine Marie. Ils sont venus en petit comité avec le bourgmestre et les échevins et ils ont beaucoup admiré mes jacinthes et mes tulipes. Le roi a été très aimable, il a regardé de près, dans mes serres, mes plantes avec son lorgnon et ça me faisait tant de plaisir ! Mais la reine est un peu trop fière et trop solennelle *et cœtera*..., après la visite, j'ai dit :

— « Leurs Majestés me feront-elles l'honneur de profiter quelque chose chez moi? » Le roi aurait bien dit « oui », car il souriait, mais la reine a refusé et pourtant je lui ai dit :

— « Ça est prêt, savez-vous? » Non, ça n'est pas bien, n'est-ce pas? je vois que vous êtes de mon avis, non, ça n'est pas bien car, saperlotte ! notre famille fait honneur à la Belgique et les têtes couronnées pouvaient bien trinquer avec nous au succès des floréales qui sont la plus pure gloire de

notre bonne ville de Gand, n'est-ce pas? Et ma
sœur qui avait fait un si beau gâteau aux fruits
confits qu'elle avait entouré d'une guirlande de
fleurs, sur la nappe blanche *et cætera*, et moi qui
étais allé chercher le meilleur vin de ma cave!
Allons, monsieur et madame Demont, ce vin, vous
allez une fois venir le goûter. Je vais envoyer prévenir ma sœur. Eh! là! Ciske! allez bien vite dire
à Mademoiselle que nous avons une belle visite!
Ah! monsieur Demont, que je suis content! et ma
sœur va être si heureuse! »

Il nous fit entrer dans un gentil salon soigné,
orné de plantes rares. Sa sœur, grande, belle femme,
charmante, nous reçut avec une amabilité toute
naturelle et cordiale. On sentait tout de suite en
elle une intelligence cultivée, une profonde affection pour son frère et l'amour du beau dans la
nature et dans les arts. Son accent belge avait un
grand charme. Elle nous dit qu'elle aimait beaucoup les Français et la littérature française.

On trinqua à la Belgique et à la France.

Comme l'heure avançait et comme nous nous
préparions à nous retirer, Van Houtte nous dit :

— Allons, mes chers amis, je vais vous donner
un petit pas de conduite jusqu'au tramway.

Une fois là :

— Eh bien, puisque je suis venu jusqu'ici, je
vais monter avec vous. C'est chez Mme De Vigne,
rue Charles-Quint, que vous allez? Alors je vais
vous accompagner pour saluer Mme De Vigne.

Pendant tout le trajet, l'aimable bavard parla,
parla sans cesse.

La table, chez ma grand'mère, était servie pour
le souper.

— Ah! monsieur Van Houtte, dit-elle, faites-nous le plaisir de souper avec nous.

— Oh! non! madame De Vigne, je vous remercie, mais je vais m'asseoir là, dans ce fauteuil et je vous regarderai manger en faisant la causette, je n'ai pas faim, je vous assure.

— C'est comme vous voudrez, dit mon oncle Jules, et il se mit à découper un superbe jambon. Il y avait aussi, sur la table, un grand plat de crevettes, de la raie en daube, des pommes de terre en robe de chambre, différents fromages hollandais et un énorme radis noir, puis, comme dessert, du pain d'épices et des mokes.

Van Houtte continuait à exprimer, en un flot de paroles, sa grande satisfaction d'avoir pris le tramway pour prolonger le plaisir de notre société et, tout en parlant, insensiblement, il rapprochait son fauteuil de la table, si bien qu'à un moment donné, interrompant une dissertation sur la culture de la fougère géante et du haricot nain, pour lorgner avec intérêt le gros radis noir, il dit :

— ...Ce ramanast me dit quelque chose.

— Eh bien! laissez vous dire, dit mon oncle Jules en lui avançant une assiette et un couteau.

Le ramanast, on le sait, est un puissant apéritif, aussi, après lui ce furent le jambon, les crevettes, la raie en daube, les pommes de terre, les fromages variés qui, tour à tour, lui dirent quelque chose ainsi que le pain d'épices et les peperbolekes.

Comme, pendant qu'il savourait avec des points d'exclamations admiratifs, ces bons mets bien flamands, il faisait forcément quelques alinéas dans son discours, les autres convives trouvèrent moyen de placer quelques mots et la conversation vint à rouler sur la ressemblance qui existe souvent entre les êtres humains et les animaux et sur les différents types.

Ce sujet l'intéressa vivement et il me dit :

— Et moi, madame Virginie, est-ce que je suis un type?

— Oui, monsieur Van Houtte, vous êtes un très aimable type, mais un vrai type !

— Et dans quelle tribu, dans quelle espèce, dans quelle variété de types me placez-vous? Je suis heureux, quoi qu'il en soit, d'être un type, car, enfin, cela prouve que je ne suis pas banal et la banalité, n'est-ce pas? vous êtes tous de mon avis, c'est ce qu'il y a de pire ; donc, dans quel type me rangez-vous?

— Je n'hésite pas, vous ressemblez à un faune.

Ce mot fut salué par une nouvelle exclamation joyeuse :

— Je ressemble à un faune ! Ah ! que je suis content ! rien ne pouvait me flatter davantage, car, vous savez, n'est-ce pas? dans ma famille on est de père en fils amoureux de la Flore et la Flore n'est-elle pas la sœur jumelle de la Faune? Imaginerait-on ces deux puissances de la nature séparées l'une de l'autre? et qu'y a-t-il en dehors d'elles? le désert, du sable et des cailloux, elles résument tout ce qui est la vie sur la terre et même au fond de la mer *et cætera*, je suis un faune ! je me vois dans les bois pleins de muguets et de narcisses, jouant de l'antique pipeau *et cætera*... ça c'est une vision poétique ! je suis un faune ! mon père a adoré la déesse Flore et il m'a élevé dans son culte, je suis un faune ! je vais dire ça à ma sœur, je vais lui dire que les artistes m'ont classé dans l'espèce faune, elle va rire, elle sera ravie.

Pendant qu'il se livrait à cette exubérante gaieté, le souper étant terminé, la bonne était venue desservir et ma grand'mère, qui n'était jamais un instant inactive, avait pris son tricot de tous les soirs.

Mon oncle Jules alla chercher de volumineux papiers qu'il avait à vérifier. Étant à la fois député à la Chambre belge et échevin des finances, il n'avait pas de temps à perdre à des conversations de pur agrément :

— Vous permettez, monsieur Van Houtte, je ne me gêne pas avec vous, j'ai un travail pressé, les comptes de la municipalité que je dois mettre en ordre, pour les rendre demain matin à l'hôtel de ville.

— Faites, faites ! mon cher ami, faites comme si je n'étais pas là.

Et se tournant vers nous :

— Je vous disais donc que ma sœur a un délicieux caractère plein de gaieté et d'énergie. Elle me seconde beaucoup dans mon commerce, elle est la tête de la maison. Ce commerce est si compliqué, si absorbant que je n'ai jamais le temps de m'ennuyer, ni une minute à perdre, mais, si je n'étais pas horticulteur par ma destinée et mon atavisme *et cœtera*, je sens que je serais artiste, peintre ou sculpteur, ou bien musicien, ou bien poète *et cœtera*.

Et pendant qu'il continuait à développer les rapports et les différences qui existent entre les arts et les sciences, entre la conception d'une œuvre géniale et la germination des végétaux et des œufs de poule, la similitude qu'on peut observer entre la chaleur des sentiments du cœur humain et celle qui se dégage de la fleur de la *Victoria Régia*, pendant qu'il mêlait la vie animale et la vie végétale, dans la grande symphonie générale avec multiples preuves à l'appui, le temps passait, les heures sonnaient à l'horloge, les additions de mon oncle Jules (qui, heureusement, avait le don de s'isoler), se multipliaient et s'allongeaient, la chaussette de coton blanc que tricotait ma bonne-maman grandissait et nous écoutions, abasourdis.

Chez ma grand'mère, on avait coutume de se coucher à dix heures et demie. La bonne, avant de monter, avait déposé, sur la table, autant de bougeoirs qu'il y avait de chambres occupées dans la maison.

Van Houtte avait regardé ces préparatifs avec une parfaite sérénité.

Mon oncle Jules, ayant rangé ses paperasses dans une chemise de cuir noir, hasarda :

— Mais, mon cher Van Houtte, vous n'aurez plus de tramway, tout à l'heure, pour rentrer chez vous?

Et bonne-maman, en piquant sa chaussette sur la 'boule de coton au moyen des aiguilles d'acier, ajouta :

— Votre sœur ne va-t-elle pas être inquiète de ne pas vous voir rentrer, car, d'après ce que vous nous avez dit, vous ne l'aviez pas avertie?

— Comme vous êtes bons de vous inquiéter ainsi pour nous! ne craignez rien! ne craignez rien! ma sœur est bien accoutumée aux fantaisies de mon existence basée sur l'indépendance, car l'indépendance, voyez-vous, c'est ce qu'il y a de plus précieux, elle sait bien que tous mes actes me sont dictés par les nécessités des circonstances qui, pour la plupart, sont imprévues. Ah ! l'imprévu ! le plus grand de tous les charmes !... d'ailleurs il n'est pas rare de me voir errer seul, sur la place d'Armes, à deux heures du matin...

— Eh bien, mon cher Van Houtte, conclut mon oncle Jules, je vous souhaite une bonne promenade nocturne, mais nous, nous allons nous coucher. Que la lune vous éclaire !...

Il avait envie d'ajouter : « Et vous écoute. »

XIV

LE VIOLON DE MON BISAÏEUL PHILIPPE AVÉ

Bergues. — Gaston Debacque. — La maison des bêtes.
M. Vandenberg, commissaire-priseur. — Lipche Avé.
Le violon d'Hondschoote.

I

Celui qui n'est jamais arrivé, par un matin de beau temps, dans une vieille petite ville des Flandres, à l'heure où le vieux beffroi chante, où son carillon s'éparpille dans l'air, comme une volée d'oiseaux familiers, par-dessus les toits rouges, à l'heure où les bons paysans et les bons bourgeois causent sur le pas des portes, dans ces rues calmes où le passage d'une voiture est un événement, celui-là ne saurait se faire une idée de ce qu'est le genre de bonheur intime et recueilli de la vie provinciale, bonheur fait du respect de la tradition et de tranquille élaboration d'un avenir sans surprises.

Non certes, les Parisiens ne sont pas si fiers de leur grand Paris que les bonnes gens de Bergues (près de Dunkerque) le sont de leur ancienne église et de leur vénérable tour de l'abbaye de Saint-Winoc qui domine tout le pays. Si vous demandez votre chemin dans la rue de Rivoli, le passant à qui vous vous adressez n'aura jamais l'idée de se retourner pour vous faire admirer la colonnade du Louvre, tandis que la brave dame de Bergues qui revient du marché avec son cabas aux provisions, se détournera de son chemin et vous accompagnera par les rues dont elle connaît tous les pavés, pour le seul plaisir de vous entendre dire que *sa ville* est jolie et curieuse et qu'elle vaut vraiment la peine de faire un voyage pour la voir. Vous souriez de sa joie naïve, vous, l'étranger blasé de merveilles, mais au fond, cette tendresse pour la cité natale des aïeux, ne représente-t-elle pas tout un côté touchant et précieux de l'existence que les habitants des grands centres ignorent?

C'est dans les pays septentrionaux que ce sentiment d'amour du clocher existe le plus fortement. Le Méridional se transplante plus facilement que l'homme du Nord. C'est une plante à qui un rayon de soleil suffit, sous quelque ciel bleu que ce soit, pour que sa fleur s'épanouisse. L'homme du Nord, surtout l'homme des Flandres, moins brillant, d'une sève moins exubérante, tient au sol natal par des racines autrement profondes.

Donc, c'était par un clair matin tout égayé de sons de cloches, que nous entrions dans Bergues par l'une des portes de ses anciennes fortifications construites par Vauban. Ces murailles ne la protègent plus contre aucun ennemi, mais elles semblent encore avoir leur raison d'être, outre l'intérêt pittoresque, pour défendre le mystère de ses calmes rues de l'indiscrétion des promeneurs de grand'routes. C'est grâce à elles, que cette ville enfermée garde tout entière, avec les vieux souvenirs, l'intimité sacrée de sa modeste vie. Au pied du pont qui précède cette porte, quelques grands garçons pêchaient des anguilles au fond des grands fossés. Appuyés contre le parapet, d'autres tranquilles citoyens les regardaient d'en haut, les interpellaient et riaient. C'est ainsi, avec cette heureuse insouciance, que se passent les heures de loisirs, dans ces coins bénis entre tous de notre France du Nord ; c'est ainsi qu'on s'amusait déjà, il y a plusieurs siècles, dans les tableaux des peintres de cette vieille terre qui, comme le caractère de ses habitants, n'a pas changé.

Et nous sentions un charme tout particulier nous pénétrer doucement, comme si toutes ces paisibles choses nous parlaient de ce qui fut antérieur à nous-mêmes, en nous rappelant que nos aïeux étaient originaires sinon de Bergues même, du moins de cette contrée et qu'ils avaient dû voir de semblables matins égayant des sites tout pareils et éprouver des sensations de calme et de joie analogues.

Nous avions, comme cicérone, dans cette ville nouvelle pour nous, un ami de collège d'Adrien, un charmant garçon, Gaston Debacque, notaire à Dunkerque. Tout en cheminant dans les rues, il nous dit :

— J'ai prévenu ma vieille tante, elle nous attend à déjeuner. La pauvre femme a eu jadis le malheur d'être abandonnée par son fiancé le jour même du mariage. Elle a trouvé le moyen de se faire une vie possible encore après cette cruelle désillusion, elle a fait de la bonté avec sa douleur.

Il nous arrêta devant une grande maison ancienne et cossue. La vieille dame arriva souriante. Debacque se planta devant elle, l'embrassa et, après nous avoir présentés, s'écria :

— Ma tante, vous êtes extraordinaire, vous ne blanchissez pas !

Elle avait en effet des cheveux roux que nul fil d'argent ne sillonnait, mais c'était une perruque.

Elle répondit :

— Tais-toi, méchant farceur !

Les salons luxueux, datant de Louis XVI, étaient juste assez décorés pour être harmonieux et avoir un aspect vénérable. Une petite table ronde, revêtue d'une fine nappe blanche brodée et servie de mets délicats, nous attendait.

La bonne dame vivait là toute seule avec le souvenir de son bonheur manqué et elle animait cette vaste demeure par la présence tumultueuse de sept chiens, de quatorze chats, d'un perroquet blanc qui grommelait dans un coin et d'un quatuor de canaris en cage dont le chant perlé rivalisait avec celui du carillon.

Tout ce petit monde miaulait, aboyait, chantait, se grattait, grimpait sur les meubles et gambadait autour de la maîtresse débonnaire.

Elle avait fait un brin de toilette en notre honneur, robe de soie brochée noire, dentelles et bijoux.

Elle nous conta tout en déjeunant :

— Vous voyez tous mes chers compagnons, ce sont tous des mâles, voici pourquoi : Lorsque j'avais des femelles, elles me faisaient des petits que je n'avais pas le mauvais cœur de jeter à l'eau

et cela remplissait exagérément mon arche de
Noé. J'ai donc trouvé ce moyen d'éviter l'envahissement. Mais il m'est arrivé un jour une bonne
farce : Je m'étais absentée, laissant ma maison à la
garde d'un domestique de confiance et de tout
repos et d'une jeune bonne. Lorsque je revins chez
moi, celle-ci me fit en pleurant un aveu bien trou-
blant... que vouliez-vous que je fisse? Le mignon
arriva à bon port et je payai les mois de nourrice
et puis, plus tard, l'école et tout le reste. Maintenant, ayant fait cette nouvelle expérience, j'ai toujours deux bonnes.

II

Ce qui nous avait attirés à Bergues en quittant
Dunkerque, c'était le désir d'y voir un portrait
prétendu authentique de Jean Bart, renseigne-
ment qui m'était nécessaire pour le tableau que
je préparais à cette époque (1893), *Jean Bart
enrôlant ses matelots pour la campagne de Hollande.* L'amateur qui possédait ce portrait fut
tout heureux de nous en faire les honneurs et,
lorsque j'eus pris le croquis dont j'avais besoin,
nous nous remîmes à cheminer par la ville. Notre
goût pour les antiquités nous attira chez le commissaire-priseur, M. Vandenberg, qui nous fit l'accueil le plus cordial dès que l'ami qui nous accompagnait nous eut présentés à lui. Il s'empressa de
nous montrer ce qu'il avait de plus curieux en
ce moment, nous faisant remarquer les détails
qui augmentaient la valeur ou l'intérêt historique
de chaque objet et nous en racontant l'origine,

On sentait en lui l'homme qui s'est instruit de lui-même, basant toute son érudition sur une véritable passion d'antiquaire qui lui avait procuré les plus grandes joies de son existence, joies profondes, pleines de ce fécond enthousiasme de la découverte.

Il avait là quelques-unes de ces hautes horloges du dix-septième et du dix-huitième siècle, munies d'une musique mécanique et qui régulièrement, à l'heure et à la demie, répètent les vieux airs de leur temps. Vandenberg, en notre honneur, les remonta toutes et, comme si elles causaient entre elles, quand l'une avait fini de dérouler sa ritournelle, l'autre commençait. Par instant, les babillardes parlaient en même temps.

Elles avaient jadis compté les heures dans les vastes salles des manoirs et des fermes riches. Elles qui avaient tant de fois sonné l'heure du berger pour les amoureux d'antan, elles continuaient à moduler des airs simples, les mêmes que les pâtres de l'époque de Louis XV jouaient sur leurs musettes, lorsqu'ils soupiraient leur amour pour leur tendre ou infidèle Lisette. Les vieilles horloges poussiéreuses les chantaient, d'une voix chevrotante, avec des notes manquées par moments, d'une petite voix grêle et douce comme celles que devaient avoir, en leurs vieux jours, nos trisaïeules poudrées que nous nous figurons d'après les pastels du temps.

Pendant qu'elles jasaient ainsi, Vandenberg nous montrait tous les objets, de provenances diverses, réunis par lui sur la longue table de chêne et, comme je regardais une applique en fer forgé, il me dit :

— Ça? ça vient d'Hondschoote.

— Hondschoote ! observai-je, c'est le pays d'un de mes bisaïeuls.

— Comment s'appelait-il? demanda Vandenberg. Je connais tout le monde, là-bas, c'est aussi le pays de ma famille.

— Philippe Avé.

Jamais, non jamais, il ne m'a été donné de voir une expression de plus joyeuse surprise que celle qui s'épanouit, à ce mot, sur la bonne figure du commissaire-priseur.

— Philippe Avé ! s'écria-t-il en levant les deux bras... Vous êtes la petite-fille... du moins, l'arrière-petite-fille de Lipche Avé ! est-il possible ! moi qui croyais cette famille éteinte, il est mort si jeune, ce pauvre petit Lipche que mes parents aimaient tant ! Je vais vous montrer son violon ! une relique que je n'ai jamais voulu vendre, car c'est le seul souvenir que nous ayons de lui.

Et, étant allé ouvrir une armoire qui fermait à clef, il en retira le précieux instrument dont il fit discrètement sonner les cordes :

— Écoutez, quels beaux sons ! et regardez quelle gracieuse forme ! on n'en fait plus comme cela maintenant, il est de provenance italienne. Hondschoote était fière de son Lipche qui venait de remporter le premier grand prix de violon au Conservatoire de Paris (succès d'autant plus grand que cette année-là, exceptionnellement, l'Italie concourait avec la France), et quand il revint au pays après ce triomphe, on lui fit une fête dont on parle encore. Ce devait être vers 1806 ou 1807. Il avait alors une vingtaine d'années et cet instrument que voici lui fut offert par la ville au milieu des bravos et des discours. Ma vieille mère qui a quatre-vingts ans et qui ne parle que le flamand, me raconte encore tout ce que ses parents lui en ont dit. Pauvre Lipche ! s'il avait vécu, quelle gloire il fût devenu pour sa bonne ville d'Hondschoote !

Pendant qu'il parlait et que les vieilles horloges continuaient à nous dérouler par instants leurs tremblotantes mélodies, j'avais pris en main le violon de mon bisaïeul mort en 1814 et je me reportais, en idée, au temps passé dont nous parlait notre nouvel ami avec tant d'effusion cordiale. Ce petit nom de Lipche me touchait plus que m'eussent fait tous les termes élogieux qu'on eût pu adresser à mon ancêtre ; il me dévoilait tout un côté de tendresse familière valant encore mieux, au fond, que toutes les joies d'ambition réalisée qu'avaient pu lui procurer son succès de Paris et sa rentrée triomphale dans sa ville natale. Je savais depuis longtemps ce qu'avait été son talent de musicien et ce simple petit nom me disait ce qu'avait dû être son cœur, pour que ses amis l'aimassent ainsi.. Ce que je connaissais de lui avait déjà la poésie d'une légende et ce violon que je touchais et contemplais était là, souvenir palpable, me rappelant tout ce que j'avais entendu conter de ce temps lointain.

Après son grand prix de Paris, Philippe Avé était allé s'installer à Gand où il avait publié une méthode pour l'enseignement du violon et il s'y était marié, comme je vous l'ai dit, avec Thérèse Levasseur. Sa passion pour la musique était telle qu'il se levait la nuit pour étudier et afin de ne pas troubler le sommeil de sa jeune femme, il montait dans un grenier sans feu. C'est là qu'il attrapa ce

que les gens de nos pays appellent « le coup de
la mort ».

Il s'alita et lut pour se distraire. Il savoura le
charme de l'idylle, alors dans tout l'éclat de son
succès récent, *Paul et Virginie*, et comme il rêvait
à la joie paternelle que sa femme allait bientôt lui
donner, il décida d'appeler de l'un de ces deux
noms, l'enfant qui allait naître.

Avant de mourir, il prit la main de sa Thérèse
et lui répéta : « N'oublie pas... ce sera Paul ou
Virginie. »

Deux mois plus tard, comme je l'ai dit au chapitre II, l'enfant vint au monde avant terme,
au milieu des larmes, frêle et semblant n'avoir
qu'un souffle de vie. C'était une fille. Elle fut sauvée
par la tendresse de sa mère et le dévouement
d'une tante : ces deux femmes passaient des heures
à lui mettre des gouttes de lait sur les lèvres avec
une plume, car le pauvre être était trop faible pour
téter. La résistance de cette vie, si menacée, fut
l'un de ces miracles que l'amour seul peut opérer,
car, à cette époque, la science n'avait pas encore
découvert les admirables systèmes employés aujourd'hui pour l'élevage des prématurés.

Virginie Avé grandit, devint une belle fille dont
le visage, toujours gai, s'encadrait de beaux cheveux bruns et bouclés comme ceux de son père.
En 1835 elle épousa, après quatre ans de fiançailles, le jeune peintre Félix De Vigne et la fille
qui naquit de cette union, l'année suivante, fut
ma mère.

Toutes ces choses que je contais à Vandenberg,
complétant ainsi pour lui ce qu'il savait déjà au
sujet de l'ami de ses grands-parents, toutes ces

choses de l'ancien temps, il me semblait que ce fût le violon lui-même qui les évoquât, car il les avait vécues, ces heures joyeuses et ces heures lugubres, depuis le jour rayonnant où il avait été offert, orné de lauriers d'or, au jeune lauréat, jusqu'au jour sombre où ses cordes avaient vibré pour la dernière fois, sous ses doigts mourants. Il avait été l'écho de toutes les aspirations de l'artiste, de toutes les tendresses de l'homme, de tous les regrets du père qui ne verra pas l'enfant de son amour. Il me semblait que quelque chose de toutes les émotions ressenties devait être resté dans cette élégante boîte de bois ciré ; dans la vénérable poussière de ses cordes tendues que mes doigts effleuraient respectueusement. J'éprouvais une reconnaissance attendrie pour cette brave famille inconnue qui avait conservé, comme une relique, le gardant de tout attouchement banal, cet outil du travail et du rêve d'un ami depuis si longtemps disparu !

J'y retrouvais ce touchant esprit de respect du passé, cet esprit de province qui erre encore par les rues des candides petites villes flamandes et je me demandais si la douce émotion que nous avions éprouvée, Adrien et moi, en la visitant, n'avait pas pour cause insoupçonnée la présence d'un souvenir de famille, endormi depuis près d'un siècle dans un modeste coin de cette modeste cité. Qui sait? qui sondera jamais le mystère de nos tressaillements, de nos réminiscences, de nos pressentiments inconscients?

Bien à regret, je rendis à Vandenberg le violon de Lipche Avé. Il le remit dans son armoire fermée qu'il appelait son reliquaire.

Craignant de l'embarrasser dans le cas où il persisterait à ne pas vouloir le vendre et pour lui éviter l'ennui d'avoir à formuler, de vive voix, un refus, je me réservai de lui témoigner, par écrit, mon désir de voir rentrer ce souvenir dans ma famille.

Eh bien ! on dira ce qu'on voudra de notre époque où les sceptiques ne veulent voir partout qu'égoïsme et exploitation, on trouve encore, en Flandre et même ailleurs, des esprits délicats et désintéressés. Du moins j'en ai rencontré un exemple au fond de la bonne petite ville de Bergues. A la lettre que j'écrivis à Vandenberg, je reçus cette réponse :

« J'envoie à Madame votre mère, à Courrières, le violon de Philippe Avé. Je l'emballe moi-même soigneusement. Laissez-moi la pieuse joie de vous l'offrir : il n'est que juste qu'il retourne entre les mains de ses petits-enfants. »

Je signai un petit tableau que j'envoyai à Vandenberg.

J'appris, peu après, que j'avais touché la corde sensible, celle qui devait, en témoignant de ma reconnaissance, vibrer harmonieusement, comme celles du violon d'Hondschoote, dans le cœur du commissaire-priseur, sans froisser la délicatesse de ses sentiments.

Il pleura de joie devant *son tableau* et lui fit faire, comme pour les châsses des saints dans les sacristies, une boîte en verre pour le protéger tout entier, avec son cadre, contre la poussière et l'irrévérence des mouches.

Pendant ce temps-là, ma mère enfermait le violon de Lipche Avé dans une enveloppe de soie.

Ce fut une douce joie, car de même que le véritable amour maternel s'éveille alors que l'enfant n'est pas encore né, le véritable amour filial remonte, avec un respect attendri, jusqu'aux aïeux que l'on n'a pas connus, et tout ce qui constitue la tradition durable et sacrée de la famille repose sur ces sentiments instinctifs.

XV

LA MAISON
DE MA GRAND'TANTE MALVINE

Jef Quio. — Malvina et Emma. — La musique et les fleurs.
— La place d'Armes. — Les luttes politiques. — Le roman
de mon oncle Jules et d'Emma.

I

Après la mort de mon grand-oncle, le statuaire
Pierre De Vigne, sa veuve, ma tante Malvine, née
Quio (ancienne famille espagnole), quitta l'im-
mense et grave maison de la rue des Douze-
Chambres, pour venir habiter avec ses filles, Mal-
vina et Emma, une maison bourgeoise plus banale
mais plus gaie, qui lui appartenait, sise rue Charles-
Quint, près de la place où s'élève l'église Sainte-
Anne.

Elle était la sœur de ma tante Joséphine (femme
de mon oncle Alexandre dont j'ai parlé plus haut),
mais il était impossible de voir deux sœurs plus
différentes d'aspect et de goûts, bien qu'elles
eussent épousé deux frères.

Autant ma tante Joséphine était la ménagère attentive au bouillon qui s'anime et fredonne doucement dans la marmite, et en même temps occupée du panier aux chaussettes à repriser placé sur l'appui de la fenêtre, de la potée de réséda à arroser et à mettre au soleil et des joujoux cassés à recoller pour la joie des petits, autant ma tante Malvine semblait regarder de haut ces humbles soins qu'elle jugeait terre à terre. L'une vivait dans sa cuisine, l'autre dans son salon.

Elles avaient un frère, Joseph Quio, que, familièrement, on appelait Jef. Ce simple petit nom montre combien il était bon enfant.

C'était un brave et digne homme qui, malgré son origine espagnole, avait absolument le type flamand, grand, fort, coloré, jovial. On entendait éclater sa voix joyeuse avant qu'une porte ouverte ait permis de voir son excellente figure et l'on disait : « Ah ! voilà Jef ! »

Il m'appelait « Chérubin » et me donna cette gracieuse appellation toute sa vie, même quand j'étais déjà grande.

Lorsqu'on lui demandait des nouvelles de sa mère qu'il aimait beaucoup, il répondait :

— Ma mère ! elle a passé quatre-vingts ans, elle deviendra centenaire et moi aussi, d'ailleurs c'est une bonne habitude que nous avons comme ça dans la famille, savez-vous !

Et cette conviction d'avoir encore cinquante ans devant lui alors qu'il en avait déjà consommé cinquante, lui donnait la plus réjouissante et la plus communicative gaieté.

Ma tante Malvine ne lui ressemblait pas. Elle avait les allures d'une reine.

Sa figure était noble, des yeux noirs, bombés, expressifs, une bouche bien dessinée, un front, comme ceux de beaucoup de princes, large et fuyant. Très découvert, ce front, à l'endroit où il se bombait, aboutissait à des cheveux blanchissants et relevés en volute naturelle, comme une vague soulevée, en sorte qu'en moi-même, sans le dire à personne, je comparais ce front luisant à une plage à marée basse.

Son fils, Paul De Vigne, le statuaire qui déjà, alors, commençait à devenir célèbre et dont elle était justement fière, représentait l'heureuse harmonie de ces traits avec ceux très accentués, très espagnols aussi, qu'il tenait de son père et ce mélange faisait de lui un fort beau garçon.

Ma tante Malvine était toujours vêtue d'une robe de soie brochée noire, elle avait le mépris des étoffes communes et sa tête aristocratique s'encadrait d'une mantille de dentelle espagnole.

A l'entendre, tout était toujours pour le mieux dans le meilleur des mondes, pour tout ce qui concernait sa famille. Son bonheur était d'énumérer, devant ses visiteurs, toutes les joies et les sujets de fierté qui l'entouraient. Elle se préoccupait de n'avoir pas l'accent flamand et cela lui faisait un langage spécial qui n'appartenait qu'à elle. Elle disait :

— Je dis toujours à Emma : nous pouvons nous présenter partout, nous avons de l'esprit, nous avons de l'argent et nous avons des figures agréables. »

Ses filles s'étaient arrangé un atelier dans une chambre haute et continuaient à peindre de sincères et frais tableaux de fleurs qui, dans les expositions de Belgique, faisaient bonne figure et étaient très appréciés.

Quand nous allions les voir, ma tante nous recevait dans un salon très clair dont les deux fenêtres donnaient sur la rue et où elle se tenait habituellement au milieu d'œuvres d'art, statuettes et tableaux, qui donnaient à cette pièce quelconque, un cachet artistique. Au-dessus du piano, où toujours il y avait des bouquets de fleurs, on admirait un très beau portrait de Paul De Vigne par notre intime ami Liévin De Winne.

Nos cousines nous faisaient monter à leur atelier où elles nous montraient leur peinture en train. Ce travail, joint à la musique, emplissait toute leur vie.

Ma tante Malvine avait l'esprit caustique et lorsqu'on se rencontrait le dimanche, vers midi, après la messe de Saint-Bavon, sur la place d'Armes qui était le lieu de rendez-vous dominical de toute la belle société gantoise, elle avait à propos de toutes les personnes que l'on voyait passer près de soi et que l'on saluait, dans le va-et-vient de la promenade sous les arbres, des mots ironiques, humoristiques, très drôles, dénotant un rare esprit d'observation. Par exemple, les fiancés des demoiselles et les veuves remariées étaient passés au crible de sa plaisante critique.

Comme elle avait la chance de posséder l'esprit, l'argent et une figure agréable, elle était sévère pour tous ceux qui n'avaient pas, à la fois, tous ces dons précieux : Quand le promis de Mlle Van X... était riche, elle le trouvait laid ; s'il était beau, elle le jugeait bête ; s'il était intelligent, elle était disposée à croire que c'était un pauvre diable.

Au sujet des veuves consolables, elle se donnait le droit de les ridiculiser plus encore, en s'autorisant de la fidélité qu'elle gardait au souvenir de son cher mari.

Elle en connaissait une qui, désirant prendre un nouvel époux, avait longtemps hésité entre deux soupirants auxquels, en attendant, elle adressait les mêmes sourires encourageants. On lui avait dit :

— Jouez à pile ou face !

Elle avait répondu :

— Je ne veux pas avoir recours au pur hasard et je tiens à ne blesser personne : faire pile ou face, ce serait désobligeant pour celui que représenterait pile.

Elle trouva un autre moyen beaucoup plus ingénieux.

Elle dit à ses deux amoureux :

— Faites une partie de cartes à deux, je m'en remets au sort qui décidera mais, surtout, ne trichez pas ! Je veux épouser un honnête homme.

Les jeunes gens avaient accepté cette joute, ils étaient camarades et de même force au jeu, en sorte que chacun d'eux se croyait plus fort que l'autre.

La partie fut émouvante.

La jeune femme en suivait les péripéties, impassible et souriante.

Le gagnant se dressa tout fier, tout heureux et ouvrit les bras, se figurant que la jolie veuve s'y précipiterait, mais, à sa grande déconvenue, il la vit se diriger vers son rival et lui prendre la main avec sentiment.

Alors, se tournant vers l'amoureux déconfit, elle lui dit :

— Vous avez eu une présence d'esprit admirable qui vous servira dans la vie, l'idée que votre amour était en jeu ne vous a pas troublé... et puis, vous savez, je suis superstitieuse et le proverbe dit : heureux au jeu, malheureux en ménage. »

Après avoir entendu des histoires de ce genre, lorsque, sur la place d'Armes, on croisait les jeunes Gantoises avec leurs fiancés, le richard disgracieux, le bel imbécile, le baron Van Bourse Plate ou l'artiste purotin, ou bien les veuves remises à neuf avec leurs nouveaux maris, en les saluant gravement, on avait, malgré soi, envie de rire.

Ce tour d'esprit moqueur déplaisait à ma grand'mère De Vigne qui était la bienveillance et la bonté mêmes, aussi les deux belles-sœurs, tout en s'estimant mutuellement comme mères de famille admirables toutes deux, tout en restant en bons termes, n'avaient pas entre elles d'intimes relations.

Ma tante Malvine était bien le type de la veuve de l'artiste qui a joué un rôle important dans sa ville, fière de ses œuvres érigées sur les places publiques, fière d'avoir partagé sa vie, d'en connaître à fond les moindres détails, fière de lui avoir donné des enfants dignes de lui. Ma grand'mère avait les mêmes raisons de légitime fierté, mais elle était plus modeste.

Quand le soleil est descendu derrière l'horizon, paraissant de seconde en seconde entrer dans la terre, sa lueur persiste longtemps encore. Il envoie son doux et mélancolique reflet sur ceux qui l'ont regardé disparaître.

Quand l'artiste n'est plus, le reflet de l'amour

de l'art qui l'animait, enveloppe encore les êtres qui l'ont aimé et qui l'ont vu mourir. Ma tante s'enorgueillissait de ce dernier rayon. Ma grand'-mère, penchée sur un travail d'aiguille, en savou-rait la douceur calme et triste au fond de son cœur et ne s'en vantait pas.

Les deux veuves, fidèles au souvenir de leur grand homme, s'étaient fait dans cette atmos-phère de réminiscence du passé rayonnant, un bonheur relatif grâce à leur amour maternel. Mais là encore ma tante fut cruellement éprouvée. Comme je l'ai dit dans un chapitre précédent, sa fille Malvina, vibrante artiste musicienne et peintre mourut à vingt-huit ans. Tout le monde ignorait qu'elle fût gravement malade, car sa mère ne par-lait jamais à personne de ses inquiétudes et de ses tourments. Elle l'avait emmenée à la campagne, à Oosterzèele, pour la mettre au bon air et la mieux soigner.

C'est là que Malvina s'éteignit, au milieu des fleurs qu'elle aimait tant !

II

Dans mon enfance à Gand, tout le monde allait à la messe le dimanche, même les gens qui n'étaient pas croyants se rendaient en famille à Saint-Bavon. C'était une occasion de sortir le matin en beaux atours, de s'offrir, après l'office, des gâteaux chez le pâtissier, et comme je l'ai dit, de rencontrer ses amis sur la place d'Armes.

C'est là que s'ébauchaient presque toutes les

idylles de la bonne bourgeoisie et que les petits cancans se répandaient, au son de la musique installée dans son kiosque.

Quelques années plus tard, on commença à mêler la religion à la politique et deux partis se partagèrent la ville comme ils se partageaient le pays : le parti libéral et le parti catholique s'acharnèrent l'un contre l'autre.

Les libéraux étaient toujours anticléricaux et les catholiques qu'ils nommaient *Jefke* à cause de saint Joseph sous le lis blanc duquel ils s'étaient enrégimentés, étaient considérés comme l'ennemi. Le libéral ne prenait pas l'air à sa fenêtre lorsque passait une procession et le Jefke n'aurait pas voulu, pour rien au monde, assister à un enterrement civil.

Les deux camps étaient si intransigeants que, pour les acquisitions les plus usuelles, on s'informait de l'opinion politique du marchand : un catholique n'aurait pas mangé un hareng saur sortant d'une maison libérale et un libéral n'aurait pas voulu goûter un fromage jefke, eût-il le parfum le plus savoureux. Il ne lui eût pas pardonné d'émaner d'une boutique en odeur de sainteté. C'était le moment où le pape Pie IX, en lutte avec le roi Victor-Emmanuel, venait d'essuyer un échec à la suite duquel la chute du pouvoir temporel des papes avait été proclamée par le gouvernement italien. Le vieux souverain pontife déclarait qu'il était prisonnier au Vatican et résumait ce fait par ce mot sensationnel :

— Pierre est dans les fers.

Naturellement, tout le clergé s'indignait et les curés de Gand disaient en chaire :

— Mes chers frères! Notre Saint-Père est sur la paille humide des cachots!

Plusieurs jeunes gens libéraux ayant entendu ces paroles, achetèrent un excellent matelas avec un bon oreiller et les adressèrent à Pie IX.

Le dimanche suivant, comme le prêtre recommençait ses doléances, l'un d'eux s'écria :

— Rassurez-vous, monsieur le curé, grâce à nous, notre Saint-Père a maintenant un bon lit!

C'était là une petite plaisanterie, pas bien méchante, qui fit rire même les catholiques fervents, car, renseignés sur les choses de Rome, ils savaient bien que le Saint-Père n'était pas aussi malheureux matériellement qu'on le disait.

En France, en ce temps de jeune République, il y avait déjà une grande variété de républicains, ce mot étant synonyme de libéral et d'indépendant et le républicain sincère et loyal était moins rare qu'aujourd'hui. Parmi ces variétés il y avait le républicain demeuré croyant et même pratiquant, celui qui se rendait compte de la grande similitude qui existe entre la parole du Christ et la belle devise que la France inscrivait sur ses pièces de cent sous et sur le fronton des monuments publics : Liberté, Égalité, Fraternité.

En Belgique, les libéraux, que les *Jefke* avaient surnommés les *Gueux*, s'étaient approprié de bonne grâce ce nom peu gracieux et ils avaient même composé pour répondre aux cantiques à la gloire du Sacré-Cœur, un chant qu'ils appelaient : *Gueuselied* (chanson des Gueux) et qui avait beaucoup de caractère.

Comme je l'ai dit plus haut (chapitre premier) mon oncle Jules-Octave De Vigne, avocat, était l'un des chefs du parti libéral comme député à la Chambre de Bruxelles (volksfertégenvoordiger) et échevin de la ville de Gand.

Il remplissait toutes ces fonctions avec une activité inlassable. Il réalisait bien ce qu'il s'était promis le jour où, premier lauréat de toutes les Universités de Belgique, il avait dit en embrassant sa mère : « Et maintenant je vais commencer à travailler. » Il prenait souvent la parole au Parlement et ne nous en disait jamais rien. Quand il avait eu un succès oratoire, c'est par les journaux, le lendemain, que nous l'apprenions. Sa mère elle-même, qui vivait avec lui, n'était mise au courant de sa vie civile que par la presse. C'était là une discrétion vraiment exagérée et étonnante de la part d'un homme très affectueux et assez expansif pour les choses ordinaires de la vie journalière.

Il avait une telle horreur de l'intrigue que, non seulement il ne demandait jamais rien pour lui, mais qu'il suffisait que l'on soit son parent ou son intime ami, pour qu'il observât une réserve absolue lorsqu'il s'agissait d'une chose désirée sur la réussite de laquelle il eût pu avoir une certaine influence comme homme politique et officiel. Il disait : « Il faut tout faire pour mériter les honneurs et rien pour les obtenir. » Ce caractère de désintéressement absolu, joint à son dévouement pour la cause des malheureux, lui valait une haute estime même de la part de ceux dont l'opinion était opposée à la sienne.

Tous les gens intelligents et sincères comprennent que, s'il y a dans tous les partis des intrigants et des *arrivistes*, il y a aussi, de part et d'autre, de braves citoyens prêts à se dévouer à ce qu'ils considèrent comme devant amener le bonheur de l'humanité. Tous ces êtres d'élite devraient se donner la main et méditer la belle devise des Belges : *l'Union fait la force.*

Dans l'intimité, mon oncle Jules était gai, faisait volontiers d'innocentes plaisanteries et prenait avec bonne humeur celles des autres. Il m'aimait beaucoup et m'appelait *Kleintje*, ce qui en flamand signifie « toute petite ». Dans ses moments perdus qui étaient rares, il prenait plaisir à écrire de petites nouvelles en flamand (car il possédait à fond la chère langue de ses aïeux) et il les publia en un recueil appelé : *Couronne de petits contes.*

Depuis de longues années, une de ses joies, quand il avait quelques heures à lui, le soir, c'était d'aller chez la tante Malvine, faire de la musique avec ses cousines. On déchiffrait ensemble les nouvelles partitions, on découvrait des merveilles dans Richard Wagner qui, alors, était encore très discuté. Mon oncle Jules, sans avoir pris de leçons, chantait en amateur et mêlait les sons graves de sa voix de baryton aux voix cristallines des deux jeunes filles qui avaient un vrai talent.

C'est dans les moments de grands chagrins que l'on juge le mieux les amitiés vraiment solides : les faux amis s'éloignent, les amis sincères se rapprochent.

Quand il vit sa tante et Emma dans la peine par la mort de la charmante Malvina, il les entoura d'affection plus que jamais. Ses visites devinrent de plus en plus fréquentes, on lisait ensemble pour s'instruire et pour se distraire. Ma tante Malvine était libérale. Sa grande douleur l'accentua dans ce sens. Étant donné son caractère, les consolations pleines d'humilité, de résignation et de pitié qu'aurait pu lui apporter la religion, ne répondaient pas à ses sentiments. Révoltée de l'injustice du sort, elle ne voulut pas y voir un effet de la Providence, elle chercha un réconfort dans la philosophie. Elle étudiait les sages de la Grèce et, dans la conversation courante, citait des paroles de Thales, de Pittacus, de Cléobule de Lindos, comme d'autres femmes malheureuses citent celles de saint Augustin ou de saint Paul. Au fond, c'était la même chose, car les grands penseurs et les grands inspirés, de toutes les époques et de tous les pays, ont tous établi leur morale sur les mêmes bases éternelles : faire le bien, compatir aux douleurs des autres, et tâcher de les adoucir.

Elle refoulait ses propres tristesses, s'efforçait de sourire, et stoïque, ne voulant pas inspirer la pitié, elle repoussait brusquement toute parole de condoléances et immédiatement énumérait toutes les raisons de consolation qu'elle puisait dans l'amour des êtres chers qui lui restaient, ses enfants et ses petits-enfants, ceux de sa fille aînée Louise qui avait épousé le sculpteur Gérard Van der Linden de Louvain.

Mon oncle Jules disait d'elle :

— Son sourire étonne, certaines personnes le lui reprochent, moi je sais que c'est un sourire héroïque.

Et, de plus en plus, il se sentait sous le charme de la sympathie, qui dans cette maison le pénétrait doucement, comme le parfum des fleurs qu'Emma peignait si bien et dont elle s'entourait en toute saison.

III

En 1878, Jef Quio étant venu voir ma grand'-mère, feuilletait, tout en causant, un album de photographies. Il y vit mon portrait faisant face à celui d'Adrien.

— Chérubin, me dit-il, qui est ton pendant, ce beau garçon qui t'embrasse quand on ferme cet album, le veinard !

— C'est Adrien Demont, mon fiancé, un peintre.

— Ah ! Ah ! parfait ! le futur conditionnel, je te félicite !

Et comme on riait :

— Eh bien ! oui ! s'écria-t-il, ces deux jeunes gens vont entrer dans la plus charmante conjugaison et le mari n'est-il pas le verbe par excellence?

De même qu'un bienfait, un bon mot n'est jamais perdu.

Si le brave et cordial Jef n'avait pas trouvé celui-là, sa bonne figure riante ne se serait pas dressée devant moi au moment où je me reporte à ce temps si lointain.

Les bonnes paroles partant du cœur, elles non plus, ne sont jamais perdues. Elles entrent d'ailleurs dans la catégorie des bienfaits.

Le bon Jef, après m'avoir embrassée à grands bras, me souhaita tous les bonheurs possibles avec une conviction persuasive de doux prophète. Il me parla des *chérubins* de l'avenir, les enfants que j'aurais sûrement un jour et, avec son optimisme de futur centenaire, de mes petits-enfants qu'il ne manquerait pas de connaître et d'aimer. Il les voyait déjà groupés sur ses genoux.

A voir sa mine épanouie de santé débordante, sa mine de robuste Flamand, on pensait comme lui, on ne prévoyait pas que la mort pût le menacer avant le terme qu'il s'était assigné. Malheureusement, un cancer de la langue, le cancer des fumeurs, disait-on, l'emporta quelques années plus tard.

Il avait été centenaire en espoir et en imagination, il avait vécu d'avance un temps démesurément long, il avait été pleinement heureux grâce à cette conviction, donc, il avait vécu plus et mieux que ceux qui, comme notre ami Gustave Godard dont j'ai parlé dans un précédent volume, empoisonnent leur longue vie par la peur de la mort, car de ceux-là on peut dire qu'ils meurent longtemps d'avance.

IV

Emma avait eu plusieurs demandes en mariage que toujours elle avait refusées.

Peu de temps après la visite de Jef Quio, j'allai présenter mon « futur conditionnel » à ma tante Malvine qui fut très aimable et sembla trouver qu'il possédait les trois qualités qui, selon elle, se rencontraient si rarement chez la même personne.

Au moment où nous sortions, je pris Emma à part et lui dis :

— Et toi? à quand le mariage?

Elle me répondit :

— Tu sauras cela plus tard... j'ai un secret.

Ce secret que je ne devinai pas tout de suite, c'est qu'elle aimait son cousin Jules De Vigne.

Ils se connaissaient depuis toujours, ils avaient joué ensemble étant petits et peu à peu, leur amitié, doublée de profonde estime, était devenue de l'amour.

Mon oncle hésitait depuis longtemps à parler de ses rêves à sa mère, il savait l'importance que prennent pour les gens très âgés, les changements dans les habitudes de la vie journalière. Il se taisait et en souffrait.

Mais les bonnes mères devinent tout. Elle lui en parla la première et cet homme d'âge mûr, rougissant comme un adolescent, lui fit des aveux émus.

Elle lui dit :

— Pourquoi ne pas m'en avoir parlé depuis longtemps? Je vous laisserai cette maison, j'en louerai une petite dans un quartier tranquille et je serai heureuse de votre bonheur. »

Quant au grand sacrifice qu'elle faisait en quittant cette maison que son mari avait bâtie avec l'argent économisé par eux deux, cette maison où elle avait tant de chers souvenirs, elle n'en parla pas.

L'amour maternel est fait d'abnégation, c'est le plus désintéressé et le plus pur de tous.

Le mariage eut lieu le 28 juin 1892. Les témoins étaient mon père et mon oncle Edmond De Vigne, pour mon oncle Jules : Paul De Vigne et Gérard Van der Linden pour Emma.

Le bourgmestre tint à marier lui-même son échevin et fit un magnifique discours.

Le dîner de noces fut donné dans les deux salons

réunis de ma tante Malvine. On ouvrit la large porte qui les séparait. Ils étaient plus embaumés que jamais. A chaque instant, la petite sonnette de la porte extérieure tintait. C'était chaque fois, hommage d'un ami, un grand bouquet blanc qui faisait son entrée aux applaudissements des convives.

Au milieu de toute cette blancheur, la brune Emma était rayonnante d'une indicible joie. Que de bouquets, fleurs du souvenir et fleurs de l'espoir !

XVI

LA MAISON
DE LA RUE MATTHIEU-GESWEIN

Fête historique. — Louis Maeterlinck. — Ma grand'tante
Octavie. — Félix et Alphonse. — Albrecht et Juliaan de
Vriendt. — Anvers. — *Les Aveugles* de Breughel.

A partir de ce jour, ma grand'mère De Vigne se
retira dans une petite maison située rue Matthieu-
Geswein, près du boulevard du Béguinage et sut
donner à ce simple logis où elle habitait seule
avec une bonne, la brave Adélaïde, un air de bien-
être et de gaieté. Cette bonne, vrai type de Flamande plantureuse, paraissant sortie d'un tableau
de Jordaens, était pleine de joyeux entrain et
tenait le ménage avec un soin parfait.

C'était un grand plaisir pour nous d'aller faire de
petits séjours chez bonne-maman avec nos enfants.

Le 17 juillet 1897, à notre arrivée, elle nous
annonça que Gand préparait pour le lendemain
une belle fête historique. Elle avait quatre-vingt-
trois ans et ne sortait plus ; elle nous dit :

— Allez voir cela avec les petites, vous me
raconterez ce que vous aurez vu.

Le lendemain donc, nous errions dans la ville,

"

à la recherche du cortège, nous informant à tous les coins de rues, de l'itinéraire qu'il devait suivre. Par un heureux hasard, nous rencontrâmes notre ami le peintre Louis Maeterlinck qui avait arrêté sa calèche à l'un des meilleurs endroits. Sa charmante femme nous y fit monter auprès d'elle ; nous étions ainsi, sans être mêlés à la foule, aux premières loges pour bien voir.

Le soleil brillait, magnifique.

Les chars, précédés de cavaliers somptueusement costumés, s'avançaient avec lenteur, majestueusement, au milieu des murmures et des exclamations d'admiration de la foule :

Le char des Fleurs, celui de l'Industrie textile, celui de l'Avenir venaient de défiler, quand apparut plus haut, plus imposant que tous les autres, le char des Beaux-Arts, avec son harmonieux groupe de neuf Muses mêlé aux souples plantes exotiques, entourant un Apollon radieux dont la lyre étincelait au soleil.

Lorsqu'il passa près de nous, notre émotion fut grande en lisant, inscrits en lettres d'or sur trois grands écussons bleus les noms de Félix, de Pierre et d'Édouard De Vigne et en reconnaissant ensuite, se balançant au milieu des lauriers et des palmes de la Gloire, le buste de Liévin De Winne, notre cher et tant regretté ami, dû au talent de Paul De Vigne.

C'était, comme dans une vision de rêve, l'apothéose de tous ces disparus !

Louis Maeterlinck nous dit :

— Je le savais, je ne vous ai rien dit, voulant vous laisser le charme de la surprise.

Notre excellente bonne-maman De Vigne versa de douces larmes d'attendrissement au récit que nous lui en fîmes au retour. Elle aussi ignorait ce touchant hommage de la ville de Gand à ses peintres et sculpteurs.

Ne pouvant plus quitter son fauteuil que pour faire quelques pas dans sa maison, assise tout le jour près de sa fenêtre et le soir près de son foyer, elle eût pu trouver la vie monotone, mais jamais je ne l'entendis se plaindre. Elle prenait toutes choses du meilleur côté, était constamment occupée à des travaux d'aiguille ou de tricot ou à la lecture des journaux et publications illustrées dont elle s'entourait et qui la tenaient au courant des événements artistiques et des progrès de la science.

Et puis, elle avait une sœur, Octavie Lang, de dix ans plus jeune qu'elle, qui venait chaque soir partager son souper et lui raconter tout ce qu'elle avait vu et entendu dans la journée. Or, ma tante Octavie, restée aussi active et alerte qu'une jeunesse, avait toujours vu et entendu une foule de choses. Elle allait partout, visitant toutes les expositions, assistant à tous les grands services funèbres, à toutes les messes de mariages et, à propos de ces dernières solennités, elle avait remarqué et jugé, d'un coup d'œil, toutes les toilettes, car elle avait été modiste à Bruxelles dans son jeune temps.

Elle était veuve et avait perdu sa fille unique et son gendre.

Les deux sœurs vivaient donc avec leurs souvenirs, reparlaient de leur enfance et savaient encore rire de bon cœur des plaisantes histoires de jadis mais, aussi, que de chagrins et de regrets elles se confiaient, de ceux qu'on ne dit pas aux jeunes gens pour ne pas les attrister.

A cette époque, mes jeunes cousins Félix et Alphonse, les fils de mon oncle Georges De Vigne qui (comme je l'ai dit au chapitre premier) avait occupé la haute situation de directeur de la Compagnie Continentale franco-belge du Gaz de Lille, faisaient leurs études à Gand.

Ils étaient orphelins, leur mère, née Clotilde Derboven, étant morte en 1888 et leur père en 1894, alors qu'il n'avait que quarante-cinq ans.

Ces deux jeunes gens, encore adolescents, étaient donc livrés à eux-mêmes et d'autres, moins sérieux, eussent pu profiter de cette indépendance : leur plus grande joie était de venir faire, le jeudi et le dimanche, des parties de cartes et de dominos avec leur grand'mère, la mienne, notre bonne-maman De Vigne.

Ils étaient logés, rue du Jardin Zoologique, chez Ernest Billen que j'ai mentionné dans mon chapitre sur la maison de Charlotte De Winne, l'un des deux jumeaux qu'elle aimait tant ! Après la mort de sa tante, Ernest avait continué, aidé de sa gentille femme, son commerce de dentelles. Son frère Raymond est devenu ingénieur.

Félix et Alphonse étaient aimés de tous leurs camarades qui avaient même fait à Félix l'honneur de le nommer président de la Corporation des Étudiants, preuve d'estime et de confiance que la suite a dignement justifiée. Tous deux sont mariés, ils ont choisi d'exquises compagnes et ont fondé une nombreuse et admirable famille.

Félix dirige maintenant l'importante usine à gaz de Forest-Midi à Bruxelles et Alphonse la plus grande entreprise de chauffage d'Anvers

Anvers ! ce nom ne saurait venir sous ma plum

sans que je lui consacre quelques mots de reconnaissance pour la sympathie que nous y avons toujours rencontrée.

Anvers, où mon père a travaillé tout jeune, son maître Félix De Vigne lui ayant conseillé d'aller respirer l'atmosphère de Rubens ; Anvers qui m'acheta pour son Musée mon tableau : *A l'eau!* qui me décerna un diplôme d'honneur lors de son Exposition universelle et nous nomma tous trois, mon père, mon mari et moi, membres de son Académie royale des Beaux-Arts : Anvers où vit et travaille encore notre excellent ami Juliaan de Vriendt. Que de souvenirs nous pouvons réveiller avec lui !

Quand son frère Albrecht et lui étaient encore adolescents, mon grand-père, voyant leurs grandes dispositions picturales, s'intéressait à leurs premiers essais : tous deux sont devenus des Maîtres dont la Belgique est fière.

Juliaan nous a raconté que lorsqu'il avait treize ans, comme il avait déjà la passion de la peinture, il acheta un jour chez un marchand de bric-à-brac, un revendeur de vieilles choses, un tableau qu'il paya quatorze francs, produit de ses petites économies de gamin déjà sérieux. Il le revendit avec un léger bénéfice dont il fut très fier et heureux, car il n'était pas riche.

Ce tableau, c'était : *les Aveugles*, de Breughel.

Il figure maintenant au Musée du Louvre !

XVII

ADIEU A LA MAISON
DE LA RUE CHARLES-QUINT

Origine des De Vigne. — Joseph Fuerison. — Le dîner des chats. — *L'héracléum montegazzionum.* — La fin d'un beau rêve. — Adieu.

Mon oncle Jules et Emma réalisaient, en tous points, les projets formés depuis si longtemps. Ils faisaient de beaux voyages pour visiter les expositions, les musées célèbres et pour écouter les concerts les plus réputés. Ils allaient à Bayreuth entendre les œuvres de Richard Wagner, exécutées par un orchestre caché aux yeux des auditeurs et ils en revenaient enthousiasmés.

Dans ses moments de loisir, mon oncle faisait à l'hôtel de ville et à la bibliothèque des recherches sur les origines de sa famille, car il avait, très développé, le culte des aïeux. Il découvrit ainsi que le berceau des De Vigne est Ardres, le fameux Ardres du Camp du drap d'or. Il est assez curieux que, retirés à Wissant, nous soyons venus, par hasard, nous fixer si près de la terre natale de mes ancêtres maternels.

Les manuscrits de ces recherches sont conservés dans les archives de la ville de Gand.

L'un des meilleurs amis de mon oncle était l'avocat Joseph Fuerison, qui avait épousé notre charmante cousine Irène Vansanten, ce même Fuerison qui, quelque vingt ans plus tard, fondateur de l'*Action patriotique*, lors de la grande guerre, devait contribuer à soutenir avec une si belle énergie le courage et le fier moral des Gantois pendant l'occupation allemande, par la publication d'un journal qui s'appelait : *L'autre cloche*, s'imprimant en secret à la barbe des Boches et dont la mission était de lutter contre l'influence de la presse ennemie ; ce même Fuerison qui mourut subitement, en victime du devoir, le 19 février 1921, au moment où il conférençait à Bruges sous les auspices des *Amitiés françaises*. Il prononçait un magnifique discours d'une haute portée patriotique et humanitaire, lorsqu'il fut frappé de congestion et emporté en quelques heures. Ce fut un coup terrible pour sa femme, sa chère Irène qui, depuis quelques années, était devenue aveugle. Si cruellement éprouvée, elle chercha dans l'art un adoucissement et un réconfort. Elle est réputée maintenant comme un excellent compositeur de musique.

Mais à l'époque où je me reporte, la joie était complète dans la maison de la Coupure où Joseph Fuerison donnait d'exquises réunions d'amis. Cette maison était voisine de celle du très estimé docteur, professeur d'anatomie à l'Université, Hector Leboucq, mari de notre chère cousine Hélène, fille de mon oncle Alexandre, dont j'ai conté les fiançailles au chapitre X. On voisinait amicalement et Fuerison aimait à faire de plaisantes petites blagues. Un jour, le jeune avocat invita ses plus intimes amis à un joyeux dîner, en ces termes :

« Nous faisons un dîner en l'honneur des chats. Tous les invités sont priés d'y apporter des éléments ayant rapport à ces intéressants animaux que ma belle-mère adore. »

Ce fut convenu. L'un envoya des menus où étaient dessinés des chats dans toutes les attitudes, un autre fit confectionner des gâteaux de meringues et des pains d'épices représentant des chats en ronde-bosse et en bas-reliefs et tout fut arrangé pour être en harmonie. L'offre de mon oncle Jules fut le plus imprévu de tous. Il demanda au vieux chiffonnier qui, chaque semaine, venait enlever les détritus, vieux papiers et objets hors d'usage de sa maison, de lui procurer trois petites souris. Il les enferma dans une jolie boîte de confiseur en métal, close d'un ruban rose et sur laquelle il inscrivit : *Régal de chat*. Il la déposa au milieu de la table de son ami en recommandant qu'on ne l'ouvrît qu'au dessert. Tout le monde regardait la boîte mystérieuse, quelle friandise pouvait-elle contenir? Enfin, tandis qu'on grignotait des petits chats en chocolat, il y eut un murmure de satisfaction car Joseph Fuerison annonçait qu'il allait l'ouvrir.

Il dénoua le joli ruban... mais alors, tout à coup, le couvercle se souleva de lui-même sous ses doigts et on en vit sauter sur la nappe les trois petites souris courant, affolées, effrayées de l'effroi qu'elles provoquaient, au milieu des cris aigus des dames et des rires bruyants des hommes.

En toute hâte on appela le chat de la maison qui fit bonne chasse.

Quand le calme se fut un peu rétabli, mon oncle Jules leva sa coupe de champagne et proposa un ban d'applaudissement en l'honneur du sauveur Minnekepous. Il ajouta :

— Vous savez, mes amis, que, bien souvent, les fêtes organisées à la gloire de quelqu'un, profitent, avant tout, aux organisateurs. Puisque vous avez voulu que le chat fût le héros de la journée, j'ai jugé juste et équitable qu'il y trouvât aussi son profit.

Il fut applaudi, à son tour, comme à la Chambre des représentants.

****

Depuis son mariage, désirant plus que jamais donner à son logis le plus de charme possible, mon oncle Jules tenait à ce que son tout petit jardin, sur lequel s'ouvrait la porte vitrée de sa salle à manger (ce petit jardin que j'ai décrit dans le premier chapitre de ce livre), fût toujours bien fleuri et verdoyant. Le poirier de Ciske avait prospéré : il *faisait sa tête* bien au-dessus du mur. A son pied, un petit gazon bien vert entourait une mignonne corbeille dans laquelle on pouvait mettre quelques plantes d'agrément. Mon oncle en emportait de nos plates-bandes de Wissant dans sa valise, lorsqu'il venait nous voir, ou bien nous lui en faisions un envoi. Il nous appelait la Providence de son jardin. Nous lui donnions nos instructions pour la manière de les cultiver.

Nous commencions, à cette époque, à vulgariser dans notre propriété de Wissant l'*hérACléum monte-*

gazzionum une plante qui, insignifiante la première année, se développe la deuxième et, arrivée à juin de la troisième, atteint tout à coup cinq à six mètres de haut, s'entoure de feuilles gigantesques ressemblant à l'acanthe et épanouit au bout de sa tige droite, comme un mât de navire, une ombelle blanche semblable à celle du sureau et mesurant jusqu'à soixante-dix à quatre-vingts centimètres de diamètre.

Une idée nous vint d'envoyer à notre cher oncle trois pieds de première année de cette plante, tout petits encore, avec nos instructions : Les mettre en terre à une certaine distance l'une de l'autre, car elles ont besoin de beaucoup d'air. Tu verras, elles fleuriront la troisième année, jolie fleur blanche ; c'est une variété d'ombellifère.

L'année suivante, il nous écrivit : « Nous sommes enchantés, vos plantes se développent, toutes trois ont repris. »

Mais ce fut bien autre chose l'an d'après :

« Nous sommes stupéfaits ! mon terrain est décidément extraordinaire : vos trois plantes dépassent de beaucoup mon mur, elles sont aussi hautes que mon poirier et les fleurs sont comme l'ombrelle de dentelle d'Emma. Quand la porte de mon vestibule est ouverte, on les aperçoit de la rue, les passants s'arrêtent pour les regarder. L'autre jour, à l'hôtel de ville, un ami me dit : « Il « paraît que vous faites concurrence à Van Houtte « et à notre bourgmestre, vous avez une serre « chaude ! On m'a dit que vous cultiviez les plantes « exotiques, *Profitiat!* »

« J'ai répondu :

— « Parfaitement ! j'inaugure même dans notre

ville des fleurs, la culture des plantes exotiques
en pleine terre et en plein air, venez voir, c'est
très curieux !

« Eh bien, depuis, des gens que je connais à
peine me demandent la permission de venir admirer
ma prodigieuse culture, on me félicite de mon
talent d'horticulteur, j'enfonce Van Houtte et
tous les jours, Emma et moi, nous lisons les journaux en prenant le café à l'ombre de nos ombel-
lifères. »

Malheureusement ce bonheur si complet, cette
douce idylle d'automne, cette culture de fleurs et
d'art ne fut pas de longue durée : Emma devint
malade d'un cancer à l'estomac. Mon oncle loua
un jardin aux environs de Gand afin qu'elle eût
plus d'air que dans le petit jardin de ville et il
eut la douleur immense de la voir s'éteindre longuement sous les rayons de soleil et de tendresse
qui l'enveloppaient, impuissants.

Lorsqu'il la perdit, le 3 juin 1898, il dit :

— C'est la fin de mon beau rêve !

Puis, en 1904, nouvelle douleur pour lui et
pour nous tous, ce fut la mort de bonne-maman
De Vigne. Elle avait quatre-vingt-dix ans mais
était encore si vivante, son intelligence était si
entière, que sa perte causa à ses enfants un vide
aussi grand que si elle se fût produite cinquante
ans plus tôt. C'est une congestion pulmonaire qui
l'emporta en quelques jours.

Se sentant mourir, elle dit à ses fils Edmond et
Jules qui la veillaient :

— Je crois n'avoir jamais fait de peine à personne, je meurs tranquille. »

Quatre ans plus tard, le 28 décembre 1908, ce fut mon oncle Jules qui quitta ce monde à son tour à la suite de plusieurs congestions dont la dernière l'avait rendu aveugle. Résigné, sans plainte, il circulait chez lui à tâtons.

Il n'était pas croyant et pourtant son dernier mot, tandis que son dévoué frère Edmond lui prenait la main comme pour lui dire : « Je suis là, » ce dernier mot prononcé dans la nuit de ses yeux mais à la lumière de son âme qui n'avait connu que la flamme pure de l'idéal humanitaire et artistique et de l'amour fidèle, ce tout dernier mot fut :

— Je vais retrouver Emma.

La maison du 14 de la rue Charles-Quint avait vu s'éteindre tous ses habitants. Elle fut vendue à la grande fabrique voisine, cette fabrique dont le bourdonnement d'immense ruche humaine avait accompagné mes jeux d'enfant. Elle en fit des bureaux pour ses employés.

La dernière vision que j'eus de ce logis, de son salon où tant de joyeux amis s'étaient réunis, où l'on avait interprété de si belle musique, où Jef Quio, le gai prophète, m'avait prédit tant de bonheurs qui pour moi s'étaient réalisés, où chaque année, le 12 avril, ma mère et moi déposions sur la table un bel azalée tout fleuri de chez Van Houtte, pour la fête de mon oncle Jules qui l'accueillait avec une surprise feinte, car il le prévoyait chaque fois comme une chose habituelle, cette dernière vision fut navrante : à la place de la table un cercueil et, tout autour, la foule émue de toutes les notabilités de la ville, venant rendre un dernier hommage à l'ami qui les quittait.

O douce maison où, depuis ma première enfance, j'ai vu rire et pleurer tant d'êtres chers, tu n'as pas été détruite par l'ennemi comme celles de Courrières et de Douai, tu te dresses toujours et ta façade n'a pas changé, mais tu es devenue banale et comme tant d'autres choses, quoique encore existante, te voilà, pour moi, ensevelie dans le passé, mais ton souvenir rayonne encore, ce foyer-là ne s'éteint pas.

****

La ville de Gand a donné le nom de *Jules-De-Vigne* à l'une de ses places située non loin de la rue Charles-Quint où s'écoula toute sa vie et celui de *Liévin-De-Winne* à la rue qui va de la rue des Douze-Chambres à la Coupure.

XVIII

HOMMAGE
DE J.-E. VAN DRIESTEN
A LA MÉMOIRE
DE FÉLIX DE VIGNE

A Paris en 1915. — René Le Cholleux. — Auguste Dorchain. — M. Fiévet de Valenciennes. — M. le professeur Médéric Dufour, de Lille. — A l'église Saint-Nicolas de Gand. — Van Driesten enfant et Félix De Vigne.

Pendant l'hiver de guerre de 1915, nous étions à Paris, auprès de nos filles dont les maris étaient au front.

Notre excellent ami René Le Cholleux, toujours préoccupé de se rendre utile aux malheureux et de servir son pays de toutes ses forces, y fondait un Comité d'appui et de défense pour les réfugiés de professions libérales des provinces envahies.

Pendant ce temps, son fils unique Charles, ingénieur, qui avait fait de brillantes études à l'École polytechnique et se préparait un bel avenir, était un héros à la guerre dont il devait être, deux ans plus tard, une des glorieuses victimes.

Pour René Le Cholleux, la seule façon de se distraire un peu de ses angoisses de père, c'était de s'associer aux angoisses des autres et de leur consacrer tout son dévouement. Je ne connais rien de plus grand ni de plus beau.

Cette œuvre de bienfaisance à laquelle René Le Cholleux m'avait attachée comme membre du Comité, organisait des conférences, tous les lundis, dans la grande salle du 19 de la rue Blanche.

La plupart des auditeurs réunis dans cette salle étaient des réfugiés, tous songeaient à leur foyer familial peut-être détruit, et cette pensée, la même pour tous, créait dans cette vaste maison des ingénieurs civils, devenue maison de charité, le foyer d'une très grande famille où chacun venait se réchauffer le cœur. Toutes les craintes et toutes les espérances y trouvaient un réconfort, un encouragement. On s'y communiquait les rares nouvelles que l'on pouvait se procurer des villes occupées par l'ennemi et toutes les anxiétés venaient se grouper autour de René Le Cholleux, autour de l'homme énergique et admirable qui, lui-même si douloureusement inquiet alors pour son fils, dont le poste était l'un des plus périlleux du front, trouvait encore la force de se pencher sur la douleur des autres, de les écouter avec compassion, de leur chercher des emplois, de les secourir par des prêts d'argent, pour leur éviter le froid et la faim, en attendant des temps meilleurs.

Les conférences étaient intéressantes et émouvantes.

On y entendit, le 1ᵉʳ mars, le poète Auguste Dorchain, notre ami bien cher, parler, et avec quel charme ! de ses souvenirs d'enfance à Gand où il avait fait une partie de ses études à l'époque de la guerre de 1870.

Le 8 mars, ce fut M. Fiévet, musicien de Valenciennes, qui raconta avec une saisissante simplicité des choses vues et éprouvées durant les longs mois de captivité qu'avec son fils, compositeur comme lui, il venait de passer en Allemagne et leur évasion dangereuse et mouvementée. C'est au talent musical du jeune homme qu'ils durent leur délivrance : il charma tellement l'oreille d'un chef surveillant allemand que celui-ci, attendri (la musique adoucit les mœurs), facilita sa fuite et celle de son père en leur conseillant de se déguiser en vieillards infirmes et en leur procurant de faux passeports.

Le 22 mars, M. Médéric Dufour, professeur à la Faculté de Lille, évadé de cette ville, fit le récit émouvant du siège qu'elle avait à soutenir et de la ferme attitude de ses citoyens.

Les assistants les applaudissaient et, en même temps, des larmes leur montaient aux yeux.

Le 12 avril, M. Joseph-Emmanuel Van Driesten, le célèbre savant né à Lille et issu d'une ancienne famille d'origine flamande, intéressa vivement son auditoire par une attrayante causerie sur la Toison d'or et sa genèse au sujet de laquelle il avait fait d'importantes découvertes. Cette évocation des siècles écoulés, en un moment tragique de notre histoire (les premiers zeppelins venaient de bombarder Paris), prenait un caractère particulièrement impressionnant. Pendant qu'il parlait, on entendit le ronflement d'un taube et l'on se demandait quelle page triomphante ou néfaste la fié-

vreuse actualité laisserait dans la grande histoire
de France.

Lorsqu'on eut applaudi longuement l'orateur,
j'allai avec Le Cholleux le féliciter et le remercier
au nom des protégés de l'œuvre et ma surprise
fut grande quand il me dit :

— Combien je suis heureux de faire votre connaissance, moi qui garde au fond du cœur tant de
gratitude et d'affection à la mémoire de votre
grand-père Félix De Vigne : si je suis devenu archéologue, c'est en grande partie à lui que je le dois.

Il y avait dans ces paroles une émotion qui me
toucha profondément. M. Van Driesten était enthousiaste. Il était bien de notre bon dix-neuvième
siècle qui, quoi qu'en disent certains ultra-moder-
nistes, fut un siècle admirable par son noble idéa-
lisme et ses aspirations élevées.

J'eus à la suite de cette rencontre des échanges
de lettres avec M. Van Driesten qui me parlait
de ses ouvrages parus et à paraître. La *Toison
d'or, la Mort s'amuse, Waterloo*, auxquels sa chère
femme (connue comme artiste sous le nom de
Marie Van Parys Driesten), collaborait comme il-
lustrateur.

Le 28 février 1922, je reçus de lui la lettre suivante :

« Paris, 27 février 1922.

. . . .

« Je travaille activement à mon gros volume :
L'art somptuaire dans la rue, et je suis heureux de
vous adresser une copie de la dédicace qui figurera
en tête, face au portrait de votre vénérable grand-
père.

« Vous voudrez bien y voir la preuve que je garde toujours le souvenir des bons procédés dont j'ai été l'objet : celui auquel je suis heureux de faire allusion, remonte à mon adolescence ! Que c'est loin, hélas !

« Puisse mon souvenir vous être agréable, madame, c'est mon vœu le plus cher en attendant le plaisir de l'apprendre de vous-même. Soyez assez bonne, je vous prie, d'être mon interprète auprès de mon camarade *Betteravier* et recevez mes hommages les plus respectueux, avec le bon souvenir de ma femme.

« J. VAN DRIESTEN. »

Combien ce témoignage si cordial me toucha ! combien il toucha aussi Adrien que M. Van Driesten appelait son camarade de la société septentrionale « la Betterave », je n'ai pas besoin de le dire, tous ceux qui ont le culte des aïeux le comprendront.

Et cette préface que me communiquait ce grand savant, ce charmant homme, resta parmi ses manuscrits inédits, car la mort le surprit le 2 novembre 1923, avant qu'il eût eu le temps de terminer cet ouvrage.

C'est pourquoi, à mon tour, en hommage à la mémoire de Van Driesten, archéologue qui travailla toute sa vie et monta de succès en succès depuis son prix Wicar, son admirable exposition de Bruges jusqu'à ses dernières grandes et luxueuses publications, je tiens à reproduire ici cette préface, document historique, puisqu'elle se rapporte à un charmant souvenir d'enfance de l'auteur.

Mme Van Parys Driesten qui a la tristesse de terminer seule les ouvrages rêvés et préparés avec son cher mari, a bien voulu m'en donner l'autorisation.

Voici cette préface :

Ce livre est dédié à la mémoire de Félix De Vigne, artiste peintre et archéologue, professeur à l'Académie de Gand, membre de la Société royale des Beaux-Arts, etc., etc...

En procédant à la vérification des documents collectionnés en vue du présent ouvrage, j'ai retrouvé quelques feuilles héraldiques, souvenirs très chers de ce qu'elles me vinrent d'un très brave homme, savant et artiste incontesté, qui fut le révélateur de mes goûts et l'inspirateur de ma vocation.

Une de ces pages porte encore la trace de l'envoi qui m'en fut fait dans des conditions bien particulières. Il m'est agréable de les rappeler ici comme marque de gratitude envers le Maître qui décida, sans s'en douter, de ma vie artistique et présida à la première étape d'une carrière à laquelle la sienne servit de modèle.

Il y a bien longtemps de cela ! J'étais à Gand, passant mes vacances chez mon oncle, professeur à l'Université de cette ville pleine de souvenirs des vaillantes et actives corporations célèbres du moyen âge. On devait précisément y rappeler leur gloire passée par des fêtes comprenant un cortège historique qui promettait, disait-on, d'être merveilleux.

Un jour, je visitais la vieille église Saint-Nicolas. Séduit par les belles armoiries testimoniales accrochées aux piliers qui soutiennent la massive et vénérable tour qui la domine, je m'essayais à en dessiner quelques-unes. Absorbé par ma besogne, j'ignorais que je retenais l'attention d'un groupe de personnages massés derrière moi. L'un d'eux, qui paraissait les guider, m'interpella et me fit une critique d'ailleurs bienveillante, mais fort juste des... croquis que je terminais à ce moment.

Très timide, les conseils impromptus de l'inconnu à grande barbe, me troublèrent profondément. Celui-ci s'en aperçut et, pour mettre fin à ma gêne, leva la séance et accompagna un « au revoir » affable d'une tape amicale sur ma joue enfantine.

Sur ces entrefaites, le cortège se déroula. Le soir de ce même jour, mon parent m'ayant emmené à son cercle, quelle ne fut pas ma surprise, d'y retrouver mon critique barbu de l'église Saint-Nicolas...

C'était un ami de ma famille.

Je fis les frais de la conversation, naturellement, et je reçus la promesse d'un souvenir intéressant qui me parvint, quelques jours plus tard, de la part de :

FÉLIX DE VIGNE,

directeur du cortège éblouissant que j'avais tant admiré quelques heures plus tôt !

J'eus encore le bonheur de revoir une fois le Maître lorsque, accompagné de mon oncle, je lui fis mon définitif adieu. J'emportais, avec son souvenir si cher, des conseils précieux, des livres qui ont été des compagnons aimés et de puissants éléments d'émulation.

Toujours ils m'ont rappelé les sages avis que mes dispositions précoces me valurent de la part du savant artiste auquel les Gantois durent des heures inoubliables ; l'art et la science prestigieuse de Félix De Vigne faisant revivre à leurs yeux, l'âme même des ancêtres.

C'est en souvenir de l'influence bienfaisante que ce Maître eut sur ma vocation que, par reconnaissance, je dédie le présent ouvrage à sa mémoire vénérée. »

J. VAN DRIESTEN,
**Artiste peintre, historiographe
de l'ordre de la Toison d'Or.**

XIX

BOUQUET DES DUNES
(OSTENDE)

Le petit Maurice. — Le banc du roi Léopold II. — Le bouquet. — Le baiser royal. — L'alliance franco-belge.

Maintenant que mon jeune cousin Maurice
Lhoste De Vigne est mort pour la France, frappé
d'une balle en plein cœur en septembre 1914, je
repense avec attendrissement à une anecdote de
son enfance qu'il nous conta lors d'un gai souper,
chez nous, à Montgeron, et qui nous fit rire alors :

Je vais la rapporter ici, fidèlement, tâchant de
me rappeler ses paroles le plus exactement possible :

« Quand j'étais petit, nous prenions les bains
de mer à Ostende.

« Longeant la longue digue, je regardais les
beaux chalets et mes parents m'en avaient dé-
signé un en me disant :

— « Voici le chalet du roi Léopold II.

« Un jour, ils me firent remarquer un très grand
vieux monsieur ayant une longue barbe blanche,
assis tout seul sur un des bancs de la digue, celui qui
se trouvait en face du chalet royal et ils me dirent :

— « Voici le roi.

« Je ne l'aurais pas deviné, car un roi sans couronne et sans sceptre, fumant son cigare, bien à son aise, son parapluie entre ses genoux, cela ressemble étonnamment à un simple mortel, mais, sachant cela, je le regardai, en passant, avec un recueillement respectueux. D'ailleurs, en examinant bien son profil, je le reconnaissais, je l'avais vu sur les sous belges.

« Le lendemain matin, j'étais seul sur la plage où je faisais des pâtés de sable. Mes parents, leur logis étant proche, pouvaient m'y laisser jouer sans danger et j'étais tout fier de ce commencement d'indépendance qui m'était permis parce que j'avais l'âge de raison.

« Être seul, à sept ans, au pied d'une digue qui n'en finit pas, devant la mer encore plus infinie, cela a quelque chose de délicieusement impressionnant. C'était le matin de bonne heure, avant l'affluence des baigneurs et j'aperçus, assis tout seul, comme la veille, le très grand vieux monsieur barbu dans la même pose, fumant son cigare, l'air songeur.

« Je n'ai jamais été timide et, poussé par la curiosité de voir de près l'illustre personnage, j'allai tout droit jusqu'à lui et, ayant retiré mon béret, je lui demandai :

— « Est-ce que c'est vrai, monsieur, que vous êtes le roi des Belges?

« Il sourit et me répondit :

— « Oui, c'est vrai, mon petit ami.

— « Et vous venez, comme ça, prendre des bains de mer comme tout le monde?

— « Oui, comme tout le monde. Mais toi, mon petit manneken, comment t'appelles-tu?

« Ce souriant intérêt me flatta, je me redressai :

— « Je m'appelle Maurice Lhoste De Vigne, mon père est Français, il fait partie de la Garde Républicaine de Paris, mais ma mère est de Gand.

« Le roi réfléchit un instant :

— « Les De Vigne de Gand, dit-il, je connais cela, famille d'artistes, peintres, sculpteurs, musiciens. Nous possédons sur les places de nos villes des statues de Pierre et de Paul De Vigne et dans nos musées, des tableaux de Félix De Vigne dont mon portraitiste, Liévin De Winne, m'a souvent parlé quand j'ai posé pour lui, car il l'avait eu comme maître. Et nous avons aussi au Parlement un De Vigne, échevin de Gand.

— « Oui, monsieur le roi, c'est bien ça, c'est tous mes cousins.

— « Eh bien, mon petit, sois bien sage, travaille bien pour faire un jour honneur, toi aussi, à la Belgique et à la France.

« Quelques jours plus tard, par un matin tout pareil, j'aperçus de nouveau mon auguste ami, toujours dans la même pose méditative.

« Encouragé par l'accueil bienveillant qu'il m'avait fait, j'eus naturellement une impatiente envie de reprendre l'entretien, mais j'avais réfléchi et je m'étais rappelé que j'avais souvent lu, dans les journaux, que la coutume était, quand on se présentait à un roi, de lui offrir des fleurs et j'étais un peu confus de penser que je m'étais montré une pelle en bois à la main et les mollets tout saupoudrés de sable. Le souci du protocole que je n'avais pas observé me tracassait et je voulus réparer ce sans-gêne. Je courus donc tout d'une haleine vers la dune et je trouvai entre les chalets,

encore clairsemés alors, quelques petits pompons
roses de gazon d'Espagne sauvage et quelques
fleurettes de haricots nains roses également qui,
à cause du vent habituel, fleurissent à fleur de terre
ou plutôt à fleur de sable et n'ont presque pas de
tiges. Il y avait aussi de petites marguerites jaunes,
genre pissenlits, dans les coins abrités. Je cueillis
tout ce que je pus et liai mon bouquet avec un
brin d'oyat.

— Alors, content de me sentir en règle avec les
convenances, je m'avançai vers Sa Majesté :

— « Bonjour, monsieur le roi, lui dis-je en lui
mettant mon bouquet dans la main qui ne tenait
pas le cigare.

— « Merci, mon jeune ami, dit Léopold, tu es
bien gentil, il faut que je t'embrasse.

« Je sens encore le frôlement très doux de la
grande barbe royale sur mes deux joues. »

Cette historiette, quand elle nous fut contée,
n'avait que l'intérêt d'un gentil petit fait divers
et la physionomie vive et joyeuse de Maurice,
s'animant à ce souvenir, y ajoutait un charme
amusant et comique.

La vie est ainsi faite qu'il y a quelque chose de
grave au fond de ce qui nous a semblé le plus gai
et que, toujours, il arrive que ce qui nous a fait
rire, un jour nous fera pleurer.

Quand ce roi disait à cet enfant : « Fais honneur
à la Belgique et à la France, » il ne savait pas prophétiser si juste. Il ne pouvait prévoir que ce serait
en sacrifiant sa vie pour défendre ses deux patries,
que ce petit Maurice leur ferait honneur.

Quand ce roi se laissait distraire un instant de
sa profonde méditation qui avait pour objet les

affaires de l'État (et peut-être ce fabuleux Congo dont il allait faire don à son pays) pour écouter le babil d'un manneken de sept ans ; quand il acceptait avec bonhomie le naïf bouquet cueilli exprès pour lui dans les dunes et quand il donnait en échange un baiser tout paternel à ce petit Franco-Belge à la fois si hardi et si respectueux, pressentait-il combien l'avenir justifierait ce qu'il y avait de tendre dans ce baiser du très grand au très petit, par ce matin si paisible et si doux où, de la digue encore déserte à cette heure, on n'entendait que le murmure régulier de la vague montant vers les petits pâtés de sable abandonnés par un enfant pour aller saluer un roi ?

Notre vie est pleine de mystères. Physiquement, comparé à l'immensité de l'univers, rien n'est grand sur notre planète, mais, moralement, rien n'est petit parce que notre pensée est infiniment plus étendue que ce que peuvent apercevoir matériellement nos yeux.

L'élan instinctif de ce petit enfant vers ce grand monarque n'était-il pas celui de l'avenir et le symbole d'une jeune génération héroïquement sacrifiée à la victoire de deux nobles patries unies pour lutter contre l'invasion des barbares ?

Cette union sacrée n'était-elle pas scellée d'avance par ces fleurettes nées dans les dunes où les obus ennemis devaient éclater plus tard et par ce « Merci ! » si tendrement exprimé par un baiser ?

DOUAI EN FLANDRE

XX

LA MAISON DU CENTENAIRE

L'oncle Édouard Desuède et la tante Léonie. — Les arrière-petites-filles du général Durutte. — La dame de la Lugu-brière. — L'avocat de la défense. — Le juge de Tlemcen. — Récentes découvertes.

I

Le grand-oncle d'Adrien, Édouard Desuède, que je vous ai présenté dans le premier tome de cet ouvrage, dans le petit jardin de la rue des Ferron-niers, où il venait parfois nous voir, avait épousé Léonie Demont, sœur de papa Louis Demont, et ils habitaient une ancienne maison faisant le coin de la rue de la Comédie, l'une des plus calmes rues de la calme ville de Douai.

Dès que nous en avions agité la forte sonnette, la grand'porte s'ouvrait et nous y étions accueillis par les exclamations de joie de la brave et robuste Cécile, la bonne qui était dans la maison depuis un temps immémorial. Sur la figure colorée de cette paysanne bien Flamande aux bras nus, la jeunesse épanouie s'éternisait miraculeusement.

Elle nous dirigeait à travers la grande cour carrée vers le perron de grès usé et poli par les pas, et nous admirions en passant, à droite et à gauche, fièrement campés dans leurs énormes pots de terre rouge et rangés comme des soldats de la garde impériale, des orangers greffés par l'oncle Édouard, de vieux grenadiers et de hauts géraniums qui, à force d'avoir vu les années renouveler leurs feuilles panachées et leurs fleurs d'un rouge de Légion d'honneur, étaient devenus arborescents. A voir leur belle santé, on devinait que le maître de céans les passait en revue chaque jour et les arrosait avec une exactitude militaire. Cécile nous précédait alors pour nous annoncer à notre vieille tante Léonie, assise au bord de sa cheminée, dans l'angle de sa fenêtre, les mains aux genoux, les doigts entrelacés. Elle avait été une fort jolie blonde, comme l'attestait une miniature peinte vers 1835. Encadré de son bonnet de dentelle, son visage pâle avait gardé une grande finesse, mais la pauvre dame, contrairement à son mari qui répétait à tout propos son philosophique : « Je ne me plains de rien, » se « plaignait de tout ».

Elle ne dormait pas la nuit, elle mangeait sans goût, elle supportait mal la chaleur de l'été et le froid de l'hiver et elle avait horreur de la pluie et du vent, de la neige, de la boue et de la poussière. Lorsqu'un rhume flottait dans l'air, il était pour elle. Les remèdes des pharmaciens n'opéraient pas sur sa délicate santé ; d'ailleurs, ils étaient falsifiés. Tous les livres étaient fatigants et ennuyeux. Les journaux n'étaient pleins que de fausses nouvelles. Les pastilles de chocolat qu'elle nous offrait n'étaient plus aussi bonnes que celles de 1830. Les gens n'étaient plus aussi aimables. Les messieurs ne descendaient plus des trottoirs pour laisser passer les dames, les ouvriers étaient devenus impolis et paresseux. Les parapluies étaient de mauvaise qualité. Les étoffes ne valaient plus rien. Les femmes s'habillaient mal. Les enfants étaient tous mal élevés. Les jeunes gens ne s'occupant plus que de sports, ne venaient plus voir les vieux. Ils les laissaient moisir dans leur coin absolument comme si ce n'étaient que des plaignards radoteurs. Son fils Édouard, qui était juge en Algérie, à Tlemcen, lui écrivait trop rarement. Il devenait sans doute aussi indolent que les Arabes qu'il aimait tant ! Sa dernière lettre était là, sous la bonbonnière, en attendant la prochaine. Il était, disait-il, enchanté de ce pays d'Afrique où la vie était simplifiée, large et douce et où on avait délicieusement « trop chaud ». Elle nous montrait sa photographie : il était vêtu d'un burnous, coiffé d'un turban, assis sur les dalles de marbre blanc de son *patio*. C'était un magnifique garçon, brun au regard intense. Elle eût pu le constater avec une bien naturelle fierté maternelle s'il eût été dans son caractère de se réjouir de quelque chose, mais, là encore, le légitime orgueil qui eût dû être une joie, tournait en regrets : il ne songeait pas à se marier, c'était dommage ! Mais aussi ! qui pouvait-on épouser? Toutes les jeunes filles étaient de petites folles. Tous les mariages, bâclés à la vapeur, déraillaient comme les express, encore une invention du diable ! Anciennement les ménages suivaient tranquillement la bonne route droite, comme d'honnêtes diligences, mais on ne reverrait jamais ce bon temps passé !

On écoutait cette longue litanie renouvelée de Jérémie, et on y répondait, par politesse, d'un air distraitement pénétré.

Mais l'oncle Édouard arrivait, venant de son jardin, toujours très occupé comme tous les gens qui ne font rien, en tablier bleu, chaussé de gros souliers, un arrosoir ou un panier à légumes en main et la causerie prenait subitement un tour plus consolant :

— Chaque âge à ses plaisirs, son esprit et ses mœurs ». N'était-il pas naturel qu'il en fût de même pour les siècles? Ne devait-on pas subir ce qu'on ne pouvait empêcher? Ne valait-il pas mieux prendre les choses comme elles venaient et faire comme la truite qui ne remonte le courant que pour y prendre ce qu'il lui apporte de profitable? N'était-il pas normal, logique et équitable que toute chose ait une fin?

On écoutait ces préceptes renouvelés des sages de la Grèce et cette fois, c'était en souriant qu'on approuvait.

Et puis, il y avait dans ce logis où tout semblait séculaire (comme on écrivait en 1830) ce charme que ne connaissent pas les couples demeurés stériles, ce charme qui déride les fronts les plus soucieux, ce charme qui fait que presque chaque jour, à l'improviste, la porte s'ouvre bruyamment sans que l'on ait frappé, pour livrer passage à de petits personnages réjouis, rieurs, épanouis. Il y avait les trois petites-filles, enfants du commandant Durutte, jeunes descendantes du grand général de l'Empire, Louise, Émélie et Claire. Après avoir embrassé tout le monde et accepté les pastilles de chocolat de leur grand'mère, elles étalaient, sur la table des papiers d'or et d'argent, des papiers roses et bleus, qu'elles découpaient pour en faire des fleurs destinées à l'autel de la Sainte Vierge ou au reposoir de la prochaine procession.

Toutes trois dessinaient, écrivaient et montraient en toutes choses de réelles dispositions. Elles donnaient une forme charmante à tout ce que rêvent les fillettes vers l'âge de la première communion. Le papier écolier se couvrait sous leurs petits doigts, pieusement fantaisistes, de jolis anges en longue robe, de saintes aux profils purs, aux fronts auréolés de fleurs étranges et mystiques, tout l'idéal moyenâgeux qu'éveillent, dans les âmes ingénues, les enluminures des anciens missels. Elles faisaient de l'art primitif sans le vouloir, sans esprit d'imitation. Elles rappelaient cette époque naïve parce que cette époque était l'enfance de l'art et qu'elles faisaient de l'art enfantin. Mais dans leurs écrits, il y avait un petit grain d'esprit humoristique, caustique même, qui amusait follement leur oncle Édouard, le juge de Tlemcen, lorsqu'il venait passer à Douai les quelques mois pendant lesquels l'Orient brûle.

Moins intimidées avec lui qu'avec leurs parents et grands-parents, elles lui confiaient leurs petites compositions littéraires. Un jour il leur en chipa un feuillet et nous le communiqua. Il mérite d'être cité, car il dénote un esprit ingénieux, tout imprégné de poésie moyenâgeuse :

« La dame de la Lugubrière, assise sous un saule pleureur, ayant aux pieds des souliers de chagrin, au corsage un bouquet de soucis, lisant un livre d'élégies, sonne son sommelier Tristan pour qu'il lui verse une larme de vin de Lacryma Christi. »

II

Lorsque le vieux ménage Desuède réunissait ses enfants autour de sa table ronde, dans sa salle à manger tout en boiseries peintes en jaune, il y avait généralement un poulet cuit à la broche.

Dès que Cécile l'avait déposé sur la nappe blanche, une petite scène, toujours la même, se produisait, si bien que les fillettes se chuchotaient à l'oreille :

— « Voici l'accusé à la barre. »

La dame de la maison déclarait :

— Il sera dur. Il sera sec. Il a les pattes en l'air. Il a été mal choisi, mal plumé, mal cuit. Vous ne pourrez pas le couper.

Alors, l'indulgent patriarche, le couteau pointu d'une main, la fourchette d'acier de l'autre, répondait :

— Mais ! pas du tout ! Je vous assure qu'il se coupe très bien, qu'il sera tendre, succulent même !

Les fillettes ajoutaient :

— Voici l'avocat de la défense.

Et le juge de Tlemcen concluait :

— Où en est la justice en Europe si l'on accuse un pauvre poulet de n'être pas coupable !

Il n'y avait qu'un point sur lequel le vieux ménage était d'accord : c'était la défiance au sujet de l'incursion du progrès lorsqu'il menaçait de troubler les anciennes habitudes. C'était bien en vain, pour ces traditionnels endurcis, que l'esprit de confort moderne avait imaginé les complications du cabinet de toilette avec variations de robinets, cuvettes à bascule, porte-savons perfectionnés. Hiver comme été, le vieillard se lavait à sa pompe, dans sa cour. Il pouvait se rire de l'art du dentiste, de l'opticien et du perruquier; il n'avait à déplorer la perte que d'une seule dent qu'il avait cassée accidentellement, alors qu'il était encore jeune, en mordant sur un os de côtelette; il lisait son journal sans lunettes et son léger commencement de calvitie seyait bien à sa physionomie que le dessinateur Granville (qui disait que tout être humain ressemblait à un animal) eût classé dans le type caniche blanc.

C'était bien en vain que des savants avaient réalisé le moyen de répandre une chaleur égale dans toutes les pièces d'une habitation, par les ingénieux tuyautages qui vont se réchauffer au foyer du calorifère, comme les veines d'un corps organisé vont au cœur.

Combien tous deux trouvaient préférable la grosse bûche autour de laquelle ils fourrageaient du bout des pincettes et du tisonnier dans la cendre en répétant : « Laissez-moi faire!... vous tirez tout le feu de votre côté!... »

De même l'éclairage au pétrole et au gaz leur semblait choses bien superflues. Ils en étaient restés immuablement à la lampe à huile qui grogne quand on la remonte. Cette lampe, coiffée de son abat-jour vert, était posée près de la cheminée, sur la table dont elle éclairait tout juste un cycle d'environ cinquante centimètres, en sorte que le fils de la maison, qui arrivait tout droit du pays de la lumière, n'en avait même pas un mince rayon pour lire son journal et se morfondait, muet et rêveur, dans un coin noyé d'ombre en regrettant son patio africain.

En nous racontant ces mornes soirées, il disait : « Tout le bonheur de mes parents est fait de monotonie. »

En effet, pour eux aujourd'hui ressemblait à hier et ils comptaient bien que demain ressemblerait à aujourd'hui. Tous les jours, aux mêmes heures, le vieillard faisait des exercices sur son violoncelle dans un cabinet sans feu attenant à son grand salon, frais l'été, froid l'hiver, dont les meubles étaient recouverts de housses blanches.

Il était si soigneux qu'il revêtait, pour cette répétition, un pantalon spécial pour éviter l'usure causée par le frottement du bras qui tenait l'archet. Car tous deux avaient la préoccupation de faire durer le plus possible les objets qui leur étaient utiles. Était-ce par un excès d'économie non justifiée puisqu'ils vivaient de leurs rentes? Je ne le crois pas. C'était plutôt par fidélité aux vieilles habitudes et par reconnaissance pour les services rendus par ces objets intimes. Un jour qu'il gelait à pierre fendre, leur fille, Mme Durutte, dit à son père :

— Papa ! votre gilet de laine est devenu si mince par l'usage qu'il ne doit plus vous tenir chaud, achetez-en un autre ! » Il répondit :

— Je ne me plains pas, je n'ai jamais froid. » Consciencieusement, après chaque lavage, sa vieille femme renforçait de laine neuve les coudes et les épaules de ce vénérable gilet.

Alors on dit à Cécile :

— Déchirez-le donc exprès quand vous le laverez, afin qu'on le remplace enfin. » Cécile le fit.

L'infatigable remmailleuse qu'était notre grand'-tante Léonie reprit son aiguille et soupira, une fois de plus, que les gilets de laine de maintenant ne valaient plus ceux de 1830.

Il faut croire que la nature, de même, faisait là, sans relâche, son œuvre de réparation.

Toute caravane a ses haltes, toute procession a ses reposoirs. Il semblait que les mois et les années aient considéré cette maison de la rue de la Comédie comme une halte pour leur caravane, comme un reposoir pour leur procession. Le temps qui fauche à tort et à travers, paraissait y arrêter sa marche. Il épargnait ses habitants. Ces persistants faisaient si peu de bruit entre leurs quatre murailles, que la Parque semblait les avoir oubliés : le fil de leur vie était trop peu tendu pour se briser.

Toute chose se perpétuait comme par enchantement.

Les géraniums arborescents continuaient à fleurir aussi puissamment rouges. Le rire aux blanches dents éclairait toujours la bonne figure de Cécile. Les sons du violoncelle réveillaient encore, à heures fixes, les échos assourdis du grand salon dormant.

Seules, les fillettes grandissaient. L'aînée, fidèle à son rêve mystique, avait voulu ignorer tout le reste et avait pris le voile. Les deux autres se consacraient tout entières à leur mère devenue veuve.

Ce ne fut que lorsqu'il eut entamé sa centième année que le patriarche s'éteignit doucement en se répétant sans doute qu'il était normal, logique et équitable que toute chose ait une fin.

III

Qui croirait que dans une maison habitée depuis si longtemps par la même famille, on puisse encore, de nos jours, faire des découvertes?

C'est cependant vrai.

Voici un fragment d'une lettre que j'ai reçue dernièrement d'Émélie Durutte, l'une des petites-filles de l'oncle Édouard Desuède, l'une de celles qui, étant enfants, dessinaient des anges et écrivaient déjà de si intéressante façon :

« Figurez-vous que M. Maurice Wagon a découvert, dans notre grenier, des poutres sculptées aux armes de la famille d'Aoust et dans notre cave la pierre tombale d'une dame Françoise Lobejois, morte vers la fin de 1700. M. Wagon a même trouvé, dans les archives de la ville de Douai, le testament de cette dame appartenant à une famille considérable de notre ville et il paraîtrait que le corps de la dame Françoise reposerait sous sa pierre en notre cave... Un jour peut-être, quand j'irai chercher du beurre, elle sera capable de m'apparaître pour demander des messes pour le repos de son âme...

« Dernièrement, ma sœur Claire a trouvé, dans la même cave, une autre pierre tombale qui paraît encore beaucoup plus ancienne. »

Si ces vieux logis de province pouvaient parler, que de choses ils nous conteraient !

XXI

LA MAISON
DES DAMES DE LEGORGUE

Léonie et sa mère. — Amour filial. — Le portrait. — Le coffret
d'Adulphe Delegorgue. — Désespérance. — Transfusion
d'âme.

I

De grandes aiguilles à tricoter, une pelote de
laine grise, un étui à lunettes, un livre de prières,
une bonbonnière du dix-huitième siècle toujours
pleine de pastilles de chocolat, le tout posé sur
l'appui d'une fenêtre donnant sur la calme rue du
Clocher-Saint-Pierre, à Douai ; un large fauteuil
confortable en velours pour l'hiver, en molesquine
pour l'été, un tabouret de pieds ou une chaufferette
selon la saison et c'était tout, tout ce qui composait la vie régulière et longue de la vieille, très
vieille Mme de Legorgue.

Elle était, quand je la connus, sur le point d'être
bisaïeule, l'une de ses petites-filles qui avait épousé
M. Ernest Camescasse, ex-préfet du Pas-de-Calais
récemment nommé préfet de Police, lui promettait

cette dignité nouvelle, et, depuis longtemps, tout
le monde dans sa famille, même ses enfants déjà
vieux, l'appelaient « grand'mère ». Elle était d'une
conservation étonnante pour ses quatre-vingts
ans et avait gardé toutes ses facultés ; mais bien
qu'elle eût encore l'usage de ses jambes, elle ne
s'en servait guère que pour se rendre du fauteuil
de son salon à sa chambre à coucher située au premier étage de son ancienne et vaste maison. Bien
que ses yeux fussent très bons, leur vision ne
s'étendait pas au delà de la maison d'en face et de
son trottoir peu fréquenté, et son oreille, restée
fine, ne percevait que des bruits intimes et familiers. Ainsi le voulait la prudence toute dévouée et
un peu autoritaire de sa fille Léonie, la plus jeune
de ses enfants qui, demeurée vieille fille, ne l'avait
jamais quittée et la traitait comme un objet historique, vénérable et précieux qu'il ne faut pas
bouger de crainte de la *casse*. Selon Léonie, sortir
sa mère, c'était l'exposer au froid l'hiver, à la
chaleur l'été, à l'humidité au printemps et à l'automne, aux faux pas et à la fatigue en tout temps
et elle l'immobilisait par esprit de conservation.

Léonie était une grande personne, jaune et
noire et dont le type, très accentué, devait avoir
sa lointaine origine dans l'occupation des Flandres
par les Espagnols. Tendre avec des mouvements
brusques, bonne et souriante avec des traits
aigus et durs, avec des yeux noirs qui se mouillaient d'attendrissement sous des sourcils brous-
sailleux et rejoints, avec une bouche n'ayant
jamais prononcé que de douces paroles, mais ombragée d'un duvet brun, lequel, sans des soins journaliers, se fût appelé moustaches ; le visage d'un

homme, mais éclairé par l'âme d'une vraie femme, nourrissant toutes les vertus sacrées de désintéressement, de dévouement et de charité, telle était Léonie.

La nature a de ces bizarreries : enfermer la bonté la plus inépuisable sous une enveloppe d'aspect rébarbatif. Tout ce que Léonie avait pu avoir dans le cœur depuis sa première jeunesse, d'amour tendre, d'élans passionnés, de poésie même, s'était d'abord dépensé en rêves irréalisés, puis s'était concentré, depuis de longues années déjà, sur un être unique : sa mère. Préserver cette existence de tous les dangers, chercher à la prolonger, à la retenir attachée à cette terre par des soins de tous les instants, c'était désormais sa seule occupation, son seul souci, sa seule joie, son seul but dans la vie.

Elle ne sortait qu'à cause d'elle et pour elle, afin de lui acheter tout ce qui pouvait lui plaire, primeurs, friandises, images, joujoux de vieux. Elle lui faisait des surprises comme aux enfants et le calendrier abondait en prétextes à 'réjouissances. Le jour de Pâques, la bonne vieille trouvait à côté du tricot de laine qu'elle faisait pour les pauvres, un œuf de sucre rose rempli de fondants. Le jour de Noël la plus belle des publications illustrées, ayant trait à la plus grande fête sacrée, l'attendait sur son fauteuil de velours.

Les premiers muguets, les premières violettes et les derniers chrysanthèmes ou dalhias qui se pouvaient trouver au marché de Saint-Amé, étaient pour son appui de fenêtre, et c'est ainsi que ne sortant pas, elle se rendait compte de la fuite et de l'arrivée des saisons, dans ce salon toujours méticuleusement entretenu à une température modérée et égale comme une serre faite pour une plante rare.

Il était très grand ce salon, tout en hautes boiseries de chêne, orné de meubles datant de l'époque où l'on se préoccupait plus du confort et de la solidité que de l'élégance et de la fantaisie.

Un parfum spécial y était comme en suspens, parfum de choses depuis très longtemps touchées par les mêmes mains, parfum dont s'imprégnait même l'air du dehors venant par l'une des fenêtres ouverte en été. Cette maison, jadis remplie, était devenue beaucoup trop grande pour les deux femmes, dont la calme existence se passait dans l'embrasure d'une fenêtre. Elle avait, à la suite du salon de boiseries, de grandes pièces démeublées et nues, renfermant, celles-là, une odeur de vieux champignon et dont les hautes glaces miroitaient mystérieusement au reflet de demi-jour filtrant par les fissures des volets clos. Léonie, en m'en entre-bâillant les portes blanches et dorées, disait :

— Tu vois, quand j'étais jeune, c'est là que l'on faisait soirée entre amis et que l'on dansait, et sa voix résonnait dans ce vide, comme si un écho lointain lui répondait encore, comme si ces vastes salons jadis illuminés et bruyants, gémissaient de leur abandon.

Ils étaient passés ces temps de réunions joyeuses. La mère et la fille travaillaient tout le jour pour les indigents que leur signalait le doyen de Notre-Dame, leur paroisse, quand il venait les voir, ce qui était le grand événement de la journée. C'étaient deux fronts penchés sur les mêmes ouvrages monotones et cependant elles étaient gaies et pleines d'entrain. Ces deux femmes, amies intimes depuis toujours de mes beaux-parents, avaient vu naître mon mari et prononçaient le nom « d'Adrien » avec une affectueuse admiration.

Cette admiration avait d'abord eu pour objet la belle mine qu'il avait quand il était bébé, puis la haute taille qu'il avait atteinte à l'âge de vingt ans et ses premiers succès de peintre venaient d'y mettre le comble lorsqu'au moment de mon mariage, je fis leur connaissance, car ce nom familier s'était revêtu à leurs yeux d'un prestige merveilleux, elles l'avaient vu imprimé, en toutes lettres, dans les journaux ! Dès la toute première visite que je leur fis avec lui, elles me tutoyèrent et m'appelèrent « Virginie ». On ne saurait dire que la glace fut rompue tout de suite, selon l'expression convenue, car il n'y avait même pas de glace à rompre, tant l'accueil était spontanément et instinctivement cordial. Leur amitié était si largement ouverte à celui qui venait de me donner son nom, que j'y entrais sans préliminaire du premier coup, moi, nouvelle venue. Elles parlaient toutes deux en même temps pour dire les mêmes choses. En me quittant, la vieille mère me dit :

— Au revoir, mon chou, tu sais que je t'aime bien, viens souvent me voir.

Elles se ressemblaient un peu par la vivacité des yeux qu'elles avaient toutes deux très noirs et très intenses, mais la physionomie cependant différait.

La mère avait des traits plus fins et un petit air malicieux que n'avait pas la fille ; son sourire, tout aussi aimable mais plus malin, rappelait celui de certains papes. On racontait d'elle des traits d'esprit à double sens, des mots polis et terribles et

elle n'avait rien perdu avec l'âge de sa promptitude
de repartie. On citait encore des saillies malignes
qu'elle avait lancées cinquante ans auparavant,
car c'est le sort des petites railleries de faire leur
chemin, de par le monde, plus sûrement et d'une
façon plus durable que les agréables propos : les
uns les retiennent pour en avoir été froissés, les
autres pour en avoir ri.

La mère de Legorgue avait toujours eu horreur
de la vanité qui pousse certaines gens à vouloir
paraître plus qu'ils ne sont et c'est surtout aux
dépens de ce genre de poseurs que s'exerçait sa
verve critique. Elle déplorait les inventions nouvelles ayant pour but l'imitation de choses précieuses en matière vulgaire. Elle admirait le luxe
et détestait le simili : les papiers de tentures
jouant l'étoffe ou le cuir ; les transparents coloriés
à coller sur de banales vitres pour singer les vi-
traux anciens, la bûche en zinc allumée à la hâte,
au moment d'une visite et que lèchent de mes-
quines, de régulières flammèches de gaz bleu
embrasant constamment quelques touffes d'amiante
sans les consumer jamais et donnant une illusion
de tiédeur à une salle glacée ; le palmier peint en
vert qu'on époussette et qu'on n'arrose pas,
qu'aucun bourgeon ne rajeunit ; la chromo et le
carton repoussé avec leur faux air d'objets d'art,
tout ce qui est vaine apparence et trompe-l'œil,
lui était odieux.

Un jour (il y a de cela bien longtemps) elle
avait vu entrer dans un salon, au milieu d'une
société nombreuse, une dame à qui elle connaissait ce petit travers de vouloir, avec peu de
ressources, faire de l'effet par un semblant d'élé-

gance, et, tout haut, devant tout le monde, elle lui avait dit, avec son plus aimable sourire :

— Tous mes compliments, chère madame, vous embellissez tout ce que vous portez. Ainsi vous avez là une robe de simple lustrine que l'on jurerait être de la soie et vos dentelles mécaniques sont si fines et de si bon goût, qu'on les prendrait pour de la valenciennes.

Une autre fois, s'adressant à une dame laide, coquette et fardée, elle s'était exclamée :

— Ah ! ce que vous étiez jolie au dernier bal de la sous-préfecture ! tellement jolie que personne ne vous reconnaissait !

Son estime de ce qui est véritable, solide et de bonne durée, n'était pas pour rien, je crois, dans la complaisance qu'elle mettait à écouter les compliments que chacun lui prodiguait à l'égard de sa santé persistante, car elle était fière de la bonne qualité de ses organes.

Comme elle ne sortait jamais, elle savait tout ce qui se passait en ville, était au courant de toutes les fiançailles en projet, même de celles que les intéressés ignoraient. Elle vous détaillait, par le menu, les toilettes de toutes les dames qui avaient assisté à telle noce fameuse ou à tel bal retentissant ; savait quels étaient les plats délicats servis au dernier grand dîner de M. le maire et de M. le sous-préfet ; connaissait les maisons où l'on jetait l'argent par les fenêtres et celles où l'avarice était héréditaire, depuis les trisaïeuls que, toujours, elle avait connus ; prenait de petits airs mystérieux et entendus pour prophétiser telle ou telle chose, ruine, catastrophe ou bonne fortune, dont personne ne se doutait encore, tant c'était invraisem-

blable, mais qui arriverait sûrement, on pouvait
en croire son octogénaire expérience. Son inalté-
rable santé, comme son vif esprit, se maintenaient
dans cette atmosphère concentrée, aucune souffrance ne les troublait et sa fille qui la regardait
vivre si doucement, se faisait cette illusion de croire
à une prolongation indéfinie de cet heureux état
de parfait équilibre.

Cependant un jour, Léonie vint me voir chez
mes beaux-parents, rue des Ferronniers, où nous
faisions un séjour de quelques semaines, et elle me
confia qu'elle avait un souci :

— Je ne puis pas m'imaginer, me dit-elle, que
grand'mère ait déjà bientôt quatre-vingt-cinq
ans, à force de la voir toujours la même, je me
figure qu'elle n'est pas encore vieille, mais quand
tout à coup je me mets à compter les années, j'en
ai un battement de cœur et une terreur me prend.
Et puis tout le monde s'extasie, tout le monde me
félicite. On croit me faire plaisir et cela me navre,
car je me dis : « Pour que l'on soit si étonné, il
faut que la conservation de grand'mère soit une
chose bien extraordinaire et bien rare, » et alors
tout de suite, je pense que malheureusement il y a
une fin à tout. Ce matin M. le doyen m'a dit aussi
un mot qui m'a rappelée à la réalité, à la réalité
triste des fatalités naturelles. En me quittant, à la
porte, il m'a dit : « — Je trouve votre mère admirable. Remerciez bien le Seigneur de la faveur
exceptionnelle qu'il vous accorde. Vous savez combien votre bonheur est grand, mais savez-vous
bien ce qu'il représente de sollicitude toute spéciale de la part de la Divinité? »

« En méditant cette parole de ce saint homme,

une idée m'est venue et je suis accourue ici. Toi seule, tu peux tranquilliser un peu mon esprit anxieux, qui, par moments, a peur d'envisager l'avenir. L'idée qu'un jour viendra, peut-être bientôt, où je n'aurai plus la joie de contempler le visage de grand'mère, m'est insupportable. Toi, tu pourrais adoucir un peu la douleur que j'éprouverais de cette séparation, viens faire son portrait. »

Elle me serrait les mains, tout en parlant, très émue et ses yeux se mouillaient et comme je l'assurais que je le ferais avec plaisir, bien vite, elle ajouta :

— Tu sais, tu me comprends, je veux bien que tu me traites en amie, quant aux soins que tu apporteras à rendre la ressemblance la plus fidèle possible, mais pour le reste, je suis un amateur comme les autres, c'est une commande sérieuse que je te fais.

Quelques jours plus tard, mon chevalet prit place près de la fenêtre, devant le grand fauteuil, et grand'mère mit beaucoup de complaisance à tenir en repos, pendant quelques heures chaque jour, ses traits si mobiles, pour me permettre de fixer sur la toile son fin sourire de vieux pontife satisfait et malin.

— Ce n'est pas joli à peindre, mon chou, me disait-elle, une vieille figure fripée comme la mienne. Léonie a beau me parer, me mettre des bonnets en dentelle et des rubans qu'elle choisit avec soin pour qu'ils aillent à mon teint, me coiffer elle-même de la manière qui me sied le mieux ; elle a beau m'orner des bijoux que j'avais dans ma jeunesse, de cette broche qui me vient de mon pauvre mari et qu'elle veut voir exactement reproduite sur le portrait, comme faisant encore partie de moi-même, elle ne pourra jamais réparer des ans l'irréparable outrage.

Et Léonie se récriait :

— Grand'mère ! ne nous répète pas tout le temps que tu es vieille, ce n'est pas vrai, je connais des femmes de trente ans qui sont moins jeunes que toi de corps et d'esprit, qui sont moins valides et moins gaies. Et puis tu es belle, grand'-mère ! je t'assure que tu es belle ! Si tu répètes encore tout ça, je vais dire que, pour la première fois de ta vie, tu radotes. D'abord, il est de toute évidence que tu deviendras plus que centenaire. Attends que tu en sois là, pour nous raconter toutes ces choses désolantes !

Et pour la distraire de cette pensée, elle nous lisait d'un bout à l'autre un journal de la localité, feignant des surprises à propos de choses ordinaires, multipliant les exclamations pour donner plus d'intérêt à sa lecture... puis s'interrompait par moment pour contempler sa mère, avec un regard... maternel.

Quand elle vit le portrait commencer à prendre le relief et la ressemblance elle en éprouva une joie d'enfant. Elle appela les deux bonnes, qui restèrent d'abord interdites, le menton appuyé sur le manche de leur balai, puis tout à coup, après le premier instant de surprise, se mirent à rire bruyamment en reconnaissant leur maîtresse, son bonnet et sa broche.

Lorsque la toile fut terminée et placée au milieu du panneau le mieux éclairé du salon, il ne fut plus question d'autre chose, dans la maison, pendant plusieurs semaines.

II

Neuf ans plus tard, comme elle allait atteindre sa quatre-vingt-quatorzième année, la vieille maman de Légorgue mourut.

Sa mort fut ce qu'elle devrait toujours être, la fin naturelle sans déchirement, sans angoisse, sans heurt, l'engourdissement de tous les organes harmonieusement affaiblis au même degré, sans douleur physique, sans révolte morale. Ce fut la mort douce et calme quoique consciente, pleine de la conviction de ne quitter le fauteuil de velours ou de molesquine de cette vie que pour aller s'asseoir sur un siège idéal, placé en face de la rayonnante magnificence de Dieu, réjouie de la perspective d'échanger la contemplation terrestre de la rue du Clocher-Saint-Pierre et des visages familiers de Léonie, de M. le doyen ou autres intimes, contre l'admiration céleste et éternelle de la Gloire divine. Ce fut la mort envisagée tranquillement, comme un changement d'habitudes.

Léonie en me racontant, tout en larmes, cette fin si simple, si sereine, disait :

— Elle est partie comme une sainte, sans regretter la vie que je cherchais pourtant à lui faire si heureuse, elle n'a pensé qu'à l'Éternité !... C'est beau ! ajoutait-elle en pleurant plus fort.

Elle admirait cette résignation si facile, mais il me sembla qu'elle la trouvait presque exagérée et, qu'au fond, elle était bien un peu jalouse du

bon Dieu. Car elle avait encore trop de vitalité
en elle, trop de puissance dans l'attachement
pour comprendre un semblable désintéressement
des choses de la terre. Sa douleur fut immense.
Il lui sembla que son existence n'avait plus de
raison d'être. Une maladie de cœur dont elle souffrait depuis longtemps, sans jamais se plaindre
à personne, s'en aggrava.

Un jour qu'elle venait de passer plusieurs
semaines dans sa chambre, elle vint me voir et
me dit :

— Le mal que j'ai est sujet à rechutes ; je sais
bien que les crises que je viens d'avoir me reviendront. Du reste cela m'est égal, la crise qui m'em-
portera sera bénie. Mais en attendant, quand je
suis obligée de garder la chambre, je suis privée
du portrait de grand'mère qui est dans le salon
et tu sais que le contempler est la seule douceur
qui me reste. Tu peux encore, dans ma tristesse,
me faire une dernière joie. Pourrais-tu recopier ce
portrait, tout pareil, pour que j'en aie un quand
je suis malade et un autre quand je me porte
bien ? car malheureusement, bien que je sois très
attaquée le docteur dit que je puis encore durer
longtemps. J'ai économisé une somme que j'y
veux consacrer, mais rien ne pourra jamais
payer le soulagement que tu me procureras :
ton pinceau fera une œuvre de charité, si tu
veux bien.

Dès le lendemain, je commençai la copie. Le
jour où je la lui fis porter terminée, je vis Léonie
comme en extase. Elle pleurait, elle riait, elle
m'embrassait, elle était presque folle, elle allait
d'un portrait à l'autre, les confondait, ne savait

pas lequel elle préférait et était heureuse de ne pas le savoir. Elle alla chercher un coffret ancien, qui lui venait de famille, me le donna et me dit :

— Ne l'ouvre pas maintenant. Tu y trouveras quelques vieux souvenirs, des morceaux de marbre et de pierre rapportés par mon cousin, le célèbre explorateur Adulphe Delegorgue, de ses voyages sud-africains et collectionnés par mon père. Non ! ne regarde pas maintenant, je ne veux pas ! Tu verras cela ce soir avec Adrien.

J'obéis. Je rapportai le coffret sans l'ouvrir en songeant à la boîte de Psyché et à celle de Pandore et j'attendis que mon mari fût rentré, pour en soulever, avec lui, le couvercle. Le coffret contenait, en effet, les échantillons géologiques annoncés, plus, en rouleaux d'or, une somme double que celle qui avait été convenue.

Quelques mois plus tard, lors d'un autre séjour que nous fîmes dans notre familiale maison de la rue des Ferronniers, nous apprîmes que Léonie allait plus mal. J'allai la voir et fus effrayée. Elle avait l'air d'un spectre. Son visage décharné était celui d'un moine ascétique, non pas de ceux qui jadis allumaient des bûchers pour la torture des hérétiques, mais de ceux qu'une douloureuse flamme ronge et dévore et dont le pauvre reste de vie se consume lentement dans la prière. Ses yeux s'étaient agrandis et entourés de bistre, son nez s'était aminci, son front haut et bombé se parcheminait sous ses cheveux encore noirs et, comme elle ne prenait plus la peine de se regarder dans la glace, insouciante et lassée de vivre, elle portait toute sa barbe.

Je vis que toute parole consolante serait vaine.

— C'est bien, me dit-elle, d'être venue me voir. Je ne veux plus recevoir personne, mais pour toi, je fais exception. Tout ce qu'on me dit me désole. Tu sais bien, toi, que le jour où grand'mère est partie, si calme, c'est moi qui suis morte. Est-ce que l'on vit quand on a perdu ce qu'on aimait? Cette religieuse me soigne bien, trop bien peut-être, mes deux bonnes me sont toutes dévouées et mon bon docteur cherche tous les moyens pour prolonger mon inutile existence. Tu vois, ils y réussissent. Voilà longtemps que cela dure, et ce n'est pas fini. Je me laisse faire et je les remercie du mal qu'ils me font en éternisant mon supplice. Leur intention est si bonne ! Les visites de M. le doyen de Notre-Dame sont les seules qui me soulagent ; lui, au moins, il me parle de la mort, mon seul but maintenant. Dans le temps, j'aimais encore que l'on m'amène des petits enfants. J'avais toujours une bonbonnière pleine pour les recevoir, mais à présent, au lieu de m'égayer ils m'attristent. La vie qui rit et s'épanouit sur leurs pauvres petits minois d'innocents et dans leurs cheveux blonds n'est qu'une ironie, car elle leur réserve et prépare déjà à tous mille tourments dont ils ne se doutent pas. Ils seront pleurés de leurs parents ou bien ils les pleureront et, en songeant à cela, je pleure de les voir rire, les joyeux inconscients ! Quelquefois je me fais encore illusion en regardant les portraits de grand'mère : vus à travers mes larmes, ses traits ont l'air de bouger, il me semble qu'elle s'anime encore. J'ai un côté paralysé, tu vois? c'est la mort qui entend que je l'appelle et qui arrive... mais à pas lents, elle y met le temps... je ne l'ai pas encore assez bien méritée sans doute !...

Je quittai Douai peu après et n'y revins que quelques mois plus tard. Plus personne ne put nous renseigner sur la santé de notre triste amie. Elle vivait toujours, c'est tout ce que l'on savait. Elle fermait sa porte à tout le monde, sauf au docteur et au doyen de Notre-Dame et tous deux gardaient, sur son compte, le mutisme professionnel. Ses neveux et nièces disaient d'un air dégagé et vexé.

— Nous ne sommes plus reçus chez notre tante et quand nous allons prendre de ses nouvelles, les deux bonnes, aimables comme des portes de prison, semblent prêtes à nous recevoir à coups de balai. Aussi, par discrétion, nous ne faisons plus aucune démarche et nous ne savons plus rien.

Mon mari et moi, cependant, nous voulûmes tenter de sonner à cette porte obstinément close. Les bonnes, affairées, précipitamment nous firent entrer :

— Venez, venez vite, qu'on ne vous voie pas... ne dites pas que vous l'avez vue... tout le monde serait jaloux, car nous avons ordre de ne recevoir personne. Mademoiselle fait exception pour vous seuls... Ne faites pas attention, elle est un peu drôle par moments.

Et elles nous ouvrirent la porte du salon.

Dans le grand fauteuil placé près de la fenêtre où si longtemps avait trôné sa mère, souriante et vénérable, Léonie était assise.

En nous regardant venir de même, elle souriait.

Un bonnet de fine dentelle et de ruban lilas entourait son visage, toujours amaigri mais rasé de frais et rayonnant d'une joie que depuis bien longtemps nous ne lui connaissions plus. Elle nous tendit sa main restée valide et dont la maigreur blanche sortait d'un flot de valenciennes :

— Bonjour, Adrien ! et toi, mon chou ! comment allez-vous tous deux? et vos enfants? il faudra me les amener quand vous viendrez encore ! combien je suis heureuse de vous revoir ! Vous savez, vous, vous aurez toujours vos entrées particulières. Je ne reçois plus personne, j'ai peur qu'on me fatigue, je suis si vieille ! A mon âge il faut beaucoup de ménagements, c'est à cette condition qu'on se conserve. Tiens, Adrien, mets-toi là en pleine lumière que je te regarde ! et toi, mon chou, es-tu bien sur cette chaise? Prenez donc des pastilles de chocolat, ça ne manque jamais ici, je les aime beaucoup. Regardez cette dernière publication de Noël que j'ai fait venir de Paris. C'est illustré par les meilleurs artistes et la bonne sœur qui me soigne m'a lu le texte qui est écrit par les littérateurs les plus connus, mais ils sont drôles les auteurs d'aujourd'hui, on ne comprend plus rien à ce qu'ils écrivent. Je me soigne et je vais bien, mes bonnes me font des petits plats choisis pour me mettre en appétit. Je ne puis plus travailler à cause de ma main paralysée, mais la sœur que vous voyez là, tricote à ma place, je la regarde faire et je guide son travail. Nous venons de terminer ainsi toute une petite layette de laine pour le neuvième enfant d'une pauvre famille. Je vous assure que voilà un mignon que le froid de l'hiver ne prendra pas. Ça me distrait, les journées passent vite. Et puis la bonne sœur est comme une mère ou comme une fille pour moi. Elle me lit le journal depuis le titre jusqu'aux annonces. Elle s'amuse à me parer, elle me coiffe, elle m'arrange, même elle veut me mettre mes bijoux le dimanche. Mais elle a beau faire, elle ne pourra jamais réparer des ans l'irréparable outrage. Cependant tu as bien raison, mon chou, il ne faut pas s'appesantir sur les idées tristes, cela ne sert à rien. Alors vous me trouvez mieux, vous croyez que je puis encore vivre longtemps? Eh ! qui sait ! on a déjà vu des centenaires ! Allons, c'est gentil de me dire cela, vous êtes de charmants enfants, vous trouvez toujours le mot qui console. »

Depuis quelques minutes, pendant qu'elle parlait, la religieuse, appuyée derrière elle contre le dos de son fauteuil, se mettait un doigt sur le front et nous faisait des yeux un signe d'intelligence pour nous laisser entendre de ne la contredire en rien. Et nous comprîmes quand Léonie me dit :

— Regarde-moi bien, mon chou, me trouves-tu très changée, là, vraiment, sincèrement, depuis que tu as fait mes deux portraits? Dis ! n'est-ce pas que je leur ressemble encore... et pourtant j'ai été bien malade depuis le temps, déjà bien loin, où j'ai posé pour toi ! »

Nous comprîmes le mutisme du docteur et du doyen, ces deux hommes de secours qui apportaient leurs soins et leurs soulagements à son corps et à son âme. Nous comprîmes la discrétion de ses deux servantes, leurs recommandations et leur doigt posé sur leurs lèvres. Elles craignaient que le bruit courût en ville que leur patronne perdait la tête. Elles craignaient que les amis en aient pitié et que les indifférents en plaisantent, ce qui eût également froissé leurs sentiments de respect pour la dignité de « Mademoiselle » qu'elles vénéraient.

Nous sentîmes tout ce qu'il y avait de sacré dans le mystère soigneusement entretenu autour de la malade. Et ce mystère nous gagna peu à peu. Il nous rappela les songes qui, bien souvent, évoquent, dans le sommeil, le fantôme de personnes mortes depuis longtemps : on cause avec elles, on les reconnaît bien, on les appelle par leurs noms et cependant quelque chose de vague et de douteux les enveloppe. On les sent comme échappées d'une catastrophe ou bien encore menacées. On se dit : « Est-elle bien vivante et suis-je bien en vie moi-même qui lui parle? » Une pensée analogue nous obsédait devant notre pauvre amie si transformée depuis que nous ne l'avions vue. Le trouble de son cerveau nous troublait à notre tour. C'étaient bien les traits de Léonie mais ce n'était plus elle. Ce n'était plus sa pensée puissante et logique dans le désespoir.

La Léonie que nous avions connue était morte et une seule chose subsistait de son âme envolée : son amour filial. Dans l'affaiblissement de ses sens, elle retournait pour ainsi dire à la période vague qui avait précédé sa vie. Sous la menace de la mort, son amour tenace s'incarnait dans le souvenir de celle qui l'avait conçue dans son sein. Elle en prenait la place, l'expression, le tour d'esprit, les vêtements, les goûts, les habitudes, le sourire. Elle s'était oubliée elle-même, ne savait plus qu'elle avait existé, tant sa propre personne lui avait toujours semblé négligeable, mais sa mère, à laquelle elle s'était toujours consacrée tout entière, survivait, dans sa pieuse illusion, s'animait de son souffle, palpitait du battement de son cœur et Léonie continuait à lui vouloir, douce et longue, cette vie dont elle ne voulait plus pour elle-même.

LISTE

DES NOMS CITÉS DANS CET OUVRAGE

A

Avé (Philippe), 229, 235 et suiv.

B

Bauwens (Liévin), 16 et suiv.
Barbier (Auguste), 42.
Beethoven, 105.
Bouckaert (Charles), 126.
Bouckaert (Désiré), 125 et suiv.
Bouckaert (Hippolyte), 61.
Bouckaert (Thérèse), 49 et suiv. ; 237.
Breton (Émile), 177, 194.
Breton (Jules), 3, 98 et suiv., 210 et suiv.
Breughel, 261.
Burggrave (docteur), 38.

C

Canneel (Théodore), 38, 176.
Cimon le Romain, 32.

Cock (César de), 38.
Cock (Xavier de), 38.
Coppieters (Albéric), 86.
Coppieters (Daniel), 86.
Coppieters (Gustave), 86.

D

Debacque (Gaston), 231.
Delegorgue (Adulphe), 309.
Demont (Adrien), 163, 194 et suiv., 217 et suiv., 253, 301.
De Poortere (Charles), 42 et suiv.
Desuède (Édouard), 287 et suiv.
Desuède (Ed.), juge, 289 et suiv.
Desuède (Léonie), 287 et suiv.
De Vigne (Achille), 40.
De Vigne (Alexandre), 16, 63 et suiv.
De Vigne (Edmond), 11 et suiv., 268.

De Vigne (Édouard), 16, 23 et suiv.

De Vigne (Émilie), 34 et suiv,

De Vigne (Félix), 1 et suiv. ; 122, 274 et suiv.

De Vigne (Félix et Alphonse), 13, 260.

De Vigne (Georges), 13, 30, 152.

De Vigne (Hélène et Mathilde), 65 et suiv., 159.

De Vigne (Ignace), 15 et suiv.

De Vigne (Jane et Alice), 39 et suiv.

De Vigne (Joséphine), 66, 159.

De Vigne (Jules-Octave), 13, 151, 223 et suiv., 249 et suiv., 263 et suiv.

De Vigne (Malvine), 241 et suiv.

De Vigne (Malvina et Emma), 70 et suiv., 247, 255, 263 et suiv.

De Vigne (Mélanie et Colette), 155 et suiv.

De Vigne (Paul), 73, 77 et suiv., 243.

De Vigne (Pierre), 16, 69 et suiv.

De Vigne (Virginie), 4 et suiv., 222 et suiv., 237, 257 et suiv., 268.

De Winne (Charlotte), 167 et suiv., 181, 183 et suiv.

De Winne (François), 168, 184 et suiv.

De Winne (Joseph), 203 et suiv.

De Winne (Liévin), 3, 174 et suiv., 213 et suiv.

Dorchain (Auguste), 272.

Doy (Charles), 115, 132.

Domange (Albert), 210.

Donatello, 78, 80.

Dufour (Médéric), 273.

Duret (Adrien), 22.

Durutte (général), 55, 290.

Durutte (Louise, Émélie et Claire), 290 et suiv.

F

Fiévet, de Valenciennes, 273.

Fuerison (Irène), 264.

Fuerison (Joseph), 263 et suiv.

G

Ganshof Van der Meersch, 42.

Gérard le Diable, 111, 114.

Gevaert (Auguste), 116 et suiv.

H

Haas, 61.

Hamon (Jean-Louis), 180.

Hart (Laurent), 40.

Heins (Armand), 36 et suiv.

Heins (Nicolas), 36 et suiv., 210.

Hemptine (Lousberg de), 5 et suiv.

Heyndrickx (Max), 38, 97 et suiv.

K

Klopstock, 93 et suiv.

L

LANG (Octavie), 259.

LEBOUCQ (Hector), (docteur), 159 et suiv.

LE CHOLLEUX (Charles), 271.

LE CHOLLEUX (René), 271 et suiv.

LEDEGANCK (Casimir), 38.

LEGORGUE (Léonie DE), 297 et suiv.

LÉOPOLD Ier, 24, 175.

LÉOPOLD II, 175, 200, 221, 279 et suiv.

LHOSTE DE VIGNE (Maurice), 279 et suiv.

LOBEJOIS (Françoise), 296.

LORRAIN (Claude), 84.

LOUIS XVIII, 31.

M

MAETERLINCK (Louis), 258.

MARCHANT (J. G.), 78, 83 et suiv.

MAZEELE (Amand), 90 et suiv.

MEMLING, 43.

MERCIÉ (Antonin), 85.

MERLÉ (Joseph), 209 et suiv.

MIGNON (Léon), 82.

P

PERROUD (Charles), 19 et suiv.

PHILIPPET (Léon), 79 et suiv.

PIE IX, pape, 162, 248.

PLANCHON, 220.

POUSSIN (Nioclas), 84.

Q

QUIO (Joseph), 242, 253.

R

RUDE, 176.

S

SNELLAERT (Ferdinand) (docteur), 145 et suiv.

T

TULPINCK, 183.

U

UGOLIN, 32.

V

VAN ARTEVELDE (Jacques), 70.

VANDENBERG, 233 et suiv.

VAN DER HAEGHEN (Ferdinand), 37.

VANDERHAERT, 176.

VAN DER LINDEN (Gérard), 73 et suiv.

VAN DER LINDEN (Herman), 74.

VAN DER MEERSCH (Auguste), 42, 46.

VAN DER MEERSCH (Désiré), 42 et suiv.

VAN DRIESTEN (J. E.), 271 et suiv.

Van Houtte, 271 et suiv.; 267.

Van Loo (Florimond), 115.

Van Parys Driesten (Marie), 274, 276.

Vansanten (Auguste), 35.

Van Thoren (Otto), 174.

Vantroostenberghe (Herman), 15.

Vantroostenberghe (Marie), 15 et suiv.

Vollon (Antoine), 193.

Vriendt (Albrecht de), 261.

Vriendt (Juliaan de), 261.

W

Wagener (Auguste), 38.

Wagener (Emma), 38 et suiv.

Wagner (Richard), 263.

Wagon (Maurice), 296.

Wiertz, 79 et suiv.

Z

Ziem, 180.

TABLE DES MATIÈRES

Pages.

GAND

I. — La maison de mon grand-père Félix De Vigne.................................... 1
II. — La maison de ma bisaïeule............... 49
III. — La maison de mon grand-oncle Alexandre De Vigne..................................... 63
IV. — La maison de mon grand-oncle Pierre De Vigne..................................... 69
V. — La maison des gâteries et la maison de la peur.. 89
VI. — La maison de Max Heyndrickx............ 97
VII. — La maison morte......................... 109
VIII. — Les jardins, les fleurs et la foire de Gand..... 115
IX. — Convalescence........................... 145
X. — Les sœurs du Divin Amour................ 155
XI. — La maison de Charlotte De Winne......... 167
XII. — Le portrait de Joseph Merlé............. 209
XIII. — L'établissement Van Houtte............. 217
XIV. — Le violon de mon bisaïeul Philippe Avé.... 229
XV. — La maison de ma grand'tante Malvine...... 241
XVI. — La maison de la rue Matthieu-Geswein..... 257
XVII. — Adieu à la maison de la rue Charles-Quint... 263
XVIII. — Hommage de J.-E. Van Driesten, à la mémoire de Félix De Vigne................. 271
XIX. — Bouquet des dunes (Ostende)............. 279

DOUAI EN FLANDRE

XX. — La maison du centenaire................... 287
XXI. — La maison des dames de Legorgue.......... 297

LISTE DES NOMS CITÉS DANS CET OUVRAGE........... 317

21

Cet ouvrage

a été achevé d'imprimer sur les presses

de la

LIBRAIRIE PLON

le 26 novembre 1930.